KB210685

폭풍 속의 은혜

GRACE

폭풍 속의 은혜

IN THE
STORM

한 홍

폭풍 속에서도 주님의 손이
우리를 붙잡고 있습니다

"목사님, 밤늦게 죄송합니다. 급한 상황이 발생하여 어쩔 수 없이 전화 드렸습니다."

전화기 너머로 들려오는 행정목사님의 다급한 목소리를 들으며 아직 잠에서 덜 깬 눈으로 도대체 지금 몇 시인가 시계부터 확인해보았습니다. 2월 22일 토요일 밤 10시 30분이 좀 넘은 시각이었습니다. 저는 보통 토요일 저녁은 다음 날 주일예배를 위해 일찍 잠자리에 드는 편인데, 그것을 모를 리 없는 행정목사님이 이 시간에 전화를 하다니 무슨 일인가 싶었습니다.

"도대체 무슨 일이에요?"

"방금 연락받았는데 저희가 입주해 있는 건물의 회사 직원 한 명이 코로나 확진자로 판정을 받았답니다. 내일 보건당국에서 나와 건물 방역 작업을 할 예정인데, 이틀 정도 건물이 폐쇄될 것 같습니다. 당장 내일 주일

예배를 어떻게 해야 할지…."

순간, 머릿속이 하얗게 되는 것 같았습니다.

'기어코 염려하던 일이 터지고 말았구나….'

갑작스런 예배 중단 위기

바로 몇 시간 전, 잠자리에 들기 전에 부산의 수영로교회와 호산나교회가 예배당을 전면 폐쇄하고 주일예배를 온라인 예배로 전환한다는 뉴스를 들었던 터였습니다. 대구를 비롯한 경북 경남 지역의 확진자 증가 추세가 심상치 않다는 이야기는 들었지만, 그래도 예배당을 폐쇄하고 주일예배를 드리지 못하다니…. 그런데 그 엄청난 상황이 이제 우리 교회의 현실로 닥쳐버린 것입니다.

중국 우한에서 시작된 신종 코로나바이러스로 인해 중국 내에서 사망자들이 나오기 시작한 지난 1월 중순까지만 해도 이것이 이토록 빠르게 전 세계를 마비시킬 글로벌 팬데믹이 될 줄은 아무도 예상하지 못했습니다. 그런데 코로나19가 우리나라를 비롯한 태국, 일본, 베트남, 싱가포르 등 아시아 전역으로 무섭게 번져가더니, 이태리와 스페인을 비롯한 유럽과 미국, 캐나다 등 서구 선진국으로까지 확산되었습니다.

사태가 심상치 않음을 느끼며 저는 사람들이 많이 모이는 교회도 조심해야겠다는 생각이 들어 예배당 입구에 손 세정제를 비치하고 성도들에게 마스크 착용을 의무화하는 등 각별한 주의를 기울였습니다. 신천지 신도들로 인해 대구 지역에서 확진자가 폭발하는 상황이 되면서부터는 더더욱 긴장을 늦출 수 없었습니다. 그러나 그런 인간적인 노력에도 아랑곳않고 기어이 올 것이 오고야 만 것입니다.

'아무리 그래도 그렇지, 당장 내일 주일예배 문제를 몇 시간도 안 남은 지금 바로 결정해야 하다니. 한국전쟁 때 이후로 한국교회가 예배당 문을 닫고 예배를 안 드렸던 적이 있었던가….'

목사의 아들로 태어나 한 번도 예배당에 나가 주일예배 드리는 것을 빼먹어본 적이 없었기에 심적 부담이 너무나 컸습니다. 저는 행정목사님에게 잠시만 기다려달라고 하고는 전화를 끊었습니다. 우선 세수부터 하고 잠에서 완전히 깬 뒤, 서재에 가서 한참을 책상 앞에 앉아 기도하며 생각했습니다. 머릿속으로 여러 가지 생각이 스치고 지나가는 중에, 무엇보다 교인들의 안전이 가장 중요하다는 생각이 들었습니다. 그리고 초대교회는 로마가 기독교를 국교로 공포하기까지 처음 3백 년 동안 핍박을 피하면서도 항상 가정에서, 카타콤에 숨어서, 혹은 들판에서 장소를 가리지 않고 삼삼오오 예배를 드렸다는 사실을 생각했습니다.

"교회는 건물이 아니다. 불가항력적인 상황 속에서는 다르게 생각해야 한다. 성령께서는 어디든 하나님의 백성들이 있는 곳에 함께하시고, 예배를 받으실 것이다. 무엇보다 교회는 세상에 빛과 소금이 되어야 한다. 교회의 결정이 어떤 메시지가 되어 세상에 전달될 것이다."

생각이 이렇게 정리되는 가운데 하나님께서 마음에 평안을 주셨습니다. 이제는 모든 성도들에게 담임목사가 전하는 공지의 글을 빠르게 쓰는 일만 남았습니다. 저는 눈을 감고 한 번 더 기도한 다음 숨을 들이키고 컴퓨터 키보드를 두드리기 시작했습니다.

샬롬. 하나님의 은혜가 여러분 모두에게 넘치도록 임하기를 기도합니다. 현재 코로나19 사태가 매우 심각한 사태로 접어들어 온 국민이 불안해하고 있는 위기 상황이 되었습니다. 그동안 저희 새로운교회는 성도들의 안전을 위해 최선을 다해 방역과 소독을 하며 적극적으로 대처해왔습니다. 그러나 국무총리가 토요일 저녁에 가진 긴급 대국민담화에서 많은 사람들이 좁은 실내에 모이는 종교집회 자제를 요청할 정도로 상황이 심각해졌습니다. 특히 대구에 위치한 신천지교회의 집단 감염이 전국으로 빠르게 확산되며 사회 전체에 충격과 혼란을 주고 있는 가운데 저희 교회와 인접한 과천 신천지교회에서도 확진자들이 나오는 심각한 상황이 되었습니다. 저희 교회는 자체 건물이 없어 남의 건물을 빌려서 쓰고 있는데 오늘 저희가 임대해 쓰고 있는 건물 3층에 근무하는 회사 직원 중에서 확진자가 발생했다는 연락을 받았습니다.

이에 저는 담임목사로서 많은 고민 끝에 성도들의 안전과 교회의 사회적 책임을 위해 금주 주일예배(2월 23일)는 영상예배과 가정예배로 대체하며, 교회 내 모든 모임도 중단하고자 합니다. 아울러 35일째 진행되어온 신년 40일 특별새벽기도 또한 실시간 영상예배로 대체할 것입니다. 온라인 라이브 방송은 기존에 해오던 대로 유튜브와 유스트림 등을 통해 참여하실 수 있습니다. 향후 상황에 따라 필요한 정보와 결정을 실시간으로 교회 홈페이지와 공동체 SNS를 통해 알려드릴 것입니다.

영상예배가 정상적인 방법은 아니지만, 국가적 비상 상황에서 불가피한 차선의 선택입니다. 성도에게 있어서 예배는 생명과도 같은 것이어서 어떤 상황에서도 중단되어서는 안 되는 소중한 것입니다. 하지만 교회는 세상의 빛과 소금으로서 지역사회에 모범이 되고 세상을 섬겨야 하는 책임이 있습니다. 수천 명의 성도들이 좁은 공간에 함께 모이는 저희 교회 같은 곳은 이유 여하를 막론하고 이런 시국에서는 이웃들의 불안한 시선을 받을 수밖에 없습니다. 특히 이 건물 직원이 확진 판정을 받은 상황에서는 더 이상 정상적인 예배와 모임을 이 건물에서 진행할 수는 없다고 판단되어 힘든 결정을 내리게 되었습니다.

사랑하는 성도 여러분, 정말 마지막 때를 사는 실감이 납니다. 하지만 강하고 담대하십시오. 2천 년 전 지하 카타콤에서도 소수의 인원들끼리 모여 예배했던 초대교회 성도들을 생각하십시오. 영상으로 예배를 드리고, 개인과 가정으로 예배를 드려도 수천 명이 교회에 함께 모여 예배하는 것보다 더한 은혜와 감동을 느낄 수 있습니다. 하나님께서는 "너희를 향한 나의 생각을 내가 아나니 평안이요 재앙이 아니니라"(렘 29:11)라고 하셨습니다. 빠른 시간 안에 바이러스의 확산이 멈춰지고 나라가 안정을 찾으며 모든 것이 정상화되어 이전처럼 우리가 다시 모여 뜨겁게 예배할 수 있는 날이 오도록 함께 기도합시다. 사랑하고 축복합니다.

그날 밤, 저는 약 30분에 걸쳐 혼신의 힘을 다해 이 글을 썼습니다. 작성을 마치고 시계를 보니 자정이 다 되어 가고 있었습니다. 저는 이 글을 행정목사님에게 보내 즉시 공동체 연락망으로 전 교인에게 공유하게 하고 교회 홈페이지에도 올리게 했습니다. 그리고 다음 날 주일 아침 1부 예배 시간이 되기 전에 문자를 확인하지 않은 모든 소그룹 리더들에게 전화하여 오프라인 예배가 없다는 사실을 알리게 했습니다. 그리고 기도한 뒤 다시 잠자리에 들었는데, 도무지 잠이 오지 않았습니다. 결국 그날 밤 채 몇 시간도 못 잤던 것 같습니다.

주일 아침이 되어 교역자들과 간사들, 장로님들만 교회 메인 예배당 건물에서 떨어진 작은 예배실에서 마스크를 쓰고 띄엄띄엄 앉아 예배를 드렸고, 그렇게 녹화된 예배를 예배 시간에 맞춰 내보냈습니다.

그때만 해도 '우리가 건물을 빌려서 쓰는 상황이라 이렇게 힘들구나. 자기 건물이 있는 교회들은 괜찮을 텐데'라고 생각했습니다. 그러나 그렇지도 않았습니다. 그다음 주일부터는 대부분의 교회가 예배당 문을 닫고 온라인 예배로 전환했습니다. 대구 지역 신천지 신도인 31번 환자가 나오면서 국내 확진자의 숫자가 폭발적으로 증가하기 시작했기 때문입니다. 정부 당국은 대구, 경북 지역뿐 아니라 서울, 경기 지역의 모든 신천지 성전을 압수 수색하기에 이르렀고, 신도 명단과 교육생의 숫자가 약 30만 명을 넘어선다는 충격적인 사실을 알게 되었습니다. 당국은 신천지와 관련된 모든 집회장소를 공개하고 행정명령장을 붙여 출입을 통제했습니다.

그리고 그 불똥이 한국교회 전체로 튀었습니다. 정부는 교회의 예배 역시 신천지 집회처럼 밀접 접촉이 일어나는 모임으로 취급하여 예배 중단을 요청하고 심지어 교회 폐쇄 등의 행정명령, 구상권 행사들을 내세워 현장예배를 압박하기 시작했습니다. 도저히 형편이 안 되어 어쩔수 없이 오프라인 예배를 드린 교회들에게는 "국민의 안전을 무시하고 예배를 강행했다"는 혹독한 비난이 쏟아졌습니다.

코로나 블루의 시대

한국교회는 예배의 중요성을 인지하면서도 교회의 사회적 책임을 다하기 위해 눈물을 머금고 오프라인 예배를 접고 대부분 온라인 예배로 전환해야 했습니다. 그리고 한국교회 역사상 초유의 힘든 시간이 시작되었습니다. 그래도 온라인 생방송으로 예배를 내보낼 수 있는 장비와 경험이 있는 규모 있는 교회들은 버틸 수 있었지만, 이에 익숙지 않은 작은 교회들과 어르신들 중심으로 모이는 지방의 수많은 작은 규모의 교회들은 모이지 못하는 예배의 시대를 엄청난 충격으로 받아들였습니다.

대부분의 한국교회는 엄청난 출혈을 감수하며 오프라인 예배를 멈추었고, 예배를 연 곳들도 정부의 방역지침을 철저히 지키려고 최선을 다했습니다. 또한 많은 교회들이 코로나19 사태로 피해를 입은 어려운 이웃들과 방역 의료진들을 지원하는 데도 정성을 기울였습니다. 그럼에도 불구하고 한국교회는 '예배 금지' 프레임에 함몰된 채 언론과 정치권과 사회로부터 뭇매를 맞으며 이미지에 큰 상처를 입었습니다. 그리고 불가피한 상황이긴 하지만 모이지 않는 습관에 몇 달째 익숙해진 성도들이 과연 이 사태가 종식된 뒤 교회로 돌아올까 하는 불안감이 수많은 목회자들을 사로잡고 있는 것도 사실입니다.

그때만 해도 길어야 한두 달이면 이 사태가 종식될 것이라고 조금은 쉽게 생각했습니다. 그러나 시간이 갈수록 사태는 더욱 심각해졌습니다. 31번 환자의 등장과 함께 국내 확진자의 숫자가 금방 만 명을 넘어섰고, 한국 출발 여행객에게 입국 금지 조치를 취한 국가가 180개국이 넘어섰습니다. 그러더니 그 불길은 금방 유럽과 미국으로 옮겨갔습니다. 세계 최고 선진국이라는 나라들이 우리나라보다 훨씬 더 미숙한 대응을 보이며 패닉에 빠지는 상황을 지켜보면서 '이거 보통 일이 아니구나. 단기간에 끝나지 않겠다'는 생각이 점점 확신으로 굳어져갔습니다. 모임이 사라지고 공식적인 행사가 모두 취소되었습니다. 학교마저 개학을 몇 번이나 미루다 결국 온라인 수업이라는, 교사와 학생 모두가 별로 행복하지 않은 상황을 맞이하게 되었습니다. 세계 공장들이 멈춰섰고, 비행기들과 배들이 멈춰섰습니다. 지구촌 전체가 통째로 얼어붙은 것 같았습니다.

자가격리. 확진자. 슈퍼 전파자. 감염경로.
사회적 거리두기. 비대면 재택근무. 뉴노멀.
재난지원금. 팬데믹. 질병관리본부. 역학조사.

올해 초만 해도 별로 들어보지도 못했던 단어들이 이제는 시도 때도 없이 사용되는 익숙한 용어들이 됐습니다. 밖에 나갈 때면 휴대폰과 함께 마스크를 꼭 챙기는 것과 사람을 만나도 악수는 생략하는 게 일상이 된지 꽤 오래입니다. 하루에 몇 번씩 손을 씻고, 지하철이나 카페에서 누가 콜록거리기만 해도 긴장하며 돌아보게 되었습니다. 쉴 새 없이 울리는 안전 안내 문자와 폐쇄되는 기관 시설들, 그리고 코로나 생활 속 안전 지침들을 확인하는 것도 이제 지쳤습니다.
코로나19는 안 그래도 어려운 경제 상황에 치명타를 가해 수많은 청년들이 직장을 잃거나 잃어버릴 위기에 처했고, 많은 회사와 공장들이 문을 닫으며 끝도 없는 수렁으로 빠져들고 있습니다. 세계 최강대국이라는 미국도 실업자가 4천만 명을 넘어간다고 합니다(경제대공황 이후 최악의 실업난입니다). 다들 무서워서 외출을 최대한 줄이고 '방콕'한 시간이 너무 길어져서 몸보다 마음이 더 우울한 코로나 블루 시대를 살고 있습니다. 더 무서운 것은 팬데믹의 영향이 이걸로 끝이 아니라 오히려 시작일 수도 있다는 사실입니다.

특새 플러스의 은혜

토요일 밤늦게 행정목사님의 전화를 받고 오프라인 예배에서 온라인 예배로 처음 전환을 결정했던 때는 저희 교회 신년 40일 특별새벽기도회 35일 차를 넘어서던 시점이었습니다. 지난 5년간 새로운교회는 매년 신년 40일 특별새벽기도회를 열었고, 거의 매일 혼신의 힘을 기울여 부흥회 못지않게 뜨겁게 설교하며 기도 인도를 했습니다. 신년 특새는 교회가 어려운 시간을 뚫고 나가는 원동력이 되었고, 매년 모든 사역을 승리할 수 있게 하는 영적인 디딤목이었습니다. 그런데 올해, 40일 특새 완주를 닷새 앞두고 중단해야 할 위기에 봉착한 것입니다.

하지만 저는 특새를 중단할 수 없다고 생각했습니다. 온라인 생방송으로라도 진행해야 한다고 결심했습니다. 그래서 주일예배 생방송 중계를 위해 임시로 마련한 자그마한 예배실에서 닷새 남은 특새를 이어가기로 했습니다. 코로나 사태로 힘들어하고 있는 성도들을 생각하며 하나님의 격려와 위로를 담은 본문으로 설교를 바꾸어 남은 특새를 준비했습니다. 설교 준비를 할 때도 눈물이 났고, 설교를 하는데도 자꾸 눈물이 났습니다.

그렇게 40일이 끝나갈 무렵, 제 방에서 기도하는데 이 어려운 시국에 새벽기도를 이전처럼 40일로 끝내서는 안 될 것 같은 강력한 느낌을 받았습니다. 성도들은 코로나19 사태로 인한 충격으로 너무나 불안해하고 힘들어하고 있는데, 교회에 나오지 못하니 어려운 마음이 더하다는 것을 성령께서 느끼게 해주셨습니다. 그래서 결심했습니다. 남은 닷새를 더해서 40일로 끝내는 것이 아니라, 특새 플러스로 연장해서 계속 이어가야겠다고 말입니다. 이 상황에서 담임목사인 제가 할 수 있는 것은 온라인으로라도 날마다 교인들에게 하나님의 말씀을 전해 예배의 임재 가운데로 성도들을 이끌어 하나로 묶는 것이라고 생각했습니다.

시간과 공간을 초월하시는 성령께서 온라인상에서도 특별한 기름부으심으로 역사하실 것이라 믿었습니다. 성도들은 기다렸다는 듯 교회의 결정을 기뻐하며 환영해주었고, 그렇게 불을 붙인 특새와 특새 플러스는 장장 83일간 이어졌습니다.

그 기간 동안 공동체 SNS로 성도들의 뜨거운 간증이 쏟아져들어왔습니다.

"당장 예배당으로 달려가고 싶은데, 목사님도 힘들게 결정하셨을 텐데, 순종해야지 하면서 그동안 열심히 기도하지 못했음에 회개가 되었습니다."

"기도할 수 있고 이렇게라도 예배할 수 있음이 정말 감사하네요. 코로나가 발생하리라고는 아무도 예상하지 못했지만 신년 특새를 통해 나라를 위한 기도를 시작하게 하시고 더 집중해서 나라를 위한 기도를 하며 준비하게 하신 주님의 예비하심에 감사드립니다. 저는 오늘부터 금식기도를 시작하려고 합니다. 이미 승리하신 전쟁임을 기억하며."

"성전에서 마음껏 예배할 수 있다는 것이 얼마나 큰 은혜인지. 오늘 비록 집에서 영상으로 예배를 드렸으나 그럴수록 간절한 마음, 가난한 마음으로 예배에 임하게 되었고 그 예배의 자리에 주님의 임재가 가득함을 느낄 수 있었습니다."

"교회의 위기 앞에서 불안한 것이 아니라 오히려 뜨겁게 타오르는 전우애를 느끼네요. 교회를 향한 애틋함과 하나로 뭉쳐지는 것이 소그룹에서도 느껴집니다."

"이 위기가 저에게 기도의 골방을 회복하는 귀한 시간이 되었습니다. 육체의 연약함, 환경을 핑계대며 외면했던 기도의 자리를 회복했습니다. 아직도 뿌리 내리고 있는 옛 성품과 무너진 지성소를 다시 회복하기 위해 몸부림치고 있습니다. 함께 기도하는 남편도 (결코 그런 사람이 아닌데) 한 시간 내내 울더라고요."

"예배 영상을 큰 화면으로 보기 위해 노트북을 TV로 연결하는 준비 과정에서부터 이전에 경험해보지 못한 예배에 대한 절박함이 밀려들었습니다. 생명의 위협 때문에 숨어 지내며 예배드리던 초대교회와 북한 지하교회가 연상되었고, 온 가족이 눈물을 훔치며 한마음으로 드리는 예배 가운데 하나님의 큰 은혜가 느껴졌어요."

성도들의 간증문을 읽으며 가슴이 울컥울컥했습니다. 부목사님들의 보고를 통해 성도들이 코로나19 사태로 인해 얼마나 힘들어하고 있는지 알고 있었기 때문입니다. 멀쩡하게 잘 운영하던 식당을 더 이상 유지할 수가 없어 팔겠다고 내놓고 울며 기도하는 성도가 있었고, 프리랜서로 일하던 청년들이 일이 뚝 끊겨 살 길이 막막해지기도 했습니다. 준비하던 유학길이 갑자기 막힌 청년, 2차 면접까지 통과해놓고도 코로나 사태로 인해 그 모든 것이 물거품이 된 청년, 이 와중에 사십 대 중반의 나이에 암에 걸려 투병을 시작한 성도도 있었습니다.

코로나 사태의 최일선인 대구동산병원의 의사로 사태 초기부터 생명 걸고 그 자리를 지켜낸 자매도 있었고, 수도권 지역 역학조사관으로 엄청난 육체적, 정신적 스트레스를 견뎌가며 포기하지 않고 묵묵히 자신의 일을 감당하는 청년도 있었습니다. 엄마, 아빠들은 재택근무로, 아이들은 온라인 수업으로 하루 종일 집에서 서로 부대끼며 다들 지치고 힘들어했습니다. 만나서 얼굴 보고 기도해주면서 위로해주고 싶었지만, 요즘 상황에선 그럴 수도 없습니다.

그 은혜와 위로의 기록

이 책은 83일간 이어졌던 새벽설교 메시지 가운데서 뽑아낸 것들입니다. 또한 언젠가 인생의 폭풍을 지나는 분들을 위해 책을 써야겠다고 생각하고 관련 메시지들을 모아놓고 있었는데, 그 원고 중의 일부도 미리 뽑아서 여기에 함께 싣게 되었습니다. 직접 위로해줄 수 없던 성도들에게 하나님의 위로가 더 가까이 전해지기를 간절히 바라면서 말입니다. 코로나 사태라는 폭풍 가운데서 오랜만에 3.1절을 주일로 맞게 되어 특별히 나라와 민족을 생각하는 마음으로 전했던 3.1절 설교 메시지도 함께 실었습니다. 코로나 사태가 터지기 전 올해 40일 특새를 시작하면서 잡았던 주제가 "이 나라를 새롭게"였습니다. 저는 이 위기가 이 나라가 하나님 보시기에 새롭게 되는 계기로 쓰임 받기를 강렬히 소망합니다.

이 글을 쓰고 있는 지금은 6월 초인데, 지금까지 전 세계적으로 6백만 명이 넘는 확진자가 생겼고 사망자도 40만 명에 이릅니다(충격적인 것은 이중에 12만이 세계 최강대국이라는 미국에서 나왔다는 것입니다). 더 불안한 것은 아직 치료제와 백신이 개발되지 않아 코로나가 언제 소멸될지 모른다는 점입니다. 코로나 자체보다 더 힘든 것이 이로 인해 일어나고 있는 경제 위기 상황입니다. 앞으로 벌어질 여파가 얼마나 클지 상상이 되지 않습니다. 전쟁보다 더 큰 환난이라고 표현해도 될 정도의 재앙을 온 인류가 함께 겪고 있습니다. 코로나 이전과 이후의 세상은 완전히 달라질 것이라는 예상은 이제 추측이 아니라 현실로 느껴지고 있습니다.

중세 14세기에 창궐했던 흑사병은 거의 4세기에 걸쳐 1백 회 이상 재발하면서 유럽 전역에 큰 영향을 미쳤습니다. 유럽 인구 감소와 노동 임금의 상승으로 도시화가 급격히 진행되며 중세 봉건제도가 무너지고 근대 자본주의가 도입되는 결정적 계기가 되었습니다. 코로나19가 21세기 지구촌에도 그와 흡사한 대변화를 가져올 것 같습니다. "세계는 평평하다"고 하던 지구촌 네트워크 사고방식이 힘을 잃고, 각 나라가 자국의 이익을 위해 다시 문을 닫아거는 시대가 될 가능성이 높아 보입니다. 세계적으로 실업난과 불경기가 심각해질 것이고, 비대면 중심의 디지털 사회가 가속화될 것이며, 이 변화를 빠르게 수용하는 기업만이 살아남을 것입니다.

국내외 대부분의 교회들이 비대면 온라인 예배 중심으로 전환한 지 몇 달째 되면서 목회자들도 코로나 이후의 비대면 시대에, 성도들이 온라인 예배에 익숙해지기 시작할 때 과연 교회는 살아남을 수 있을지 많이들 걱정합니다. 그러나 저는 우리가 한 번도 겪어보지 않은 글로벌 팬데믹이긴 하지만, 교회의 머리이신 예수 그리스도께서 변함없는 능력의 주로 우리를 붙들고 계시다고 믿습니다. 천자문 구절에 '전패비휴'(顚沛匪虧)라는 말이 있습니다. '넘어지고 엎어져도 이지러지지 않는다'는 뜻입니다. 코로나 재앙 속에서도 우리가 이지러지지 않는 것은 우리 삶의 기초를 굳건한 반석이신 예수 그리스도께 두고 있기 때문입니다.

무더운 여름으로 접어든 지금, 아직도 우리는 코로나 폭풍에서 벗어나지 못하고 있습니다. 하지만 이 힘든 시대를 함께 살아가는 목회자로서 사랑하는 하나님의 백성들을 조금이라도 격려하고자 이 책을 내어놓게 되었습니다. 아직 저도 불안하고 힘듭니다. 속 시원한 답도 없습니다. 그러나 평강의 왕이신 예수님의 손을 잡고, 이 고난을 통해 평소에 배우지 못했던 영적 레슨을 받으며 더 강한 믿음으로 업그레이드되어 함께 전진할 수는 있습니다. 교회의 머리이신 예수님이 살아 계시니 교회는 반드시 승리할 것입니다.

이 힘든 시대를 함께 지나는 한국과 해외 디아스포라 동포 교회의 모든 형제자매들에게 이 책을 헌정하고 싶습니다. 사랑합니다.

2020년 6월

한 홍

Contents

GRACE IN THE STORM

1
PART

폭풍 속에도
살 길이 있다

chapter 1

생각지 못한 폭풍 속에서

시편 91편 1-11절

1 지존자의 은밀한 곳에 거주하며 전능자의 그늘 아래에 사는 자여, 2 나는 여호와를 향하여 말하기를 그는 나의 피난처요 나의 요새요 내가 의뢰하는 하나님이라 하리니 3 이는 그가 너를 새 사냥꾼의 올무에서와 심한 전염병에서 건지실 것임이로다 4 그가 너를 그의 깃으로 덮으시리니 네가 그의 날개 아래에 피하리로다 그의 진실함은 방패와 손 방패가 되시나니 5 너는 밤에 찾아오는 공포와 낮에 날아드는 화살과 6 어두울 때 퍼지는 전염병과 밝을 때 닥쳐오는 재앙을 두려워하지 아니하리로다 7 천 명이 네 왼쪽에서, 만 명이 네 오른쪽에서 엎드러지나 이 재앙이 네게 가까이하지 못하리로다 8 오직 너는 똑똑히 보리니 악인들의 보응을 네가 보리로다 9 네가 말하기를 여호와는 나의 피난처시라 하고 지존자를 너의 거처로 삼았으므로 10 화가 네게 미치지 못하며 재앙이 네 장막에 가까이 오지 못하니 11 그가 너를 위하여 그의 천사들을 명령하사 네 모든 길에서 너를 지키게 하심이라

지금껏 한 번도 경험해보지 못한 지구촌적인 대재난 코로나19 사태로 인해 온 나라가 얼어붙은 지 몇 달이 지났다. 우리뿐 아니라 전 세계가 불안해하고 두려워하는 글로벌 팬데믹이다. 이로 인해 대다수의 한국교회들이 한국전쟁 이후로 처음으로 예배당에서 주일예배를 드리지 못하는 청천벽력 같은 상황으로 내몰리게 되었다. 수도권의 일부 지역 교회에서 집단 감염이 발생하면서 교회의 사회적 책임에 관한 문제가 전보다 더 예민하게 대두되고 있는 상황이다. 대다수의 교회는 온라인 예배로 전환하였지만 온라인 예배 체제를 갖추지 못해 모이지 못하면 당장 교회의 근간이 흔들리는 미자립교회들이 걱정이다.

생각해보면 전염병은 인류 역사 속에 항상 존재해왔던 공포였다. 14세기에서 17세기까지 세계 여러 곳을 무자비하게 강타했던 흑사병은 1347~1351년 사이에만 유럽 인구의 3분의 1 이상을 앗아갔다. 15,16세기 유럽의 정복자들은 남미와 북미의 원주민들에게 홍역과 천연두를 선사해 항체가 전혀 없었던 원주민 인구를 10분의 1, 심지어 100분의 1로 초토화했으며, 그 대신 얻어온 매독은 16,17세기 유럽 상류사회의 피할 수 없는 동반자가 됐다.

의학의 발달은 결핵이나 홍역, 나병, 콜레라 등 공포의 질병들에서 인류를 구해냈지만, 20세기 후반에도 에이즈, 에볼라 등 공포의 괴질들이 인류의 의학적 자만을 비웃는다. 최근까지도 사스와 메르스, 코로나19 등의 기습으로 인류가 허둥거리며 번번이 호되게 당하고 있다.

항공 여행이 자유로운 지구촌 시대에 감염 공포는 늘 임박한 위험이다. 중세 흑사병이 북유럽 끝에 닿기까지 4,5년이 걸렸다면 코로나바이러스는 한 달 안에 지구를 돈다. 사람들은 환자가 피해 감염자인 동시에 가해 전파자가 되는 감염 공포의 이중성을 겪고 있다. 감염 공포는 생명의 위협과 격리의 두려움에 맞닿아 있다. '감염' 그 자체보다 '감염의 공포'가 인간 사회를 더 망가뜨리는 것 같다.

하나님이 여전히 주관하신다

교회도 못 가고, 회사도 학교도 제대로 가지 못하며, 사람들이 모이는 곳을 피해서 집에만 머물러야 하는 이 힘든 시간을 앞으로 얼마나 더 견뎌야 하는지 모두가 불안하고 답답해하고 있다. 우리 인생에서 이렇듯 우리가 생각했던 것보다 고난의 시간이 오래갈 때 참으로 몸과 마음이 지치고, 마음이 불안하여 견디기가 어렵다.

그러나 모든 고난에는 고난을 통해 하나님이 가르쳐주시고자 하는 영적 교훈이 있다. 그러므로 우리가 만약 이 시간을 세상 사람들처럼 낙담하고 원망하고 불평만 하며 보낸다면 하나님의 교훈을 배우지 못한 채 그냥 생고생만 하는 것이며, 그것은 고통을 낭비하는 것이다.

이 전무후무한 코로나19 사태를 맞이하여 나는 무엇보다 우리 하나님께서 이 모든 상황을 주관하고 계심을 믿어야 한다고 생각한다.

칼빈의 기독교 5대 강령 중에 '하나님의 절대 주권'(Absolute Sovereignty of God) 사상이 있다. 온 우주를 창조하고 운영하시는 하나님께서는 세상 모든 일을 주관하는 분이시다. 그래서 그 어떤 일에도 하나님은 놀라지 않으시며, 모든 일에는 하나님의 섭리가 담겨 있다는 것이다. 하나님은 우리처럼 "어! 어떻게 이런 일이 일어났지? 어떡하면 좋지?" 하면서 허둥거리지 않으신다. 충격적인 코로나19 팬데믹도 하나님의 거대한 섭리 안에 있다.

특별히 살면서 요즘처럼 우리가 전에 경험하지 못했던 힘들고 놀라운 상황을 겪을 때 우리는 여전히 우리의 모든 상황을 주관하시는 하나님을 믿어야만 한다. 오늘날 미국의 가장 훌륭한 복음주의 설교가 중 한 분인 존 파이퍼 목사님은 "코로나19 상황에서 하나님이 10억 가지 일을 하고 계시다는 것은 분명한 사실이다. 다만 그 일의 99.9퍼센트가 우리에게 알려지지 않았을 뿐"이라고 했다.

나는 하나님께서 지금 하고 계시는 일 중에 하나가 '거룩한 멈춤'이라고 생각한다. 1960년대 후반 저명한 과학자 로저 레벨(Roger Revelle)은 인류는 자연이 감당할 수 있는 것보다 더 많은 이산화탄소를 지구 대기권으로 쏟아내고 있다고 경고했다. 그때 대학생이었던 알 고어는 이 강의를 듣고 충격을 받아 훗날 미국 연방하원의원이 되고 부통령이 되었을 때 끊임없이 환경 파괴 문제에 대해 우리가 심각하게 고민할 것을 권유해왔다. 지금 인류는 매일 1억 천만 톤이나 되는 지구 온난화를 일으키는 온실가스를 배출하고 있는데, 이는 히로시마에 떨어진 원자폭탄 5십만 개가 매일 지구에서 폭발하는 것과 같다고 한다. 이렇게 만들어진 열기는 지구 전체를 끓어오르게 하고 있다.

지난 5년 동안 우리는 이때까지 지구가 경험했던 것 중에 가장 더운 여름을 지내야 했다. 작년 7월은 지구 역사상 가장 더운 한 달이었다. 지구 온난화로 인한 열기의 90퍼센트 이상이 바다로 흡수되는데, 이로 인해 무서운 슈퍼파워 허리케인들이 시도 때도 없이 일어나고 있다. 지구 온난화로 인한 날씨 변화가 전 세계 경제에 입히는 손해는 천문학적이다. 지구 곳곳에서 시도 때도 없이 홍수와 가뭄, 쓰나미가 일어나고 있고, 호주 산불과 같은 초대형 산불이 끊임없이 일어나는 이유도 환경 파괴 때문이다. 남극의 빙하가 빠르게 녹으면서 해수면도 계속 상승하고 있다.

그런데 놀랍게도 코로나19 사태로 인해 전 세계의 비행기들과 배들과 공장들이 멈춰 서면서 자연이 회복되기 시작했다. 한 치 앞을 볼 수 없는 스모그로 악명 높던 인도 뉴델리의 하늘이 밤에 별자리를 관찰할 수 있을 정도로 맑아졌고, 중국 대도시 상공들도 놀랄 만치 깨끗해졌다. 뉴욕의 대기오염도 50퍼센트가량 줄었다고 한다. 이탈리아 베네치아 운하의 물이 맑아져 이제는 헤엄치는 물고기들이 보이고, 파리 시내에는 백조와 오리, 왜가리 무리가 도심을 걸어다니기도 한다고 한다.

그동안 우리는 너무 많은 물건을 함부로 쓰고 버리면서 하나님이 주신 자연을 얼마나 파괴하고 있었는지 잘 몰랐다. 하지만 브레이크를 모른 채 질주하는 욕심에 가득 찬 '물질문명'이란 기차를 코로나 사태가 잠시만 세워두었을 뿐인데도 환경이 좋아지는 것을 보면서 우리는 무언가 느껴야 하지 않겠는가?

잃어버린 감사를 회복하라

이 시간에 우리는 잃어버린 감사를 회복해야 한다. 코로나19 때문에 사람들이 많이 모이는 곳에는 가지 못하고, 사람을 만나도 악수도 못하고, 여행도 함부로 못 가는 상황이 되었다. 평소에는 너무나 당연하게 여겼던 일들이다. 그런데 이제 보니 그 평범한 일상들이 얼마나 감사할 일이었는지 모른다.

특히, 요즘 예배를 다 생방송 온라인으로 진행하면서 성도들이 SNS로 보내오는 간증들 중에 가장 많은 내용이 "그동안 예배당에서 함께 마음껏 찬양하고 설교 듣고 예배할 수 있었던 것이 얼마나 큰 축복이었는지 새삼 깨닫게 되었다"는 것이다. 예배를 안 드리는 것과 못 드리는 것의 차이는 크다. 함께 모여 예배를 드리지 못하는 것이 핍박받는 남의 나라 얘기인 줄만 알았는데, 코로나19라는 비상사태로 인해 집에서 온라인으로 예배드릴 수밖에 없는 상황이 되니, 정신이 번쩍 나면서 그동안 당연하게 여겼던 예배와 교회 공동체가 너무나 감사하게 느껴졌다고 한다.

예수님 중심으로 삶을 재정렬하라

또한 하나님께서는 코로나 사태 같은 재앙을 보면서 인간의 무기력함을 자각하기 원하시는 것 같다. 사실 우리는 너무 교만했다. 과학 기술의 발전으로 49억 킬로미터나 떨어진 명왕성에도 가고 인공지능(AI)을 필두로 한 4차 산업혁명 시대가 도래했지만, 우리는 여전히 하나님 앞에서 너무나 무기력하다. 바이러스 하나에 75억 명이 사는 지구가 멈췄다.

나와는 거리가 멀 것이라고 여겼던 죽음의 공포가 모두에게 엄습했다. 대국의 총리도, 글로벌 패권을 쥔 대통령도, 부자도 예외일 수 없었다.

미국 뉴욕의 리디머교회 설립자이자 기독교 베스트셀러 작가인 팀 켈러 목사는 이 재앙을 통해 하나님께서는 "세상은 네가 아닌 내가 다스린다. 넌 나에게 의지해야 한다. 넌 혼자선 살아갈 수 없다. 넌 나의 지혜와 도움이 필요하다"고 말씀하고 계신다고 했다.

하나님께서는 이번 사태를 통해 우리가 다시 한번 이 땅에 대한 지나친 집착을 버리고, 임박한 그리스도의 재림을 대비하기를 원하신다.

예수님은 마지막이 가까워올수록 전쟁, 기근, 지진, 전염병 등의 재앙이 더 빈번해질 것이라고 하시며 영적으로 깨어 기도하라고 하셨다. 그런데도 우리는 모든 것이 평안할 때는 세상의 분주함과 즐거움에 취해 영적으로 무감각하게 정신없이 살아왔다. 예수님은 이 세상이 결코 우리의 영원한 집이 아님을 깨닫고 다시금 우리의 삶을 예수님 중심으로 재정렬하기를 원하신다.

우리는 이 시간을 영적으로 깊어지는 시간으로 만들어야 한다. 평소보다 혼자 있는 시간이 많으니 성경과 경건 서적을 많이 읽고, 기도하는 시간을 많이 가지라. 나 같은 경우는 산책 시간을 기도 시간으로 많이 활용하고 있으며, 스마트폰 앱으로 설교도 많이 듣는다. 바울은 감옥에서 수많은 옥중서신을 썼고, 《천로역정》도 존 번연이 감옥에서 쓴 작품이다. 고난은 깊은 영적 체험의 시간이 될 수 있다.

영적으로 깊어진다는 것은 예수님과의 교제가 더욱 친밀해짐을 말한다. 우리 주변의 파도가 거셀수록 우리는 파도를 보고 놀라지 말고 우리의 주님 예수 그리스도를 굳게 붙들어야 한다. 그분에게 시선을 고정시켜야 한다. 그래야 두려움을 이길 수 있다.

우리 교회는 매해 해오던 신년 40일 특새를 올해는 부활절 주일 이후까지 83일이 넘도록 중단하지 않고 온라인 중계로 계속했다. 나는 하루도 빠지지 않고 매일 부흥회처럼 혼신의 힘을 다해 설교했다. 내 안의 어디서 그런 힘이 나왔는지 모르겠는데, 이 어려운 시기에 우리 교회 성도들뿐 아니라 그 몇 배가 넘는 성도들이 실시간으로 클릭하여 함께 은혜를 나눈다고 생각하니 최선을 다하지 않을 수 없었다.

교회 차원에서 전교인 성경통독을 진행하고 있으며, '거룩한 영화의 밤'(Holy Movie Night)이라는 프로그램을 통해 매주 두 편 이상의 좋은 기독교 영화를 추천하여 가족과 함께 보며 은혜를 나누고 있다. 주일 설교는 '예수님의 이름으로' 시리즈로 예수님에 대한 깊고 다양한 묵상을 나눴다. 이 모든 것은 우리가 코로나가 아닌 예수님을 더 깊이 생각하기 위해서이다.

위험 속에서 세상을 섬겨라

하나님께서는 교회가 위험 가운데서도 세상을 섬기기 원하신다. 로마 제국에도 전염병이 창궐하여 많은 사람들이 죽어나가던 때가 많았는데, 그때마다 크리스천들은 자기 생명을 아끼지 않고 나서서 환자들을 돌보았다. 코로나19 방역 최일선에 서 있던 대구동산병원의 의사 중에 우리 성도가 계셨다. 성도들의 귀한 부활절 헌금으로 코로나 사태로 피해를 입은 수많은 미자립교회의 월세를 지원했고, 코로나19와 싸우고 있는 현장의료진을 도왔으며, 어려운 이웃들을 섬겼다. 세상 사람들이 불안과 두려움에 어찌할 바를 몰라 흔들리고 있는 지금, 우리는 굳건한 반석이신 예수 그리스도 안에 온전히 거해야 한다. 그분이 모든 상황을 주관하고 계시며, 그분은 우리를 목숨보다 사랑하시는 하나님이시기 때문이다.

거룩한 백성이 가장 안전하다

코로나19 사태를 맞아 구약성경의 레위기가 얼마나 놀라운 책인지를 다시금 깨닫고 있다. 레위기는 하나님이 출애굽한 이스라엘 백성을 하나님의 거룩한 백성으로서 갖춰야 할 준비를 시키시는 책이다. 레위기의 핵심 주제는 "내가 거룩하니 너희도 거룩하라"이다. 레위기 전반부에는 희생제사에 관한 여러 가지 율법들이 나오지만, 후반부에서는 일상생활에서 지켜야 할 개인적이고 사회적인 성결법을 다루고 있다. 여기 보면 음식, 건강, 위생에 관한 까다로운 규정들이 있는데, 이것이 요즘 전염병 예방을 위해서 현대 의학자들이 제시하는 것들과 너무나 일치하여 놀랍기 그지없다.

레위기 11장부터 쭉 보면, 먼저 하나님께서는 아무 짐승이나 함부로 먹어서는 안 된다고 하시면서 구체적으로 어떤 짐승들을 먹지 말라고 정확히 말씀하셨다. 새들 중에는 독수리, 매, 펠리컨(사다새), 그리고 이번 코로나19 창궐의 원인이 된 박쥐 등을 먹지 말라고 하셨고, 메르스 사태 때 원인이 되었던 낙타도 먹지 말라고 하셨다. 또한 하나님께서는 전염병이나 악성 피부병 환자들을 즉시 진영 밖으로 격리하게 하셨고, 시체를 만진 자는 꼭 옷을 빨거나 태우고 몸을 씻으라고 하셨다. 질병 환자가 발생한 집이나 공간도 즉시 7일간 폐쇄하고 정결하게 해야 한다고 하셨다. 몸에서 나오는 침이나 배설물, 피 같은 모든 것들이 부정하니 깨끗이 씻어내고 정결하게 하라고 하셨으며, 문란한 성관계를 금하셨다. 에이즈 같은 병들이 문란한 성관계로 확산된다는 사실은 알 만한 사람은 다 알 것이다. 사람이나 동물의 시체도 만지지 말고, 불에 태우거나 땅에 묻어서 깨끗이 처리해야 한다고 하셨다. 이런 정결법을 잘 지킨 까닭에 이스라엘 백성들은 그 옛날에도 많은 질병에서 자유할 수 있었다.

예전에는 레위기의 이런 말씀을 읽을 때 그리 큰 신경을 쓰지 않았는데, 요즘 바이러스 사태를 맞아 다시 보니 거룩이 생명과 직결된다는 사실과 하나님께서 거룩하라고 하신 것은 우리를 지켜주시기 위함임을 깨닫게 된다. 하나님의 말씀 안에 생명이 있다. 거룩한 백성이 가장 안전할 것이다. 이 힘든 사태를 겪으면서 하나님께서는 한국교회와 나라를 정결하게 하시고 새롭게 하실 것이다.

하나님이 새로운 역사를 시작하신다

흑사병(黑死病, Black Death)이 터지기 직전, 13세기 후반 유럽은 기술 발전과 경제적 호황을 누리고 있었기에 낙관론이 팽배했었다고 한다. 그러다 대혼란이 일어났다. 14세기 초부터 유럽의 기후는 중세 온난기가 끝나고 연평균 기온이 하락하기 시작했는데, 이로 인해 대기근이 곳곳에서 발생하여 수많은 사람이 굶어 죽어갔다. 또한 이슬람 군대의 무서운 침공이 유럽을 위협했다. 그러나 최악의 재앙은 당시 유럽 인구의 3분의 1에 달하는 사람들의 목숨을 앗아간 '흑사병'이었다. 그 당시 사람들은 자신들이 요한계시록에 나오는 인류의 종말을 목격하고 있는 것은 아닌가 하는 절망감에 사로잡혀 있었다고 한다.

이때 영국에는 노리치의 줄리안(Julian of Norwich)이라는 뛰어난 영성가가 살고 있었다. 서른 살의 젊은 나이에 위중한 병을 앓던 그녀는 하나님의 환상을 보고 병에서 회복되었는데, 그 후 자신이 본 환상을 책으로 썼다. 《거룩한 사랑의 계시》(The Revelation of Divine Love)라는 그 책에서 줄리안은 절망의 시대를 사는 사람들에게 하나님이 주신 메시지를 이렇게 전했다.

"이 모든 고통의 원인은 죄악이지만 모든 것이 다 괜찮을 것이며, 모든 것이 다 괜찮을 것이다."

줄리안은 이 모든 재앙의 원인이 영적인 것임을 직시했다. 모든 것이 괜찮을 수 있는 이유는 예수 그리스도의 보혈의 은혜를 믿었기 때문이다. 하나님의 사람들의 회개와 기도가 그 은혜의 물줄기를 끌어들여 재앙의 세상을 살려낼 것을 믿었기 때문이다. 줄리안의 믿음대로 유럽은 기적같이 다시 살아나서 르네상스와 종교개혁의 찬란한 꽃을 피웠다.

하나님께서는 항상 잿더미에서 새로운 기적을 잉태시키신다. 17세기 중반에는 전염병 페스트가 영국 전역을 휩쓸고 지나가며 수많은 사람이 목숨을 잃었다. 대학들도 모두 문을 닫았고, 아무도 미래를 장담할 수 없었다. 이때 스물세 살의 청년 아이작 뉴턴(Isaac Newton)도 다니던 케임브리지대학교가 문을 닫는 바람에 할 수 없이 낙향했다. 혹독하고 외로운 시간이었지만 뉴턴은 포기하지 않고 아침부터 밤까지 끊임없이 연구하고 생각했다. 그 결과 문명사의 3대 창안이라고 하는 빛의 신비, 만유인력, 그리고 미적분이라는 놀라운 열매가 탄생했다. 그래서 과학계에선 이 절망의 때를 오히려 '뉴턴의 기적의 해'라고 부른다.

소망의 미래에 대한 꿈을 꾸고 선포하라. 구약의 이사야 선지자는 절망 같은 현실 속에서도 회복될 미래를 꿈꾸고 예언했다. 남들은 고난의 시작만 보고 절망하고 있었을 때 그는 성령의 눈으로 고난의 끝을, 회복된 미래를 보고 있었다. 그리고 감사 찬양을 터뜨리고 있었다.

지금 우리의 현실이 어렵다고 해서 미래도 그러리라는 법은 없다. 지금 미리 믿음의 눈으로 회복된 미래를 보고, 성령의 능력으로 미리 감사를 선포해보라. 나는 이 코로나19 사태 후에 한국교회가 더 강하고 새롭게 부흥할 꿈을 꾸고 있다. 총체적 위기에 있는 우리나라도 새롭게 될 것을 꿈꾸며 선포해본다. 부활하신 주님이 우리 안에 살아 계시니 교회는 이 힘든 시즌을 이기고 다시 승리하게 될 것이다.

chapter 2

하나님의 위로가
두려움을 이긴다

이사야서 51장 1-13절

1 의를 따르며 여호와를 찾아 구하는 너희는 내게 들을지어다 너희를 떠낸 반석과 너희를 파낸 우묵한 구덩이를 생각하여보라 2 너희의 조상 아브라함과 너희를 낳은 사라를 생각하여보라 아브라함이 혼자 있을 때에 내가 그를 부르고 그에게 복을 주어 창성하게 하였느니라 3 나 여호와가 시온의 모든 황폐한 곳들을 위로하여 그 사막을 에덴 같게, 그 광야를 여호와의 동산 같게 하였나니 그 가운데에 기쁨함과 즐거워함과 감사함과 창화하는 소리가 있으리라 4 내 백성이여 내게 주의하라 내 나라여 내게 귀를 기울이라 이는 율법이 내게서부터 나갈 것임이라 내가 내 공의를 만민의 빛으로 세우리라 … 7 의를 아는 자들아, 마음에 내 율법이 있는 백성들아, 너희는 내게 듣고 그들의 비방을 두려워하지 말라 그들의 비방에 놀라지 말라 8 옷같이 좀이 그들을 먹을 것이며 양털같이 좀벌레가 그들을 먹을 것이나 나의 공의는 영원히 있겠고 나의 구원은 세세에 미치리라 9 여호와의 팔이여 깨소서 깨소서 능력을 베푸소서 옛날 옛 시대에 깨신 것같이 하소서 라합을 저미시고 용을 찌르신 이가 어찌 주가 아니시며 … 12 이르시되 너희를 위로하는 자는 나 곧 나이니라 너는 어떠한 자이기에 죽을 사람을 두려워하며 풀같이 될 사람의 아들을 두려워하느냐 13 하늘을 펴고 땅의 기초를 정하고 너를 지은 자 여호와를 어찌하여 잊어버렸느냐 너를 멸하려고 준비하는 저 학대자의 분노를 어찌하여 항상 종일 두려워하느냐 학대자의 분노가 어디 있느냐

코로나19가 전국적으로 확산되면서 사람들의 마음에 두려움과 불안이 가득하다. 성경에서 하나님이 가장 많이 반복하신 명령은 "서로 사랑하라"도 아니고 "전도하라"도 아니다. 하나님이 가장 많이 반복하신 명령은 "두려워하지 말라"이다(성경 전체에서 365번 넘게 나온다. 그러니까 매일 기억해야 할 말씀이란 얘기다). 왜 하나님은 그토록 우리에게 두려워하지 말라는 명령을 자주 하시는 것일까?

대개 하나님이 인간에게 두려워하지 말라고 명령하실 때는 정말 두려워할 만한 상황을 앞두고 있을 때다. 그러나 하나님을 믿고 도전하면 반드시 그 어려운 시기를 돌파하면서 오히려 믿음이 성장하는 축복의 계기가 되기도 한다. 그런데 두려움이 바로 그 축복의 열매를 따 먹을 수 있도록 도전하는 것을 막아버리는 것이다. 그래서 하나님은 그토록 자주 "두려워하지 말라"고 명령하시는 것이다.

두려움은 삶의 기쁨을 앗아가버린다. 두려움이 체질화된 것을 걱정 혹은 근심이라고 한다. 늘 걱정 근심에 사로잡혀 있는 사람에게는 참된 기쁨과 평안이 없다. 아무 일도 일어나지 않았는데도 마음속은 전쟁터처럼 불안하고 두근두근하다. 의외로 항상 두려움에 싸여 있는 사람들의 아이큐가 보통 사람들보다 훨씬 높다고 한다. 너무 똑똑해서 아주

세세한 상황까지도 미리 앞질러서 미리 걱정하고 남의 걱정까지 떠안아 걱정해주는 것이다.

믿음 생활을 오래 한 사람들은 두려움에서 자유할 것 같은데, 꼭 그렇지도 않다. 이사야서 51장 1절에 보면 "의를 따르며 여호와를 찾아 구하는 너희는 내게 들을지어다"라고 되어 있다. 불순종했던 대부분의 이스라엘 백성이 아니라 하나님을 찾으려는 순종의 자녀들, 소수의 경건한 이스라엘 백성을 향한 말씀이란 말이다.

그런데 본문 내용을 보면 바로 그 믿음 좋은 사람들에게 두려워하지 말라고 거듭 말씀하고 계신다. 아무리 믿음 좋은 사람들이라 해도 상황이 너무 힘들면 두려움에 짓눌리게 된다.

특히, 그 당시 이스라엘 사람들이 처한 상황은 그럴 수밖에 없었다. 세계 최강대국 바벨론의 무서운 힘에 눌려 기약 없이 계속되는 포로 생활로 지쳐 있었기 때문이다. 적은 막강하고 숫자도 많은데, 자신들은 약하고 숫자도 너무 적었다. 하나님은 신실한 믿음의 사람들이 세상에 위축되어 있음을 알고 계셨다. 그래서 그들에게 특별한 메시지로 위로하고 격려하시려는 것이다.

초라한 시작, 위대한 결말

하나님은 이스라엘 백성에게 너희들의 과거사를 한번 살펴보라고 하셨다. 그러면서 그들이 가장 자랑스럽게 여기는 믿음의 조상을 예로 드신다.

너희를 떠낸 반석과 너희를 파낸 우묵한 구덩이를 생각하여보라 **사 51:1**

여기서 '반석'은 이스라엘의 조상인 아브라함을, '우묵한 구덩이'는 이스라엘을 생산한 사라를 가리킨다. 바로 그 반석과 우묵한 구덩이에서 수많은 이스라엘 백성이 나오게 된 것이다. 그런 아브라함이 처음부터 열국의 아버지로 출발한 것이 아니라 본래는 '혼자'였다.

아브라함이 혼자 있을 때에 내가 그를 부르고 그에게 복을 주어 창성하게 하였느니라 **사 51:2**

하나님은 아브라함이 혼자였을 때 그를 부르셨다고 했다. 어떤 역본은 '아브라함이 혈혈단신이었을 때'라고 표현했다. 가족만 데리고 외롭게 개척교회를 시작하던 한 목사님이 두려움에 떨다가 이 말씀을 읽고 울었다는 고백을 들은 적이 있다.

아브라함은 우상숭배가 만연한 땅 갈대아 우르에서 불신자 부모 아래서 자랐다. 그러던 그가 75세 나이에 하나님의 부름을 받고 고향을 떠나 먼 가나안 땅으로 이민을 갔다. 그때, 아브라함과 사라는 아이를 갖는 것이 불가능한 나이의 노인들이었고, 유랑하는 나그네였다. 그런데 하나님은 그에게 열국의 아비가 될 것을 약속하셨고, 후일에 그의 후손들은 실제로 하늘의 별과 같이 창성하게 되었다.

그러므로 남아 있는 이스라엘의 소수의 믿음의 사람들의 수가 아무리 적다고 할지라도 하나님이 복 주시면 얼마든지 창성하게 될 수 있다.

그러니 가진 것 없고 숫자가 적다고 낙심할 필요도 없다는 것이다. 중요한 것은 하나님이 택하셨다는 사실이다. 이스라엘이 잘나서 하나님이 복 주신 것이 아니라 하나님의 은혜로 이스라엘이 하나님의 복을 받은 것이다. 하나님은 그들에게 축복의 과거를 상기시켜주시면서 그들이 미래를 향한 소망을 갖기를 원하셨다.

우리 인생에서 기가 막히도록 답답하고, 숨이 막히도록 암울한 상황을 맞이할 때, 소망을 가지라. 아무것도 없이 외롭게 시작했던 아브라함과 사라에게 역사하셨던 하나님을 생각하라. 하나님은 우리의 초라한 시작을 위대한 결말로 마무리하실 것이다.

이전보다 더 큰 축복으로 회복되다

이스라엘 백성 대부분이 바벨론에 포로로 끌려가 있는 동안 예루살렘은 황폐하게 변해버렸다. 바벨론 왕은 잘난 사람들은 다 포로로 끌어가고 비천한 하류층 백성들만 이스라엘에 남겨두어 농부가 되게 했다. 그렇지만 남겨진 자들의 수가 적었기 때문에 그들이 재배한 경작지는 전체 토지의 일부에 불과했고, 땅은 대부분 그대로 방치되어 마치 광야와 같이 되어버렸다. 그런데 하나님께서 그 모든 황폐한 곳들을 '위로하신다'고 한다.

> 나 여호와가 시온의 모든 황폐한 곳들을 위로하여 그 사막을 에덴 같게, 그 광야를 여호와의 동산 같게 하였나니 그 가운데에 기쁨함과 즐거워함과 감사함과 창화하는 소리가 있으리라 **사 51:3**

이 부분을 히브리어 원어 그대로 해석하면 '이미 위로했고'이다. 여기서 '위로한다'는 말은 단순히 따뜻한 말, 좋은 말을 해주시는 것이 아니라 실제로 손을 대서 고치시고 살리시는 것을 뜻한다. 하나님께서는 이미 그들의 부서진 삶의 현장을 다시 복구하고 계신다. 어느 정도 수준까지 회복시키냐 하면 이전의 황폐하게 되기 전보다 훨씬 더 좋은 수준으로 회복시키신다는 것이다. 하나님께서는 시온을 회복시키셔서 에덴과 같이 물이 넉넉하고 각종 과실이 풍성한 낙원으로 만드시겠다는 것이다. 그때에 시온에서는 기쁨과 즐거움과 감사의 노랫소리가 차고 넘칠 것이다.

하나님께서 우리의 부서진 인생을 회복시키실 때 이전 수준으로 회복시키시는 게 아니라, 이전보다 훨씬 풍성하고 단단하게 회복시켜주실 줄 믿는다. 교회가 힘든 폭풍을 지난다 해도, 하나님이 다시 회복시켜주실 때 이전보다 훨씬 더 은혜롭고 아름답게 회복시키실 것이다. 이 나라가 지금은 말할 수 없는 어려움을 지나고 있지만 하나님께서 이를 통해 이 나라를 깨끗하고 아름답게 다듬으실 것이다. 광야를 지날 때는 고통이었지만 그 광야를 지나고 나서 들어가게 될 약속의 땅은 너무나 아름다울 것이다. 그러니 절망하지 말고 오늘을 견뎌보자.

말씀을 붙잡아야 두려움이 사라진다

하나님은 이스라엘 백성에게 "너희는 내게 들을지어다"(1절)라고 하셨다. 적은 크고 강하고 많은데 우리는 작고 약하고 숫자도 적을 때, 우리는 위축되고 외롭고 힘들다. 객관적인 전력 분석에 따르면 이길 가능성이 없기 때문이다. 그러나 그럴 때일수록 하나님의 사람들은 상황을 보지 말고, 그 무엇보다 하나님의 말씀을 붙잡아야 한다.

내 백성이여 내게 주의하라 내 나라여 내게 귀를 기울이라 이는 율법이 내게서부터
나갈 것임이라 내가 내 공의를 만민의 빛으로 세우리라 **사 51:4**

"내게 주의하라"는 말은 바싹 귀를 기울이고 하나님의 말씀을 들으라는 것이다. '내 백성'이니까, 하나님 백성이니까, '내 나라'니까 즉 하나님의 나라니까 다른 누구의 말도 듣지 말고 하나님의 말씀을 들으란 것이다. 하나님은 이미 놀라운 회복과 구원의 역사를 시작하셨다. 그러나 이것을 받아 누리기 위해서는, 또한 그 구원과 회복의 역사에 동참하기 위해서는 정신을 집중하고 하나님 말씀을 들어야 한다.

말씀은 하나님으로부터 직접 흘러나오는 하나님의 선물이다. 말씀 속에 우리의 살 길이 있다. 하나님께서는 말씀을 통해 이스라엘을 포함한 천하 만민을 구원하실 것이다.

의를 아는 자들아, 마음에 내 율법이 있는 백성들아, 너희는 내게 듣고 그들의 비방
을 두려워하지 말라 그들의 비방에 놀라지 말라 **사 51:7**

'의를 아는 자들, 마음에 내 율법이 있는 백성들'은 하나님의 계획과 뜻을 알고, 그것을 마음에 새겨 순종하는 백성을 말한다. 1절의 "의를 따르며 여호와를 찾아 구하는" 자들과 같은 말이다. 단순히 교회 다닌

다고 이런 경건한 하나님의 백성이 되는 것이 아니다. 그 당시 이스라엘 사람들 속에 이런 경건한 백성이 소수였듯이, 오늘날도 정말 하나님의 말씀을 마음에 새겨 순종하는 경건한 백성은 많지 않을 것이다. 그러나 그 백성을 하나님은 끔찍이 사랑하시고 돌보신다.

우리가 하나님의 특별한 돌보심을 받는 그런 백성일진대, 세상 사람들과는 달라야 한다. 하나님을 대적하는 자들은 항상 하나님을 순종하는 백성들을 방해하고 험담한다. 그러나 하나님께서는 그들의 말을 두려워하거나 그 말의 사나움에 놀라지 말라고 하신다.

평소 우리는 하나님의 말씀도 듣고 사람들 말도 섞어 들으며 살아간다. 그러나 너무 힘들고 혼란스러울 때는 사람 말을 듣거나 하나님 말씀을 듣거나 확실히 양자택일해야 한다. 상황이 힘들고 판단이 안 설 때일수록 오직 하나님 말씀만 들어야지, 사람들 말과 하나님 말씀을 섞어 들으면 점점 사람들 말에 귀를 기울이게 된다. 그러면 작은 일에도 더 두려워하게 되고 놀라게 된다. 나도 너무 힘들면 무조건 성경을 많이 읽으며 기도한다.

이 사람 저 사람의 말들이 너무 무성하여 판단이 안 설 때는 오직 하나님의 말씀을 기도 가운데 들어야 한다. 나와 친한 사람들, 똑똑한 사람들, 주변의 많은 사람들이 말한다고 해서 반드시 진리는 아니다. 하나님의 말씀 듣고 기도하며 판단해야 한다. 하나님의 백성을 함부로 비방하고 공격하는 사람들은 너무나 허무하게 무너질 것이다. 그러나 하나님의 공의와 구원은 영원할 것이다.

그러므로 지금은 강해 보이고 커 보이지만 순식간에 사라질 사람들의 비방에 흔들리지 말라는 것이다.

사납고 강하게 말하는 사람들의 숫자는 사실 그렇게 많지 않다. 그러나 그들의 어투가 강하고 나름 논리도 있고 여러 사람이 자기에게 동조하는 것처럼 말하기 때문에 실제 상황보다 문제가 훨씬 심각해 보인다. 그러나 기도하는 하나님의 사람은 영적 분별력을 가지고 듣기 때문에 그 말에 들어가 있는 거품을 제거하고 털어버린다.

악한 자들의 비방과 공격의 말을 너무 묵상하고 있으면 거기에 힘을 실어주게 된다. 그러나 내가 하나님 말씀만 붙잡고 있으면 결국 거짓된 말들은 힘을 잃고 땅에 떨어져서 흔적도 없이 사라져버리게 된다.

하나님께 시선을 고정해야 두려움이 사라진다

이르시되 너희를 위로하는 자는 나 곧 나이니라 너는 어떠한 자이기에 죽을 사람을 두려워하며 풀같이 될 사람의 아들을 두려워하느냐 사 51:12

하나님은 '내가 너희를 위로한다'는 말을 연거푸 두 번 반복하신다. 쉽게 말해서 하나님께서 "나란 말이야, 나! 내 말만 들으면 되는데 왜 자꾸 다른 데 시선을 돌려서 불안해하는 거야"라고 가슴을 치시는 것이다. 전능하신 하나님께서 자신들을 직접 위로하고 계신다는 사실을 도무지 믿지 못하는 이스라엘 백성을 향한 하나님의 안타까운 마음이 배어 있다.

보이지 않는 하나님께 기도하며 하나님의 음성 듣기에 집중하는 사람에게는 하늘의 위로가 임한다. 그러나 답답한 마음에 보이는 사람과만

의논하고, 하루 종일 뉴스만 보면서 보이는 현실만 바라보는 사람에게
는 두려움이 끊이지 않고 몰려온다.

하늘을 펴고 땅의 기초를 정하고 너를 지은 자 여호와를 어찌하여 잊어버렸느냐 너
를 멸하려고 준비하는 저 학대자의 분노를 어찌하여 항상 종일 두려워하느냐 학대자
의 분노가 어디 있느냐 사 51:13

문제를 문제화시킬수록 더 큰 문제가 된다. 바벨론만 바라보고 있으
면 바벨론의 두려움에서 벗어나지 못한다. 그래서 하나님께서는 바벨론
보다 더 큰 하나님의 위대하심을 묵상하라고 하신다. 하나님은 "하늘
을 펴고 땅의 기초를 정하고 너를 지은 자"이시다! 그런데 너는 어찌하
여 그런 하나님의 위대함을 '잊어버렸느냐'는 것이다. 실제로 잊었다는
게 아니라 어째서 그 하나님을 믿는 믿음이 약해졌냐는 것이다.

이 말씀은 앞 절의 내용과 연결해서 이해해야 한다. 어째서 너는 계속
해서 사람들의 사나운 비방의 말만 묵상함으로써 두려움에 계속 사로잡
혀 있느냐는 것이다. 그것은 하나님에게서 시선을 떼었기 때문이라는 것
이다. 그렇게 되면 믿음이 흔들리고 약해져서 두려움의 노예가 되어 영적
으로 무기력해지고 만다. 주님만 바라보며 갈 때는 물 위를 잘 걸어가던
베드로가 갑자기 주변의 파도를 보기 시작하더니 겁에 질려 갑자기 물
에 빠져버렸다. 믿음이 약해지면 믿음으로 극복할 수 있었던 문제가 오
히려 나를 삼키게 되는 것이다. 다시 살아나는 유일한 방법은 다시 주님
께로 시선을 고정하는 것이다.

"너를 멸하려고 준비하는 저 학대자의 분노를 어찌하여 항상 종일 두려워하느냐!"

문제가 없다는 것도 아니고 적이 약하다는 것도 아니다. 하나님은 이스라엘을 억누르고 있는 무서운 적 바벨론의 실체를 알고 계셨고 인정하셨다. 당시 바벨론은 이스라엘 백성들이 다시는 일어서지 못하도록 온갖 모략과 조직적인 방법을 동원해 그들을 압제했다.

바벨론은 온갖 교활하고 악한 방법으로 하나님의 백성들을 끈질기게 공격하는 사탄 마귀의 세력을 상징한다. 그 학대자 바벨론의 분노를 하나님의 백성들이 '항상 종일 두려워했다'고 했다. 두려움에는 때와 장소가 없다. 밥 먹을 때도 모래 씹는 것 같아서 밥이 잘 넘어가지 않고, 잠을 잘 때에도 마음이 편하지 않아 가슴이 쿵쾅거린다. 사람들을 믿을 수가 없고, 언제 무슨 일이 터질지 모를 미래가 불안하다. 문제보다 더 무서운 것은 문제에 대한 두려움이다. 이스라엘 백성들은 바벨론에 대한 공포와 두려움 속에 하루 종일 사로잡혀 있었다. 그러니까 사는 게 사는 게 아니었다. 하나님은 불쌍한 그들의 마음 상태를 아시고 다시금 담대하라고 용기를 주시는 것이다.

하나님은 두려움에 떨고 있는 이스라엘을 향해 "학대자의 분노가 어디 있느냐"라고 물으신다. 우리 눈에는 빤히 보이는데 하나님은 "어디 있느냐"라고 하신다. 그것은 영의 눈으로 볼 때 그렇다는 얘기다. 하나님의 위대하심과 비교해볼 때 바벨론 따위는 아무것도 아님을 알라는 것이다.

'너희들이 바벨론 무서워하는 것 이해해. 그러나 나 너희 하나님은 바

벨론보다 몇천 배 더 크고 강하다. 걱정하지 마라. 내가 너를 지키고 구원할 것이다.'

우리를 해하려는 사람들이 있다 해도(그런 존재가 없다는 게 아니다), 그리고 그들이 아무리 많고 강하다 해도, 우리는 우리의 시선을 오직 하나님께만 고정해야 한다. 상황이 힘들수록 우리는 자꾸 하나님을 작게 보게 되는데, 크신 하나님을 크게 믿어야 한다. 크신 하나님을 크신 하나님이라고 인정해드려야 한다.

코로나19가 무섭지 않다는 게 아니다. 의학적인 조치가 필요하지 않다는 게 아니다. 그러나 그것만 가지고 어찌 두려움을 이기겠는가? 바이러스보다 크신 하나님을 보라는 것이다.

하나님께서는 우리가 생각지도 못할 큰 능력을 가지신 하나님 자신이 우리를 지키시니 전혀 두려워할 필요가 없다고 하신다. 어떤 불가능한 상황 속에서도 이스라엘 백성을 구원하셨던 하나님이시니, 지금도 그리고 앞으로도 어떤 위기 속에서라도 우리를 능히 구원하실 것이다!

간절히 기도해야 두려움이 사라진다

여호와의 팔이여 깨소서 깨소서 능력을 베푸소서 옛날 옛 시대에 깨신 것같이 하소서 라합을 저미시고 용을 찌르신 이가 어찌 주가 아니시며 **사 51:9**

'여호와의 팔'은 하나님의 능력을 상징한다. 이 힘든 현실에 처한 우리를 구원하시기 위해 하나님께서 다시 한번 능력을 베풀어주시기를 간절히 호소하는 것이다. 하나님은 결코 주무시지 않는 분이신데, 얼마나 답답했으면 "깨소서 깨소서 능력을 베푸소서"라고 거듭해서 부르짖겠는가?

이 기도를 드렸던 사람들의 당시 상황은 안 봐도 눈에 훤하다. 금식하며, 피눈물을 쏟으며, 얼굴을 땅에 대고, 가슴을 쥐어뜯으며 울부짖었을 것이다. 너무나 힘들고 너무나 두려운데, 세상적으로 기댈 대상이 없으니, 하나님밖에는 호소할 데가 없으니 그렇게 울부짖으며 기도했을 것이다.

교만한 마음으로는 결코 이렇게 애절하게 기도 못 한다. 상황이 진짜 너무 힘든 것이다. 이해관계와 변수들이 너무 복잡하게 얽혀서 자기 능력으로는 길이 안 보이기 때문에 하나님께만 울부짖는 것이다. 자신의 무기력함을 너무나 알기 때문에 하나님만 붙들고 있는 사람이 할 수 있는 기도다.

두려워하고 걱정하고 근심하는 시간, 최악의 상황을 미리 상상하며 힘들어하는 시간. 이 시간들을 즉시 기도의 시간으로 바꿔버리자. 기도가 쌓이면 쌓일수록 두려움이 줄어들 것이다. 그래서 온갖 두려움과 싸울 수밖에 없는 광야를 뚫고 나온 사람들은 불같은 기도의 사람이 된다. 기도의 사람은 두려움이 있지만, 두려움을 기도로 극복해낸다.

성경이 가르치는 것과 다른 내용을 가르치는 것을 '이단'이라고 하는데, 그 어떤 이단 사상보다 더 지독한 이단이 바로 두려움이다. 왜냐하면 두려움은 마치 우리의 하나님이 작고, 능력이 없고, 내 상황에 별로 신경을 안 쓰시는 분이라고 하는 것과 다름없기 때문이다.

그러나 본문 말씀을 통해 우리는 오직 하나님의 말씀을 붙잡음으로써 두려움을 극복할 수 있다는 것을 다시 한번 확신할 수 있다. 바울이 제자 디모데에게 말했듯이 "하나님이 우리에게 주신 것은 두려워하는 마음이 아니요 오직 능력과 사랑과 절제하는 마음"(딤후 1:7)이다. 오직 예수의 이름으로 강하고 담대하라! 지금은 비록 어둠 속을 걸어가고 있다 해도 우리는 반드시 살아날 것이며, 승리할 것이다. 이 말씀을 붙잡고 믿음으로 두려움을 이기는 성도가 되기 바란다.

chapter 3

잃어버린 감사를 회복하라

이사야서 12장 1-6절

1 그날에 네가 말하기를 여호와여 주께서 전에는 내게 노하셨사오나 이제는 주의 진노가 돌아섰고 또 주께서 나를 안위하시오니 내가 주께 감사하겠나이다 할 것이니라 2 보라 하나님은 나의 구원이시라 내가 신뢰하고 두려움이 없으리니 주 여호와는 나의 힘이시며 나의 노래시며 나의 구원이심이라 3 그러므로 너희가 기쁨으로 구원의 우물들에서 물을 길으리로다 4 그날에 너희가 또 말하기를 여호와께 감사하라 그의 이름을 부르며 그의 행하심을 만국 중에 선포하며 그의 이름이 높다 하라 5 여호와를 찬송할 것은 극히 아름다운 일을 하셨음이니 이를 온 땅에 알게 할지어다 6 시온의 주민아 소리 높여 부르라 이스라엘의 거룩하신 이가 너희 중에서 크심이니라 할 것이니라

오늘날 우리는 감사를 잃어버린 세대가 되었다. '뭐 감사할 게 있어야 감사하지…. 다른 사람들도 다 이만큼은 살잖아?'라고 생각한다. 그러면서 조금만 더 가지면 행복할 거라고, 그렇게 되면 감사하겠다고 생각한다. 그러나 현재를 감사하지 못하면 조금 더 가진 미래에도 결코 감사할 수 없다. 그리고 현재를 감사하지 않는 까닭은 우리가 지금 가지고 있는 것들을 당연히 여기기 때문이다.

세상 사람들은 그렇다 쳐도 하나님을 믿는 우리 크리스천들도 너무나 많은 것을 당연하게 여기며 산다. 깨끗한 공기와 물을 마실 수 있는 것, 삼시 세끼 밥 굶지 않고 먹을 수 있는 것, 자유와 평화가 있고 경제적으로 윤택한 나라에 사는 것, 건강한 몸과 사랑하는 가족들, 좋은 교회 등등 이 모든 것이 다 하나님의 선물인데 우리는 그것들을 당연히 여긴다. 그러나 우리가 당연히 여기는 이런 것들이 실은 너무나 많은 사람이 아직도 애타게 갖고 싶어 하는 '특별한 어떤 것'이다.

누군가는 직장이 싫어서 할 수만 있다면 당장이라도 때려치우고 싶어 한다. 그러나 그렇게 때려치우고 싶은 직장이라도 일할 곳을 찾아 헤매는 수많은 사람에게는 꿈 같은 축복이다. 우리는 자녀가 속을 썩이면 "어이구, 자식이 아니라 원수다 원수야"라고 한다. 그러나 결혼해서 아이 갖기를 그렇게 소원했는데도 아이가 생기지 않는 사람에게는 그렇게 속 썩이는 자녀가 한 명이라도 있었으면 하는 게 평생 소원이다. 우리는 건강한 몸으로 사는 하루를 당연하게 생각한다. 그러나 건강은 당연한 것이 아니라 특권이다. 수많은 암 환자를 돌보았던 분이 명언을 인용하여 쓴 에세이 제목이 생각난다.

"당신이 아무렇지도 않게 낭비해버리는 오늘은 어제 죽어간 그 누군가가 그토록 살고 싶어 했던 내일이다."

그렇다. 치열하게 병과 싸우다가 죽어가는 환우들에게는 건강한 몸으로 사는 하루가 꿈 같은 축복이다.

우리가 너무 쉽게 비판하는 이 나라 대한민국. 그러나 자유를 찾아 탈북해온 사람들에게 물어보라. 지금도 작은 쪽배에 목숨을 걸고 지중해로 나서고 있는 시리아나 아프리카 난민들에게 물어보라. 대한민국에서 산다는 것 자체가 축복이다. 진짜 감사를 배울 수 있는 길은 지금 없는 것을 더 갖는 데 있는 것이 아니라, 지금 당연히 여기고 있는 것들을 다 잃었다가 회복하는 경험을 해보는 것이다. 그런 사람은 결코 인생을 함부로 말하지 않는다.

이십 대 후반 젊은 목회자 시절, 나는 사역지를 찾지 못해 1년 넘게 방황했던 적이 있다. 그러다가 드디어 사역지를 찾게 되었을 때 얼마나 감사하게 사역했는지 모른다. 10년 전에 안면마비가 심하게 와서 목회 활동을 완전히 멈추고 3개월가량 요양해야 했던 적이 있다. 그 후부터는 건강하게 설교하고 목회할 수 있는 하루하루가 얼마나 감사한지 모른다. 사역지도, 건강도 한 번 잃었다가 다시 회복되어 보니 감사가 넘쳤다.

다니던 교회에 문제가 생기면서 예배 때 은혜를 받지 못하고, 서로 분열하고 다투는 상황이 몇 년씩 지속되면서 영적으로 고갈되었던 성도들이 있다. 가슴이 찢어지는 심정으로 교회를 떠나서 몇 년을 방황하다가 우리 교회에 정착하여 예배 때마다 감사해서 울고, 소그룹 예배에 갈 때마다 감사로 은혜가 넘친다. 교회에 문제가 있을 때 얼마나 힘든지를 몸으로 경험했기에 예배 때마다 당연히 여기지 않고 감사가 넘친다.

이렇듯 회복의 경험이 있는 사람에게는 눈물이 있고, 감사가 있다. 기도가 달라지고 예배가 달라진다. 사람을 대하고 인생을 대하는 자세가 달라진다. 이사야서 12장은 모든 것을 잃었다가 다시 회복된 경험을 해본 사람들의 가슴 벅찬 감사의 이야기다.

그날에 주께 감사하겠나이다

그날에 네가 말하기를 여호와여 주께서 전에는 내게 노하셨사오나 이제는 주의 진노가 돌아섰고 또 주께서 나를 안위하시오니 내가 주께 감사하겠나이다 할 것이니라

사 12:1

이스라엘이 마침내 압제자의 속박에서 벗어나는 날에, 회복된 하나님의 백성들은 자발적으로 하나님께 감사의 찬송을 드릴 것이다. 그 이유는 첫째, 하나님의 진노가 돌아섰기 때문이다. 하나님이 전에는 이스라엘의 죄악에 대하여 진노하시고 심판을 행하셨다. 그러나 그들의 죄악에 진노를 다 퍼붓지 않으시고 중간에 멈추셨다. 그들을 때리셨지만, 그

들이 멸망에 이르기까지 때리지는 않으셨다.

사실 그들이 저지른 죄에 대해 우리가 자세히 안다면, 그리고 만약 우리가 하나님이었다면 결코 그 정도로 끝내지 않았을 것이다. 겉으로만 예배를 드렸지, 뒤로는 온갖 음란과 폭력과 사기와 살인을 다 저지르고, 각종 우상숭배를 했던 그들의 이중성이 수백 년이 넘게 계속된 것을 하나님은 참아주셨다. 그러다가 그들이 도를 넘어서자 하나님께서 외세 침략이라는 징계의 회초리를 빼 드신 것이다. 하나님의 회초리 아픈 것만 생각하지 말고, 자신이 지은 죄의 무게를 생각해보라. 그러면 이 정도로만 때리시는 하나님의 은혜가 얼마나 큰 것인지 알게 될 것이다.

둘째, 하나님께서 안위하시기 때문이다. 하나님은 단지 진노를 멈추신 것이 아니라 죄악으로 심판받은 그 백성을 안위해주셨다. 여기서 '안위'(comfort)한다는 말은 상처를 치유함과 동시에 일어날 힘을 주는 것을 말한다. 비록 우리의 죄 때문에 당연히 맞아야 할 매를 맞긴 했지만, 사랑의 하나님께서는 우리를 그렇게 버려두지 않으신다. 우리의 매 맞은 상처를 쓰다듬어주면서 치료해주시고, 격려해주시고, 다시 일어날 힘을 주신다. 그분의 진노가 계속되지 않고 어느 시점에 가서는 멈출 것이라는 사실, 그리고 그 이후로 그분께서 회복과 위로를 주실 것이란 사실이 얼마나 감사한지 모른다.

지난날을 돌아보면 하나님께서 우리의 죄악을 징벌하시고 회초리로 때리신 때도 있었다. 그러나 잠잠히 기도하며 성령의 눈으로 되돌아보면, 그래도 진노보다는 긍휼이 넘쳤고, 징계보다는 위로가 풍성했음을 깨달을 수 있다. 이 사실을 깨달으면서 "내가 주께 감사하겠나이다"라는 고백이 터져 나오는 것이다.

> 보라 하나님은 나의 구원이시라 내가 신뢰하고 두려움이 없으리니 주 여호와는 나의
> 힘이시며 나의 노래시며 나의 구원이심이라 사 12:2

'보라'는 말은 '우리가 경험해보지 않았느냐'라는 뜻을 담고 있다. 이제 하나님의 기적 같은 구원을 체험한 지금 그들은 더 이상 세상 권세를 두려워하거나 세상을 의지하지 않을 것이다. 하나님의 기적 같은 구원을 분명히 체험했기 때문이다. 그래서 "보라 하나님은 나의 구원이시라"라고 고백하는 것이다. 회복의 하나님을 제대로 체험하면 하나님이 나만을 위해 계시는 것 같다.

하나님이 기적같이 회복시켜주신 사람은 이제 하나님께 대하여 새로운 통찰력을 갖게 될 것이다. 그것은 하나님을 자신의 구원자로 분명히 인식하는 것이다. 이때까지는 성경의 사건들이 다 남의 이야기인 줄 알았다. 홍해가 갈라지고 애굽의 추격에서 구원받은 사건들은 다 오래전 전설의 이야기, 나와 상관없는 이야기인 줄 알았다. 그러나 이제는 자신의 체험으로 하나님의 살아 계심을 확신하게 되는 것이다.

하늘 문의 암호는 감사

우리가 감사를 회복하게 되면 하늘 문이 열리고 기적이 일어난다. 시편 100편에 "감사함으로 그의 문에 들어가며"라고 했다. 그의 문은 하늘 문을 말한다. 그래서 나는 교회에서 "감사는 하늘 문을 여는 암호"라

는 제목으로 설교를 하기도 했다. 우리가 반드시 기억해야 할 사실은 인생의 위기 순간마다 하늘 문 앞으로 달려가서 정확한 암호를 입력하는 것이다. 컴퓨터나 스마트폰 로그인 화면에서 잘못된 암호를 넣으면 "암호가 틀렸습니다. 다시 입력하십시오"라는 문구가 뜬다. 머리를 긁적긁적 긁으며 기억나는 다른 암호를 넣었는데 또 "암호가 틀렸습니다. 다시 입력하십시오"라고 한다. 애플 제품 같은 경우는 몇 번 틀린 암호를 넣으면 몇십 분 뒤에 다시 시도하라고 한다.

정말 힘든 상황이 닥치면 우리는 습관적으로 불평과 원망을 터뜨리게 된다. 사람에게 불평과 원망하다가, 급기야는 하나님께 불평과 원망을 한다.

"하나님, 어떻게 이럴 수 있습니까? 어떻게 이렇게 저를 안 도와주실 수 있습니까?"

그러면 하늘 문에 이런 사인이 뜰 것이다.

"암호가 틀렸습니다. 다시 입력하십시오."

그러면 우리는 가서 통성기도하고 금식기도하며 난리를 친다. 그런데 또 "암호가 틀렸습니다. 다시 입력하십시오"라고 뜬다.

하늘 문은 어떤 암호를 기다리고 있는가? 우리 마음 깊은 곳에서부터 우러나오는 찬양과 감사의 암호를 기다리고 있다. 우리는 보통 '뭐, 특별하게 감사할 게 있어야 감사하지. 아무 일도 일어나지 않은 단조로운 하루였어'라고 대수롭지 않게 말한다. 영의 눈이 없으니까 그렇게 생각하는 것이다.

평범한 일상의 감사를 깨닫다

아무 일도 일어나지 않은 하루하루가 경우에 따라서는 너무나 감사할 일이다. 어떤 분은 눈이 아파서 병원을 갔는데, 눈에 암이 생긴 것 같으니 바로 수술을 해야 한다고 했다. 상태가 심각하면 시력을 잃을 수도 있다는 충격적인 말도 들었다. 그런데 수술이 시작되고 의사들이 보니까 암이 아니고, 가벼운 수술로 해결될 수 있는 것이었다. 수술 후 눈을 뜬 그는 "내 인생 최고의 날입니다"라고 감사했다. 그가 로또 복권에 당첨된 것도 아니고, 갑자기 승진한 것도 아니다. 그냥 남들처럼 정상적으로 볼 수 있다는 것을 확인한 것뿐인데 너무 감사해진 것이다. 길에 지나는 꽃을 보고 감사하고, 웃는 아이들의 얼굴을 보는 것도 감사하게 되었다.

우리는 매일 보고 듣고 말할 수 있는 것에 감사하며 사는가? 출근길 교통체증 때문에 불평하기 전에 그래도 출근할 직장이 있는 것에 감사하는가? 아이들이 어질러놓은 집을 치우면서 불평하기 전에, 그래도 집을 어질러놓을 만큼 건강한 아이들이 있다는 것에 대해 감사하는가?

코로나19 때문에 사람들 많이 모이는 곳에는 가지도 못하고, 사람들끼리 악수도 못하고, 다른 지방이나 다른 나라로 함부로 여행도 못 가는 상황이 되었다. 평소 우리는 여러 사람과 어울려 함께 예배드리고, 함께 밥을 먹고, 여행 가는 것을 당연하게 여겼는데, 이제 보니 그 평범한 일상들이 얼마나 감사할 일이었는지 모른다.

처음 온라인으로 주일예배를 드리던 날, 성도들을 보지 못하고 카메라를 보면서 예배를 드리고 난 뒤에 돌아서서 많이 울었다. 며칠 안 되었는데 성도들이 벌써 보고 싶었다. 이 사태가 종식되고 다시 예배당에서 만나 함께 예배하게 되면 참으로 감격스러울 것 같다.

찬양하고 감사하면 영의 눈이 열려서 하늘의 관점으로 인생을 보게 된다. 그러면 지금껏 우리가 당연히 여기고 있던 것들을 결코 당연하게 여기지 않게 되고, 하나하나 하나님께 감사하게 된다. 우리가 성령의 눈으로 보면 평범함 속에 담긴 하나님의 경이로운 역사를 보고 감탄하게 되고, 그분을 찬양하게 된다.

한참 코로나19 사태로 어려울 때 우리 교회의 성도 한 분이 보내온 간증문이 은혜가 되어 소개하고자 한다.

"저는 워킹맘인 성도입니다. 오늘 특새 중에, 쉼 없이 살아온 워킹맘 10년만에 주신 안식월이란 생각이 들었습니다. 지금 다니는 회사에서 19년째 근무 중인데 처음으로 전 직원 자택근무 전환이 이루어졌습니다. 처음엔 단지 쉴 수 있다는 것에 좋았는데, 하루하루 영혼육의 대청소 시간임을 알게 되는 은혜의 시간들입니다. 평소에는 특새가 끝나자마자 아침 준비와 출근을 위해 부리나케 나왔는데, 지금은 남편과 마주 보고 기도할 수 있으니 이 감동의 시간에 감사! 두 끼 차리던 식탁이 세 끼로 변하여 머리를 써야 하는 영양사가 되어가는 것에 감사! 휴가 때나 할 수 있던 집안 대청소를 매일매일 할 수 있어서 감사! 영화 보러 갈 시간도 없이 바쁘게 살아왔는데 추천 영화도 알려주시니 더욱 감사! 서로의 안부를 묻고 말씀이 흘러나오는 SNS 속 순모임(소그룹 모임)이 있어서 감사!

읽고 싶어도 회사 권장도서에 밀려 책장에 쌓여 있던 한홍 목사님의 책들을 여유롭게 읽을 수 있어서 참 감사! 아이들 학습을 엄마표로 해야 하니 주님의 지혜를 구해야 해서 감사! 찬양을 틀어놓으니 춤도 추고 웃게 되는 기쁨의 회복이 있는 순간에 감사! 목사님과 교회의 적극적인 위기 대처 능력을 보고 배울 수 있는 이 기회에 감사! 글로 표현할 수 없는 감사가 너무 많습니다. 하루하루 감사 회복으로 일어서다 울고, 앉다가 울고, 밥 차리다 울고, 이야기하다 울고 있지만 무엇보다 제 삶을 탈탈 털어서 회개할 것이 많음을 깨닫게 하시니 그냥, 그냥 감사할 뿐입니다."

감사로 영적 전쟁에서 승리하라

어떤 의미에서 감사는 영적 전쟁의 일부분이다. 우리가 어떤 상황에서든 감사하지 않으면 우리는 대신 불평과 원망을 하거나, 걱정과 두려움에 사로잡히게 된다. 영혼의 공백을 감사로 빠르게 채워넣지 않으면 마귀는 그 자리에 불평과 원망, 걱정과 두려움을 밀어넣어버린다. 그러므로 마귀가 움직이기 전에 우리의 영혼에 감사를 채워넣어야 한다. 그래서 감사는 타이밍이 중요하다. 어떤 상황에서든 가장 빠르게 해야 하는 것이 감사다!

감사는 하늘 문을 여는 암호라고 했다. 하늘 문이 열리면 지옥의 문이 닫힌다. 빛의 문이 열리면 어둠의 문이 닫힌다. 마태복음에서 예수님은 교회를 세우실 것이라는 비전을 주시면서 "음부의 권세가 이기지 못하리라"(마 16:18)고 하셨다. 영어성경으로 보면 "the gates of hell shall not prevail" 즉 '지옥 문이 패배할 것이다'라고 되어 있다. 하늘 문이 열리면 이때까지 그토록 나와 우리 가정을, 교회를 괴롭히던 마귀의 세력들이 썰물처럼 빠져나가는 역사가 일어날 것이다. 영적 전쟁의 승리가 주어지는 것이다. 다시 말해서 감사는 영적 전쟁의 기선을 제압하는 강력한 무기인 것이다.

미리 감사

이사야서 12장의 놀라운 회복에 관한 말씀은 당시 이스라엘 백성에게 아직 이루어지지 않은 미래에 대한 예언이다. 이스라엘의 죄로 인하여 온 고난의 시간 초기에 이사야가 하나님으로부터 받은 말씀이다. 이사야는 성령의 감동으로 이 말씀을 받으면서 얼마나 감격했을까. 남들은 고난의 시작만 보고 절망하고 있었을 때 그는 성령의 눈으로 고난의 끝을 보고 있었다. 회복된 미래를 보고 있었다. 새로운 힘과 노래와 구원의 기쁨이 솟아나게 될 모습을 보고 감사 찬양을 터뜨리고 있었다. 남들이 보면 미쳤다고 할 수도 있었다. 그러나 성령의 사람은 상관하지 않는다.

지금 우리의 현실이 어렵다고 해도 미래도 그러라는 법은 없다. 지금 미리 믿음의 눈으로 회복된 미래를 보고, 성령의 능력으로 미리 감사를 선포해보라.

"지금은 내 몸이 병들어 있지만 예수님의 능력으로 반드시 건강을 되찾을 것이다. 내가 죽지 않고 살아서 반드시 하나님의 영광을 선포할 것이다."

"지금은 경제적으로 힘들지만 예수님의 능력으로 반드시 회복될 것이다. 그래서 빚도 다 갚고, 가족도 편안해지고, 풍성함으로 주께 드리고,

구제와 선교를 하며 살아가는 축복의 곳간을 갖게 될 것이다."

"지금은 우리 아이가 힘든 시간을 지나고 있지만 하나님께서 반드시 회복시켜주실 것이다. 그래서 이 시대의 다니엘로, 에스더와 같은 사람으로 사용해주실 것이다."

지금은 우리나라가 정치, 경제, 교육 등 여러 영역에서 많은 문제로 힘든 와중에 코로나19 공포까지 겹쳐 총체적 위기이다. 국민들이 마음 둘 곳이 없어 불안하다. 그러나 하나님께서는 우리의 기도를 들으시고 우리나라가 이 위기를 잘 극복하게 해주실 것이라 믿는다. 하나님의 은혜로 기적같이 회복이 되며, 복음으로 통일이 되어 전 세계에 선교사를 보내는 거룩한 코리아가 될 미래를 꿈꾸고 기도하자.

아직 오지 않은 회복의 미래를 바라보며 미리 감사해보지 않겠는가? 우리는 이미 하나님의 은혜를 넘치도록 받은 사람들 아닌가!

chapter 4

상처가 변하여 별이 된다

다니엘서 12장 1-13절

1 그때에 네 민족을 호위하는 큰 군주 미가엘이 일어날 것이요 또 환난이 있으리니 이는 개국 이래로 그 때까지 없던 환난일 것이며 그 때에 네 백성 중 책에 기록된 모든 자가 구원을 받을 것이라 2 땅의 티끌 가운데에서 자는 자 중에서 많은 사람이 깨어나 영생을 받는 자도 있겠고 수치를 당하여서 영원히 부끄러움을 당할 자도 있을 것이며 3 지혜 있는 자는 궁창의 빛과 같이 빛날 것이요 많은 사람을 옳은 데로 돌아오게 한 자는 별과 같이 영원토록 빛나리라 4 다니엘아 마지막 때까지 이 말을 간수하고 이 글을 봉함하라 많은 사람이 빨리 왕래하며 지식이 더하리라 5 나 다니엘이 본즉 다른 두 사람이 있어 하나는 강 이쪽 언덕에 섰고 하나는 강 저쪽 언덕에 섰더니 6 그중에 하나가 세마포 옷을 입은 자 곧 강물 위쪽에 있는 자에게 이르되 이 놀라운 일의 끝이 어느 때까지냐 하더라 7 내가 들은즉 그 세마포 옷을 입고 강물 위쪽에 있는 자가 자기의 좌우 손을 들어 하늘을 향하여 영원히 살아 계시는 이를 가리켜 맹세하여 이르되 반드시 한 때 두 때 반 때를 지나서 성도의 권세가 다 깨지기까지이니 그렇게 되면 이 모든 일이 다 끝나리라 하더라 8 내가 듣고도 깨닫지 못한지라 내가 이르되 내 주여 이 모든 일의 결국이 어떠하겠나이까 하니 9 그가 이르되 다니엘아 갈지어다 이 말은 마지막 때까지 간수하고 봉함할 것임이니라 10 많은 사람이 연단을 받아 스스로 정결하게 하며 희게 할 것이나 악한 사람은 악을 행하리니 악한 자는 아무것도 깨닫지 못하되 오직 지혜 있는 자는 깨달으리라 11 매일 드리는 제사를 폐하며 멸망하게 할 가증한 것을 세울 때부터 천이백구십 일을 지낼 것이요 12 기다려서 천삼백삼십오 일까지 이르는 그 사람은 복이 있으리라 13 너는 가서 마지막을 기다리라 이는 네가 평안히 쉬다가 끝날에는 네 몫을 누릴 것임이라

코로나19 사태로 온 나라가 얼어붙었다. 우리뿐 아니라 전 세계가 그렇다. '코로나'(corona)는 라틴어로 '왕관'이란 뜻이다. 세계를 공포로 몰아넣은 코로나바이러스의 이름이 '왕관'이라니 좀 그렇다. 그런데 생각해보면, 세상의 왕관을 쓰려는 자들의 욕심을 마귀가 늘 뒤에서 조종하여 하나님의 사람과 주님의 몸 된 교회를 항상 공격해왔으니, 일면 어울리는 이름 같기도 하다. 마귀와 세상의 엄청난 힘에 비하면 교회는 바람 앞의 촛불같이 약해 보인다. 그러나 우리의 하나님이 역사의 주관자이심을 명심하자. 마귀는 하나님이 허락하시는 한계 안에서만 그 힘을 쓸 수 있다.

하나님의 환상을 보는 자

하나님은 다니엘을 향해 "큰 은총을 받은 사람"(단 10:11)이라고 하시며 앞으로 일어날 세계 역사의 흐름을 미리 보여주셨다. 다니엘은 사실 그런 큰 그림을 보여달라고 기도를 시작한 것이 아니었다. 오랜 포로 생활을 끝내고 고향으로 돌아간 동족이 황폐해진 예루살렘에서 주변 부족들의 방해를 받아가며 성전 재건을 하느라 너무 고생을 많이 하니까 그들을 위해 안타까운 마음으로 금식하며 중보기도한 것뿐이다. 그런데 하나님께서는 당장 그들에게 당면한 문제에 대한 해답을 넘어서 앞으로 수백 년 동안 일어날 세계 역사의 큰 그림까지 보여주신 것이다.

땅의 문제를 가지고 기도를 시작하지만, 하나님께서는 그 기도를 통해 우리를 하늘의 비전으로 이끌어가신다. 자기 문제를 가지고 기도를 시작하지만 하나님께서 나라와 민족을 품게 하시고, 교회를 품게 하시고, 열방을 품게 하신다. 기도하는 사람이 기도를 만들지만, 또 기도가 기도하는 사람을 크게 만들기도 한다.

다니엘서 후반부처럼, 성경에는 하나님께서 하나님의 사람을 통해 하나님이 역사를 어떻게 경영해나가실지 환상으로 미리 보여주시는 장면이 자주 나온다. 다니엘서는 구약의 요한계시록이다. 요한계시록은 신약의 다니엘서라고 할 수 있다. 다니엘서에 나오는 세상 마지막 때의 예언과 요한계시록에 나오는 예언이 비슷한 부분이 아주 많다. 하나님은 아무에게나 환상을 보여주시지 않고, 다니엘이나 사도 요한 같은 하나님의 마음에 합당한 사람에게만 보여주신다. 누가 하나님의 환상을 보는, 하나님의 마음에 합당한 사람인가? 다니엘의 경우를 통해서 우리는 세 가지를 알 수 있다.

첫째, 하나님의 이상을 기도하는 사람에게 보여주신다.

습관이 모여서 인생이 되고 운명이 된다는 말이 있는데, 다니엘은 십대 소년 때부터 평생 하루에 세 번씩 하나님께 간절히 기도하는 습관을 굳혔다. 대충 하는 기도가 아니라 마음과 정성을 쏟는 기도를 했다. 그렇게 기도의 내공이 쌓인 사람이었기 때문에 항상 하나님의 음성을 누구보다 분명하게 들을 수 있었다.

둘째, 하나님의 이상을 말씀의 사람에게 보여주신다.

다니엘이 하루에 세 번 기도만 했겠는가? 다니엘서 8장에 소개된 그의 기도 내용을 보면 구약성경 말씀을 너무나 잘 아는 사람이었음을 알 수 있다. 말씀 없이 기도만 하면 기도가 방향성을 잃어버린다. 다니엘은 기도와 말씀이 겸비된 사람이었다. 그러니까 항상 하나님의 이상을 분명하게 받고 해석할 수 있었다.

셋째, 하나님의 이상을 마음이 청결한 사람에게 보여주신다.

예수님은 "마음이 청결한 자는 복이 있나니 그들이 하나님을 볼 것"(마 5:8)이라고 하셨다. 마음이 사특하고 죄로 가득 차 있으면 기도 생활과 말씀 생활이 흐트러지고, 그러면 영이 오염되어 하나님과 교제할 수가 없다. 죄악이 가득한 바벨론 왕궁에서 살았지만 다니엘은 그 마음과 생각을 깨끗하게 지켰다. 거친 광야의 오아시스 같은 사람이었기에 하나님께서 항상 그에게 하늘의 이상을 보여주셨다.

한 치 앞을 내다볼 수 없는 시대에 살면서, 우리가 세상의 뉴스만 듣고 하나님의 이상을 보지 못하면 너무나 불안하고 답답할 것이다. 이 힘든 때에 예수 믿는 우리가 다 다니엘처럼 기도하는 사람, 말씀의 사람, 마음이 청결한 사람으로 확실히 변하기를 바란다. 그래서 하나님의 음성을 듣고 하나님의 이상을 보며 마음에 평강을 얻게 되기를 기도한다.

마지막 때에 일어날 일

그때에 네 민족을 호위하는 큰 군주 미가엘이 일어날 것이요 또 환난이 있으리니 이는 개국 이래로 그때까지 없던 환난일 것이며 그때에 네 백성 중 책에 기록된 모든 자가 구원을 받을 것이라 단 12:1

　본문인 다니엘서 12장은 주전 536년, 바사(페르시아) 왕 고레스 3년에 90세에 가까운 노인 다니엘이 힛데겔 강가에서 3주간의 금식기도 중에 받은 일련의 묵시 중 마지막 부분이다.

　여기서 말하는 '그때에'는 예수님이 다시 오시기 전 마지막 날을 즈음하는 역사를 가리킨다. 이전 장까지는 다니엘이 페르시아 제국 이후부터 앞으로 4백 년 동안 전개될 세계 역사의 흐름에 대한 하나님의 계시를 받은 내용을 다루었다.

　그런데 12장에서는 갑자기 시대를 뛰어넘어 세상 끝날이 임박하여 나타나게 될 마지막 때의 징조를 예언한다. 앞서 언급했듯이 다니엘서는 구약성경의 요한계시록이라 불릴 만큼 마지막 때에 대한 예언이 많이 포함되어 있는데, 특히 여기서 다루고자 하는 다니엘서 12장이 그렇다. 말씀을 통해서 우리는 하나님의 백성으로서 마지막 때를 어떻게 분별하고 준비하며 살 수 있는지를 보게 될 것이다.

　"그때에 네 민족을 호위하는 큰 군주 미가엘이 일어날 것이요."

　하나님의 백성을 보호하는 임무를 맡은 미가엘 천사장이 본격적으로 나서서 주님이 다시 오시기 전, 마지막 때에 하나님의 백성 곧 주님의 몸 된 교회를 공격하는 어둠의 세력들과 맞서 싸우게 될 것이다. 그러므로 우리는 어떤 환난과 핍박이 와도 두려워할 필요가 없다. 우리 뒤에는 우리를 보호하시는 하나님의 천군 천사가 있기 때문이다. 어쨌든 자신의 마지막이 가까이 오고 있음을 직감한 마귀의 군대는 하나님의 백성을 향해 더 거세게 공격을 해올 것이고, 이에 맞서는 천군 천사도 더 강력한 기세로 우리를 보호하는 치열한 영적 전쟁이 마지막 날에 이뤄질 것이다.

1절 말씀을 끝까지 읽어보면 마지막 날은 참으로 힘든 환난의 때가 될 것이나 "책에 기록된 모든 자가 구원을 받을" 때가 될 것이다. 여기서 책은 물론 어린양의 생명책을 말한다. 예수님은 재림의 때에 대해 제자들에게 말씀하실 때 '모든 백성, 족속, 방언에서' 구원받을 자의 수가 다 차야 한다고 하셨다. 마지막 날에는 전무후무한 세계복음화가 반드시 이뤄질 것이다.

땅의 티끌 가운데에서 자는 자 중에서 많은 사람이 깨어나 영생을 받는 자도 있겠고
수치를 당하여서 영원히 부끄러움을 당할 자도 있을 것이며 단 12:2

'땅의 티끌 가운데에서 자는 자'는 죽어서 땅으로 돌아가는 모든 인류를 지칭한다. 주님 다시 오실 때는 마지막 심판의 때이며, 이때에는 모든 죽은 자들이 부활하여 하나님의 심판을 받게 될 것이다. 예수님을 구주로 영접한 사람은 '깨어나 영생을 받을' 것이지만 끝끝내 복음을 거부한 자들은 '수치를 당하여서 영원히 부끄러움을 당할 것'이다. 이것은 우리가 이 땅의 한시적 인생을 살면서 무엇에 우선순위를 두고 살아야 하는지를 명확히 보여준다.

많은 사람을 옳은 데로 돌아오게 하는 자

지혜 있는 자는 궁창의 빛과 같이 빛날 것이요 많은 사람을 옳은 데로 돌아오게 한 자는 별과 같이 영원토록 빛나리라 **단 12:3**

3절은 이 장의 주제 구절인 동시에 다니엘의 인생을 설명하는 말씀이기도 하다. 여기서 '지혜 있는 자'는 다니엘처럼 항상 하나님과 동행함으로써 하늘의 지혜로 충만한 자를 말한다. 그는 자기만 사는 것이 아니라 많은 사람을 옳은 데로 돌아오게 한다. 세상에 보면 똑똑한 사람, 잘난 사람들이 참 많다. 그러나 그 똑똑함을 가지고 자기 자신의 성공을 위해 쓰는 사람들이 대부분이다. 그것은 진정한 의미의 성공이 아니다. 자신의 재능과 소유를 가지고 다른 사람을 살리는 것, 그것이 하나님이 보시는 진짜 성공이다.

지금은 손을 잘 씻는 것을 당연하게 여기지만 19세기만 해도 손 씻는 것의 중요성을 잘 몰랐다. 그 당시 의사들은 손이나 수술 도구를 잘 씻지 않았다. 그땐 세균이나 박테리아, 바이러스 등에 대한 이해가 부족했기 때문이다. 의사들은 손에 묻어 있는 피나 고름을 더럽게 생각하지 않았다. 한 세숫대야에 담긴 물에 피 묻은 손을 돌아가며 씻을 정도였다. 그 당시 의사들은 "정원사가 손에 흙이 묻은 걸 더럽다고 생각하지 않듯 의사는 손에 묻은 피와 고름을 더럽다고 여기지 않는다"라고 말했다. 이런 무지한 생각에 문제를 제기한 첫 번째 의사가 오스트리아 빈에서 활약했던 헝가리 출신의 산부인과 의사 이그나츠 제멜바이스(1818~1865)였다.

그는 어떤 산모들이 분만하는 중 세균에 감염돼 발생하는 산욕열에 의해 사망하는 것을 지켜보다가 놀라운 사실을 깨달았다. 그 당시 의과 대학생들은 산모가 죽으면 바로 부검을 했는데, 해부학 공부의 일환이기도 했다. 문제는 시신을 부검하는 중에 다른 산모가 아이를 출산하게 되면 손을 씻지 않은 채로 바로 가서 산모를 도운 데 있었다. 그 과정에서 의대생들이 병균을 옮겨 또 다른 산모를 죽게 한 것이다. 그때는 생물학자 루이 파스퇴르와 로베르트 코흐가 세균이 질병을 일으키는 원인이라는 사실을 입증하기 전이었다.

지금 같으면 상상도 할 수 없는 일이 그 당시에는 전개되었다. 이 사실을 깨달은 제멜바이스는 1847년 5월 15일부터 영안실에서 분만실로 가는 모든 의사와 의대생은 문에 놓은 염소수로 손을 씻도록 했다. 그 결과는 놀라웠다. 산모 사망률이 현저하게 줄었다. 하지만 제멜바이스의 주장을 그 당시 의사들은 환영하지 않았다. 동료 의사들은 오히려 그가 미쳤다고 생각했고, 그를 정신병원에 강제로 입원시켰다. 슬프게도 그는 정신병동에서 숨을 거두었다. 지금은 제멜바이스의 조언을 따라 의사들과 간호사들이 환자를 치료할 때 손을 아주 깨끗하게 씻고 소독한다. 또한 병원 곳곳에 손 세정제를 두어 병실에 들어갈 때마다 손을 청결하게 한다.

비록 당대에는 제대로 인정받지 못했지만, 제멜바이스로 인해 지금까지 얼마나 많은 소중한 생명이 지켜졌는지 모른다. 한 사람의 섬김으로 인하여 수많은 사람이 잘못을 고치고 옳은 데로 돌아오게 된다면, 그런 인생이야말로 정말 가치 있는 인생일 것이다.

특히 다니엘서 12장 3절에서 "많은 사람을 옳은 데로 돌아오게 한다"는 것은 '많은 사람을 하나님께로 인도한다' 혹은 '하나님께로 더 가까이 가게 한다'는 뜻이 될 것이다. 즉 이것은 영적 영향력을 말하는 것이다. 하나님의 말씀을 가지고 많은 사람들로 하여금 하나님의 길을 가게 하는 거룩한 영향력을 미치는 사람이란 뜻이다. 이런 인생이 하나님 보시기에 가장 고귀한 인생이다.

하나님께서는 많은 사람에게 거룩한 영적 영향력을 미치는 사람은 하늘의 "별과 같이 영원토록 빛나리라"라고 하셨다. 즉 하나님이 계신 천국의 스타가 될 것이라고 하신다. 상이 엄청나지 않은가. 이렇게 엄청난 상을 미리 말씀해주신 것은 우리에게 동기부여를 해주시기 위함이 아니겠는가. 사람들을 옳은 데로 인도하는 일이 가장 복된 일이다.

상처가 변하여 별이 되는 인생

3절 말씀은 다니엘이 하나님으로부터 받은 계시이기도 하지만 다니엘 자신의 인생을 표현한 말이기도 하다. 하나님은 이 말씀을 주시면서 '다니엘, 바로 네가 그렇게 살았구나. 난 네가 자랑스럽다'라고 생각하지 않으셨을까.

많은 부모들이 자기 자녀가 다니엘같이 되게 해달라는 기도를 많이 한다. 그것은 아마 다니엘이 당시 세계 최강대국 바벨론의 총리대신이 될 정도로 출세한 것을 부러워한 까닭일 것이다. 그러나 그것은 다니엘의 인생의 겉모습만 보고 잘못 판단한 것이다. 다니엘의 면류관만 보고 그가 져야 했던 십자가는 보지 못한 것이다.

사실 다니엘은 엄청난 고통과 아픔을 극복한 인생을 살았다. 어린 나이에 나라가 망했고, 이역만리 타국으로 포로가 되어 끌려갔다. 아마 살아서는 다시 부모 형제를 보지 못했을 것이다. 가슴에 트라우마에 가까운 상처가 생겼지 않았을까.

그러나 다니엘은 상처에 함몰되지 않고 하나님의 능력으로 일어나서 바벨론 왕궁에 하나님의 살아 계심을 삶으로 보여주었다. 그는 정말 '궁창의 빛과 같이 빛난 인생'이었다. 그의 인생을 보면 참으로 상처가 변하여 별이 된다는 것이 무엇인지를 알 수 있다.

무엇보다 다니엘은 자신만 빛난 인생이 아니었다. 수많은 사람들을 옳은 데로 돌아오게 한 인생이었다. 당장 우리가 아는 사드락, 메삭, 아벳느고 같은 믿음의 친구들이 다니엘의 영향력으로 만들어지지 않았는가. 천하의 권력자 느부갓네살을 비롯한 바벨론의 실력자들도 다니엘로 인하여 하나님께 영광을 돌리지 않았는가. 그는 타락한 세상 사람들에게도 하나님 경외하는 법을 몸으로 가르친 사람이다.

가끔 이런 생각을 해본다.

'내가 목사가 안 되었다면 뭐가 되었을까?'

어린 시절 내 꿈은 만화가가 되는 것이었다. 학부 때는 변호사가 되겠다는 목표로 공부를 했었다. 그러다가 대학교 3학년 때 미주 서부지역 CCC 여름수양회에서 부르심을 받고 주의 종이 되기로 결심했고, 졸업 후 신학교로 가 전도사가 된 지 어언 30년이 흘렀다. 곰곰이 생각해보면 내 인생에서 가장 잘한 선택이 목사가 되기로 한 것이다. 물론 여러 가지 어렵고 힘든 일이 많았지만, 그것은 다 내 부족함 때문에 일어난 일이었고, 사실 세상 어느 직업에 종사해도 쉬운 일은 아무것도 없다. 그러나 목회를 하면서 가장 보람된 것은 하나님의 말씀을 전함으로 수많은 사람들이 하나님을 믿게 되고, 또 믿음이 약한 사람들이 강하고 담대한 믿음으로 세워지는 것을 보는 일이었다. 한 개인이 말씀으로 변하게 되면 가정이 변하고, 사회와 나라가 변하게 된다. 목회란 하나님 말씀으로 사람들을 하나님께로 돌아오게 하는 말 그대로 복된 일이니 얼마나 감사한지 모르겠다.

우리 교회에서도 많은 성도들이 여러 영역에서 봉사로 섬겨주신다. 특히 이 지면을 빌려 우리 교회뿐만 아니라 말씀으로 양육해주시는 분들께 감사와 격려의 박수를 보내드리고 싶다. 주일학교 선생님들을 축복한다. 자기 아이 제대로 키우기도 어려운데 다른 집 아이들을 주의 사랑으로 품고 항상 기도하며 정성껏 말씀을 가르치는 선생님들이 너무 귀하다. 하나님께서 그 수고를 항상 기억하고 계신다. 선생님들은 하늘의 별같이 빛나는 하늘나라 스타들이다. 또한 소그룹 공동체 리더들을 축복하고 싶다. 작게는 두세 명, 많게는 십여 명이 넘는 팀원들을 항상 가슴에 품고 섬기는 그들은 작은 목사님들이라고 해도 과언이 아니다. 공동체 팀원 한 명 한 명을 위해 드리는 눈물의 기도와 사랑의 헌신을 하나님은 기억하신다. 정말 하늘의 별같이 빛나는 소중한 일들이다.

교회는 성도를 양육할 때도, 선교지를 지원할 때도 항상 사람을 중심으로 움직여야 한다. 사람을 세우고 격려하고 보내는 일에 정성을 다하는 것, 그것이 하나님 마음을 가장 기쁘시게 하는 일인 줄 믿는다. 오늘 우리에게 주어진 한 영혼 한 영혼을 주의 사랑으로 섬기는 것, 그것이 훗날 큰불을 일으키는 오늘의 작은 불꽃인 줄로 믿는다.

환난과 어려움을 지나 끝이 온다

주님 다시 오실 날이 가까운 마지막 때는 여러 가지 환난과 어려움의 시대가 될 것이다. 5,6절을 보면 강 양쪽에 선 두 천사가 대화하는 중에 그중 한 천사가 '세마포 옷을 입고 강물 위쪽에 있는 자'에게 묻는다.

> 그중에 하나가 세마포 옷을 입은 자 곧 강물 위쪽에 있는 자에게 이르되 이 놀라운 일의 끝이 어느 때까지냐 하더라 **단 12:6**

천사들이 종말의 때에 대해 묻는 것으로 보아 이분은 천사들보다 더 깊은 하나님의 비밀을 알고 있는 것 같다. 이 사람은 세마포 옷을 입고 있고, 또 강물 위에 서 있다. 보통 천사가 아닌 바로 예수 그리스도시다.

그런데 7절을 보면 예수님께서 '종말의 때가 언제냐'라고 묻는 천사의 질문에 "한 때 두 때 반 때를 지나서 성도의 권세가 다 깨지기까지"라고 대답하신다. '성도의 권세가 다 깨진다'는 것은 사탄 마귀들의 공격으로 인해 거룩한 하나님의 백성들이 극한 시련과 환난을 겪게 됨을 뜻한다. 1절에도 보면 엄청난 '환난이 있을 것'이라고 했는데, 바로 성도들이 겪을 이 시련의 때를 말한다. 이 일이 있은 후에야 마지막이 온다는 것이다.

우리가 세상을 두려워할 필요는 없지만, 핑크빛 미래에 대한 환상을 품어선 안 된다. 성경은 마지막이 가까워올수록 '난리와 난리 소문을 듣겠으며 전쟁과 기근과 지진을 각오해야 할 것'이라고 말한다(마 24:6-8).

특별히 세상 전부가 겪는 고난 외에 하나님의 백성들은 믿음 때문에 여러 가지 고난을 겪게 될 것이다.

이집트의 콥트 교회들이나 인도네시아의 교회들이 오늘날 무슬림들로부터 얼마나 많은 테러와 위협에 시달리는가. 이런 노골적인 핍박까지는 아니더라도 개신교 국가라는 미국도 이제는 무슬림을 비롯한 각종 반기독교 세력이 무섭게 세력을 확장하고 있으며, 동성애를 인정하고 받아들이지 않는 교회는 종교적 독선으로 몰아붙이며 은근히 핍박하고 있다. 한국도 갈수록 반기독교 분위기가 거세져서 젊은 사람들 사이에서는 전도하다가 핍박을 많이 받는다. 대충 적당히 믿는 사람들이 아니라, 진짜 십자가의 복음을 제대로 믿는 크리스천들이 사방에서 핍박당하는 시대가 이미 왔다. 이 모든 것은 마지막 때에 성도들이 감당해야 할 시련의 시작이다.

환난 속에서 이뤄지는 하나님의 역사

그러나 이 마지막 때의 환난을 통해서도 하나님의 역사가 이뤄진다. 환난의 불로 인해 알곡과 쭉정이, 정결한 자들과 악한 자들, 진짜와 가짜들이 구별될 것이다.

많은 사람이 연단을 받아 스스로 정결하게 하며 희게 할 것이나 악한 사람은 악을 행하리니 악한 자는 아무것도 깨닫지 못하되 오직 지혜 있는 자는 깨달으리라 **단 12:10**

역사상 유례없는 환난으로 인해 회개하고 스스로 정결케 되는 사람들

이 있는 반면, 더 완악해져서 더 악하게 사는 사람들도 있을 것이다. 그러나 감사하게도 마지막 시대의 환난을 겪으며 회개하고 돌이키는 사람들이 많을 것이라고 하신다. "많은 사람이 연단을 받아 스스로 정결하게 하며 희게 할 것"이라는 표현이 감동적이다. '연단'과 '정결'이라는 단어가 중요하다. 풀무 불 속에서 순수하게 제련되는 순금처럼 하나님의 사람들은 환난 속에서 더욱더 새로워지고 거룩해진다.

이 연단은 예수 믿지 않는 사람들을 회개시켜서 예수 믿게 하는 연단이기도 하며, 이미 믿음이 있는 사람들이지만 세상과 타협하며 믿음이 퇴색되거나 흔들려버린 사람들을 바로 세워주는 영적 대각성의 기회이기도 하다. 이상하게도 교회는 많은 시련과 환난을 겪으면서 더 거룩해지고, 성숙해지고, 아름다워진다. 오늘날 한국교회가 외부의 핍박과 내부의 분열, 그리고 신천지를 비롯한 이단들의 공격으로 여러 가지로 힘든 상황에 있지만 나는 이것이 한국교회를 정결하게 하는 연단의 과정이라고 믿는다.

마지막 날의 연단을 받으며 악한 자와 지혜로운 자의 차이점은 '영적 깨달음'에 있다.

"악한 자는 아무것도 깨닫지 못하되 오직 지혜 있는 자는 깨달으리라."

악한 자는 연단을 받으면서도 아무것도 깨닫지 못한다고 했다. 마지막 때인 그때는 세상이 그 어느 시대보다 발전하여 누구라도 복음을 듣지 못해서 주님을 영접하지 못하는 일은 없을 것이다. 따라서 마지막 때의 문제는 환경이 아니라 사람의 마음이다. 문명의 이기가 극도로 발전하고 지식도 많아지지만, 세상이 발달할수록 사람들은 하나님의 말씀보다 자기가 원하는 이야기, 자기 욕심을 자극하고 충족시키는 이야기들에 귀 기울일 것이다.

때가 이르리니 사람이 바른 교훈을 받지 아니하며 귀가 가려워서 자기의 사욕을 따를 스승을 많이 두고 또 그 귀를 진리에서 돌이켜 허탄한 이야기를 따르리라 딤후 4:3,4

마지막 날의 연단을 받으면서도 깨닫지 못하는 악한 자는 단지 복음을 영접하지 않는 불신자들을 가리키는 것만이 아니다. 예수를 믿으면서도 너무 경직되어버리고, 세상과 타협해버리고, 무기력해져버린 많은 기성 신자들과 교회들을 가리키는 말이기도 하다. 마지막 때의 많은 환난과 핍박을 받으면서도 그것이 하나님의 경고인 것을 깨닫지 못하고 멍하니 무기력한 종교생활을 계속할 뿐이다. 이런 슬픈 상황이 이미 한국의 많은 교회들의 현실이기도 하다. "주여, 우리를 불쌍히 여기소서!"

그러나 영적으로 지혜로운 자는 연단 가운데서 완전히 다른 사람으로 거듭난다. 환난 가운데서도 원망하거나 포기하지 않고, 환난을 허락하신 하나님의 뜻을 분별한다.

'아 하나님이 우리에게 회개하고 정신 차리라고 하시는구나. 내 삶에서 거품을 빼고 교만을 제하라고 하시는구나. 우상을 버리라고 하시는구나. 더 이상 이렇게 매너리즘에 빠져 무기력한 신앙생활을 해선 안 되겠다. 세상과 하나님 사이에 적당히 양다리 걸친 채 살아가는 이런 삶을 더는 살아선 안 되겠다. 주님이 주신 십자가를 지고 확실하게 제자의 삶

을 살아야겠구나.'

이런 결단을 내리고 실천해가는 것, 이것이 지혜로운 자요, 살아 있는 교회의 모습이다.

주님의 다시 오심을 준비하는 자세

그렇다면 마지막 때를 살면서 우리는 어떻게 주님의 다시 오심을 준비할 것인가?

인내하고 기다리라

첫째, 인내심을 가지고 하나님의 시간을 기다려야 한다. 7절에 보면 '종말의 때가 언제인가?' 하는 문제에 대해 세마포를 입으신 이, 즉 예수 그리스도께서 대답하셨는데, 이때 예수님은 양손을 들어 하늘을 향하여 영원히 살아 계시는 하나님 아버지를 가리켜 맹세하여 말씀하셨다. 자신의 권위가 아닌 아버지 하나님의 권위에 의한 것임을 선포하신 것이다. 그때는 아무도 모르고 오직 하늘의 아버지만 아시기 때문이다(막 13:32 참조).

그리고 예수님은 말씀하셨다. '한 때 두 때 반 때'를 지나야 한다고. 이것을 문자 그대로 풀면 3년 반이란 기간이 되지만, 그보다는 앞에서도 다루었듯이 성도의 권세가 다 깨어지는 일정 기간의 환난 시기라고 보는 것이 옳다. 거룩한 하나님의 백성들이 극한 시련과 환난을 겪게 되는 일이 있은 후에야 마지막이 온다는 것이다.

매일 드리는 제사를 폐하며 멸망하게 할 가증한 것을 세울 때부터 천이백구십 일을 지

낼 것이요 기다려서 천삼백삼십오 일까지 이르는 그 사람은 복이 있으리라 단 12:11,12

마지막 때에 적그리스도가 하나님을 향한 경배를 금지하고 하나님 대신에 우상을 숭배하도록 압박할 것이다. 11절에 보면 그 기간이 1,290일이라는 것인데, 고대 근동의 일반적인 날짜 계산법으로 보면 이것은 3년 반에 한 달이 더해진 기간이다. 12절에서는 "기다려서 천삼백삼십오 일까지" 이른다고 했다. 이것은 11절의 1,290일보다 45일이 많은 기간이다. 1,290일과 1,335일은 따로따로 가는 기간이 아니라 중첩된 기간으로 보인다.

많은 사람이 이 기간이 재림의 날짜를 정확히 계산하는 힌트일 것이라고 생각하고 암호 해독하듯이 골머리를 앓는다. 그러나 그것은 하나님이 원하시는 것이 아니다. 이 기간이 얼마나 긴지를 문자적으로 해석할 것이 아니라 상징적으로 보는 게 더 옳다. 그 기간이 정확히 얼마나 될지는 알 수 없지만, 성도들이 교회를 탄압하는 적그리스도의 세력에 의해 극심한 환난을 겪을 기간을 뜻한다. 이 기간은 끝없이 이어지지 않고 정확한 어떤 기간이 지난 뒤에는 주님의 영광스러운 재림으로 끝이 나게 된다.

12절의 "기다려서 천삼백삼십오 일까지 이르는 그 사람은 복이 있으리라"에서 '기다려서'란 말에 주목하라. 성도들에게는 인내하며 기다리는 시간이 있다는 것이다. 믿음은 기다리는 것이다. 어떤 역경과 환난 가운데서도 선하신 하나님의 뜻이 궁극적으로는 이뤄질 것을 믿고 기다리는 것이다. 그리고 앞에서도 말했듯이, 이 기다림의 시간은 교회로 하여금 회개하고 정결하게 하는 시간이요, 전도하고 부흥하는 시간인 것이다.

그러므로 우리는 선하신 하나님을 믿고 기다려야 한다. 주님의 재림이 아직 임하지 않은 것은 아직 구원받을 백성의 숫자가 차지 않았기 때문이다.

주의 약속은 어떤 이들이 더디다고 생각하는 것같이 더딘 것이 아니라 오직 주께서는 너희를 대하여 오래 참으사 아무도 멸망하지 아니하고 다 회개하기에 이르기를 원하시느니라 벧후 3:9

하나님이 생각하시는 구원받을 백성의 수는 우리가 생각하는 것보다 훨씬 크다. 그래서 그 수가 찰 때까지 재림의 나팔을 아직 불지 않고 계시는 것이다. 하나님이 굼뜨신 게 아니라 사랑이 너무 많으신 것이다. 이미 구원의 방주 안에 들어온 우리 입장에서는 재림이 빨리 일어났으면 좋겠지만, 아직 방주 밖에 있는 사람들의 입장에서 생각해보기 바란다. 특히 아직 구원받지 못한 가족이 있는 분들의 마음을 생각해보라.

하나님의 지혜가 충만한 다니엘도 당장은 하나님의 계시를 미처 다 이해하지 못했다.

내가 듣고도 깨닫지 못한지라 내가 이르되 내 주여 이 모든 일의 결국이 어떠하겠나이까 하니 단 12:8

평생 하나님과 교제하여 성령 충만했던 다니엘도 종말에 관한 이 계시의 깊이를 다 이해하지 못했다. 특히 다니엘은 하나님 백성의 마지막이 어떻게 될 것인지 알고 싶어서 간절한 마음으로 질문했다. 그러나 주님은 정확하게 설명해주시는 대신 "가라"고 하셨다.

그가 이르되 다니엘아 갈지어다 이 말은 마지막 때까지 간수하고 봉함할 것임이니라
단 12:9

이것은 다니엘이 지금 반드시 알아야 할 것은 이미 충분하게 알려주셨음을 뜻한다. 하나님이 멈추시는 데서 멈춰야 한다. 여기서 억지로 더 가면 이단이 된다. 어느 누구도 자신에게 허락되지 않은 영적 비밀을 알기 위해 억지로 애쓸 필요가 없다. 주님은 우리가 알아야 하고 우리가 감당할 수 있는 영적 분량을 정확히 측정하고 계신다. 다니엘에게 주어진 예언은 장래에 하나님께서 그 모든 것을 성취하실 때에만 이해할 수 있을 것이다.

영적 분별력을 가지라

마지막 때를 사는 두 번째 지침은 영적 분별력을 가지는 것이다.

9절에서 주님은 다니엘에게 "갈지어다"라고 하시면서 "이 말은 마지막 때까지 간수하고 봉함할 것"이라고 하신다. 4절에도 나오는 '봉함하라'(seal)의 히브리어 동사는 감춰서 아무도 보지 못하게 하라는 뜻이 아니라 '잘 보관하여 이 예언이 성취되는 것을 지켜보라'는 뜻이다.

하나님의 백성들은 아무 생각 없이 하루하루 사는 것이 아니라 세상

이 격동할 때마다 하나님의 말씀이 어떻게 이뤄져가는지를 기도하며 살필 필요가 있다. 이 시대에 하나님이 어떻게 하나님의 뜻을 이뤄가고 계신가를 보라.

똑같이 종말을 다루고 있지만 종말에 좀 더 가까워진 요한계시록에서는 "이 두루마리의 예언의 말씀을 인봉하지 말라 때가 가까우니라"(계 22:10)라고 하셨다. 역사의 시계가 이제 거의 끝까지 왔다. 하나님은 마지막이 가까워올수록 우리가 영적 긴장감을 갖기를 원하신다. 아무리 잘한 경기라도 마지막 5분에 뒤집힐 수 있기 때문에 강팀일수록 끝까지 긴장감을 놓지 않고 집중한다. 우리 믿는 사람들도 역사의 마지막 카운트다운으로 들어가는 이 시대에 정신을 바짝 차려야 한다. 우리가 살아가는 이 시대는 분명히 종말이 가까워진 때이다. 지금은 흥청망청 아무 생각 없이 살 때가 아니다. 뉴스를 보고 들을 때도 아무 생각 없이 넘기지 말고 거기서 마지막 때의 사인들을 읽어야 한다. 좀 더 깨어서 기도하고, 말씀으로 무장하고, 영적으로 준비할 때다.

자신의 자리를 성실히 지키라

마지막 때를 사는 세 번째 지침은 현재 서 있는 자리를 성실히 지키라는 것이다.

> 너는 가서 마지막을 기다리라 이는 네가 평안히 쉬다가 끝날에는 네 몫을 누릴 것임이라 단 12:13

여기서 "너는 가서 마지막을 기다리라"(Go your way till the end)라는 말씀은 '너의 길을 가라' 혹은 '네 의무를 다하라'는 뜻이다. 이 땅에서의 수명이 다할 때까지 네가 처한 현실에서 지금까지 하던 대로 성실히 살아가라는 것이다.

다니엘서의 마지막 부분인 12장 5-13절에 기록할 다른 계시들도 많았을 터인데, 하필이면 마지막 때에 관한 천사들과 예수님의 대화와 거기에 대한 다니엘의 질문과 답을 다루었을까?

종말론에 대한 사람들의 가장 심한 오해와 관심이 종말의 타이밍에 있기 때문이다. 사람들의 관심은 주로 "언제 주님이 다시 오시는가? 언제 이 세상의 종말이 오는가?"에 맞춰져 있다. 특히 당시 이스라엘 백성들처럼 현실이 너무 극한 고난에 처하게 되면 현실의 삶은 완전히 도외시하고 하루속히 주님의 재림이 임해 새로운 세상이 오기만을 바라게 되는 습성이 우리 안에 있다. 그렇기 때문에, 현실이 힘들다고 성급하게 이 땅에서의 의무와 책임을 포기해버리고 종말만을 고대하는 시한부 종말론자들의 어리석음을 주님은 경계하고 계신 것이다.

다니엘은 늘 기도하며 하늘의 비전을 보는 사람이었지만, 자신이 발을 딛고 사는 현실의 세계에서 성실하게 책임을 다하는 사람이었다. 종말을 준비하는 가장 지혜로운 자세는 오늘 하루를 경건하게, 최선을 다해 살아가는 것이다.

어떤 이단 종파들처럼 몇 년 몇 월 몇 시에 주님이 다시 오신다고 선포하고는 종말을 준비한다고 집 팔고 땅 팔고 하얀 옷 입고 한데 모여서 하늘만 바라보며 예수님의 재림을 기다리는 것은 결코 하나님이 원하시는 모습이 아니다. 예수님은 재림의 때는 오직 하늘의 아버지만이 아신다고 하셨다. 그때까지 하나님은 우리가 우리의 삶의 위치에서 남편으로서, 아내로서, 부모로서, 직장인으로서, 학생으로서 성실하게 책임을 다하기를 원하신다. 세금을 내고, 군대를 가고, 농사를 짓고, 장사를 해야 한다. 그리고 불신자들에게 전도하고, 믿는 형제들을 격려하여 믿음을 더 굳건히 하며 교회를 섬기기를 원하신다.

옛날부터 공부 못하는 애들이 자꾸 "언제 시험 보느냐"고 묻는다고 한다. 그러나 공부 잘하는 아이들은 언제 시험 보는지 별 상관이 없다. 실력을 갖춰 놓으면 언제 시험 봐도 상관없고, 벼락치기 할 필요가 없다. 마지막 때를 준비하는 우리는 벼락치기 할 생각하지 말고, 언제 주님 다시 오셔도 부끄럽지 않도록 하루하루를 살아가자. 주님이 다시 오시는 그날은 우리에게 재앙이 아니라 축제의 때다.

전도와 영적 대각성에 헌신하라

마지막 때를 살면서 주님 다시 오심을 준비하는 네 번째 지침은 전도와 영적 대각성에 헌신하는 것이다. 3절 말씀을 다시 한번 보자.

"지혜 있는 자는 궁창의 빛과 같이 빛날 것이요 많은 사람을 옳은 데로 돌아오게 한 자는 별과 같이 영원토록 빛나리라."

여기서 '지혜 있는 자'란 세상적인 처세술이 뛰어난 사람이 아니라 하늘의 지혜가 충만한 사람, 영적 분별력이 뛰어난 사람을 말한다. 그는 혼란으로 치닫는 마지막 때에도 악의 실체를 깨닫고, 세상의 조류에 휩쓸리지 않으며, 자기 자신을 거룩하게 지킨 사람이다. 이들은 "궁창의 빛과 같이 빛날 것'이라고 했다. 천국에서 그만큼 특별한 상을 받는다는 것이다.

하나님의 지혜가 있는 사람은 자기만 거룩하게 지킬 뿐 아니라 다른 사람들도 영적으로 변화시키는, 거룩한 영향력을 발휘하는 사람이다. "많은 사람을 옳은 데로 돌아오게 한 자"란 표현은 영적 영향력을 가리킨다. 다니엘은 자기뿐만 아니라 자신의 세 친구들도 믿음의 강자로 서도록 영향력을 발휘했고, 하나님을 모르는 이방의 왕들로 하여금 하나님의 살아 계심을 고백하게 했다. 정말 엄청난 영적 영향력이다. 하나님은 우리가 이 마지막 때에 이 세상을 살면서 그런 영적 영향력을 발휘하기를 원하신다.

전도와 영적 대각성을 일으키라! '많은 사람을 옳은 데로 돌아오게 하는 것'은 전도하여 많은 사람을 예수 믿게 하는 것이다. 마지막 때를 의식하면 할수록 우리는 열심히 복음을 전해야 한다. 선교지는 바로 지금 우리가 서 있는 곳이다. 직장 동료에게, 이웃에게, 친구들에게 전도하자. 그동안 어색해서, 민망해서, 바빠서 이 핑계 저 핑계 대면서 전도하지 못했다면 전도하자. 그것이 마지막을 준비하는 가장 중요한 일이다.

'많은 사람을 옳은 데로 돌아오게 하는 것'은 또한 이미 예수를 믿지만 미지근한 신앙을 가진 사람들에게 영적 불길을 다시 일으키는 것이다. 성도들을 가르치고 격려해서 그들이 계속해서 영적으로 성장하고, 환난과 유혹에 흔들리지 않고 진리의 길을 갈 수 있도록 돕는 것이다. 그것이 목회자, 장로, 집사, 소그룹 리더들, 주일학교 선생님들 같은 영적 지도자들의 할 일이다.

나는 목사, 장로, 집사라는 직분만 있지 영적 영향력을 발휘하지 못하는 사람들이 많은 것 같아서 안타깝다. 크리스천은 자기가 서 있는 자리에서 영적 영향력을 발휘해야 한다. 그 주변의 사람들이 변해야 한다. 나로 인해서 예수 안 믿는 사람이 예수를 믿게 되고, 믿지만 열정이 없는 사람이 믿음의 불길이 살아나게 해야 된다. 그렇게 제대로 된 영적 영향력을 발휘하는 사람은 하늘의 별과 같이 빛날 것이라고 했다. 그것은 하나님이 기억하고 칭찬하시고 상 주시겠다는 것이다. 하나님은 거룩한 영적 리더십의 임무를 감당한 사람을 이토록 크게 보신다.

　　조직이나 건물, 돈을 가지고 일하는 게 아니다. 하나님은 사람을 통해서 일하신다. 이스라엘이라는 나라는 망해버렸지만, 하나님께서는 성령 충만한 사람 다니엘 한 사람을 사용해서 하나님의 영광이 충만하게 살아 계심을 열방에 증명하셨다. 나와 여러분도 그렇게 쓰임 받을 수 있다.

chapter 5

여호와께로 돌아가자

호세아서 6장 1-3절

1 오라 우리가 여호와께로 돌아가자 여호와께서 우리를 찢으셨으나 도로 낫게 하실 것이요 우리를 치셨으나 싸매어주실 것임이라 2 여호와께서 이틀 후에 우리를 살리시며 셋째 날에 우리를 일으키시리니 우리가 그의 앞에서 살리라 3 그러므로 우리가 여호와를 알자 힘써 여호와를 알자 그의 나타나심은 새벽빛같이 어김없나니 비와 같이, 땅을 적시는 늦은 비와 같이 우리에게 임하시리라 하니라

다니엘서 11장 32절

32 그가 또 언약을 배반하고 악행하는 자를 속임수로 타락시킬 것이나 오직 자기의 하나님을 아는 백성은 강하여 용맹을 떨치리라

"이 나라를 새롭게"라는 주제로 2020년 신년 40일 특별새벽기도회를 시작할 때만 해도, 코로나바이러스 사태 같은 엄청난 태풍이 온 나라를 휩쓸 줄은 생각도 하지 못했다. 그러나 이 사태가 터지기 전에도 우리나라가 여러 가지 크고 작은 위기 앞에 노출되어 있다는 것을 피부로 절감하고 있었기 때문에 새벽마다 정말 애타게 나라를 위해 기도해왔다. 그러던 중에 코로나 사태가 터지면서 나라의 정치, 경제, 문화, 교육, 스포츠, 종교 등 모든 분야가 그야말로 쓰나미가 휩쓸고 지나간 것처럼 흔들리고 있다.

살기 위해 여호와께로 돌아가라

호세아서는 하나님의 백성이면서도 하나님을 버리고 우상숭배에 빠져서 도덕적으로 너무 타락해버린 북이스라엘을 향한 하나님의 애절한 마음을 담은 선지서다. 특히 여기서 다룰 본문은 호세아서 전체의 핵심 주제와도 같다.

> 오라 우리가 여호와께로 돌아가자 여호와께서 우리를 찢으셨으나 도로 낫게 하실 것이요 우리를 치셨으나 싸매어주실 것임이라 **호 6:1**

여기서 중요한 사실은 첫째, 원래 우리가 있었던 곳이 하나님 곁이었다는 사실이다. 하나님 곁에 있을 때 우리는 평안과 은혜와 능력과 기쁨과 축복을 누렸다. 하나님의 임재 앞이 우리가 있어야 할 곳이다. 우리가 이 세상에서 끊임없이 목마르고 힘든 것은 원래 우리의 집이 이곳이 아니기 때문이다. 우리의 집은 영원한 하늘이다. 하나님의 자녀들이 하나님을 거역하고 세상에 취해 살면, 그래서 하나님에게서 멀리 떨어지게 되면 인생이 무너진다. 그때 살아날 수 있는 유일한 길은 하나님 곁으로 다시 돌아가는 것뿐이다.

우리는 돌아가야 한다. 탕자가 돌아가야 할 곳은 아버지의 집이다. 원래 탕자는 아버지의 집에서 가장 행복했던 아들이었다. 그런데 아버지의 집이 아닌 세상에서 행복을 찾기 위해 탈출했다가 인생이 비참하게 추락해버렸다. 살기 위해서는 아버지의 집으로 돌아오는 수밖에 없었다.

회개함으로 돌아가라

아버지의 집으로 돌아가는 길은 회개함으로 시작된다. "우리가 여호와께로 돌아가자"는 말은 우리 모두 함께 회개해야 된다는 뜻이다. 네 잘못 내 잘못 따질 때가 아니다. 우리 모두 죄인임을 인정해야 한다. 하나님의 자녀이면서도 하나님을 무시하고 너무 세상적으로 살았음을, 그러다 이런 개인적, 국가적 위기에 봉착했음을 인정하고 하나님 앞에 회개해야 한다.

회개하고 돌아가면 하나님의 치유가 시작된다.

"여호와께서 우리를 찢으셨으나 도로 낫게 하실 것이요 우리를 치셨으나 싸매어주실 것임이라."

여기서 주의해서 볼 사실은 '여호와께서 우리를 찢으셨고, 여호와께서 우리를 치셨다'는 대목이다. 지금 우리가 겪고 있는 개인적, 국가적 환난은 하나님이 허락하신 일이다. 우리를 회개시키실 일이 있으시기 때문이다. 더 망가지기 전에 우리가 영적으로 정신 차리라고 회초리를 드신 것이다.

그렇기 때문에 이 문제는 단순히 인간적인 노력과 방법으로 풀 게 아니고, 영적으로 풀어야 한다. 하나님 앞에 나와서 회개하면 재난을 허락하신 하나님께서 재난으로부터 구원받을 길을 주실 것이다. 하나님께서 낫게 하실 것이고 하나님께서 싸매어주실 것이다. 지금 이 나라에는 하나님의 그 치유하시는 손길(healing hand of God)이 간절히 필요하다. 결코 사람의 손으로 치유할 수 없는 상처들이 나라 곳곳에, 사람들마다 그 마음속에 너무나 많기 때문이다.

우리가 회개함으로 하나님께로 돌아가면 하나님은 하나님의 때에 치유를 베푸신다. 2절을 보자.

여호와께서 이틀 후에 우리를 살리시며 셋째 날에 우리를 일으키시리니 우리가 그의 앞에서 살리라 호 6:2

"이틀 후에 우리를 살리시며 셋째 날에 우리를 일으키시리니"라는 표현에 대한 해석에서 학자들의 의견이 조금씩 다르지만, 확실한 것은 진실하게 회개한다면 하나님께서 가까운 시일에 회복시켜주실 것이라는 사실이다. 어느 부모가 단 일 초라도 자식이 더 고통받는 것을 원하겠는가? 하나님께서도 우리가 영적으로 제대로 서기만 하면 단 일 초라도 고통의 시간을 연장시키고 싶지 않으시다.

치유 받은 자여, 여호와를 힘써 알라

> 그러므로 우리가 여호와를 알자 힘써 여호와를 알자 그의 나타나심은 새벽빛같이 어김없나니 비와 같이, 땅을 적시는 늦은 비와 같이 우리에게 임하시리라 하니라 호 6:3

여기서 "여호와를 알자"란 부분을 원어의 의미를 최대한 살려서 번역하면 '여호와를 알기 위해 열정을 다하자, 최선을 다하자'란 뜻이다. 회개하고 치유 받은 심령 안에는 하나님을 예배하기 위한 열정이 불같이 일어나게 된다. 기도하고 싶은 열정, 말씀 듣고 싶은 열정, 은혜 받고 싶은 열정이 불같이 일어나게 된다. 그 열정을 가지고 우리는 또 서로 격려한다.

"우리 더욱 영적인 열심을 냅시다. 더욱 기도의 자리를 지킵시다. 더욱 예배합시다."

살아 있는 교회 공동체는 이런 영적 열정을 서로서로 불어넣어주는 공동체이다.

"그의 나타나심은 새벽빛같이 어김없나니 비와 같이, 땅을 적시는 늦은 비와 같이 우리에게 임하시리라 하니라."

팔레스타인 지역에서 '이른 비'는 12월에서 2월에 내리는 많은 양의 비로, 이 비가 확실히 내려줘야 파종할 수 있다. '늦은 비'는 3,4월에 적당량 내려주는 비로, 이 비를 통해서 곡식이 여물게 되어 추수할 수 있다. 이른 비와 늦은 비는 때를 맞춰 내려주시는 하나님의 축복을 상징한다. 축복의 타이밍이 얼마나 중요한가? 홈런도 역전 상황에서 승부처에서 결정적으로 터져줘야지, 별로 필요하지 않은 타이밍에 터지면 감동이 떨어진다. 하나님의 축복은 정확한 타이밍에 극적으로 터져주는, 그래서 패색이 짙은 경기를 일시에 뒤집어버리는 축복이다.

축복에 취하지 말고 하나님을 보라

축복은 하나님이 나타나실 때 일어나는 현상이다. 우리는 축복에 취해서 축복을 주시는 그분을 놓칠 수 있다. 그러나 영의 눈을 들어 살펴보면 우리에게 복 주시는 그분의 임재가 보인다. 우리가 기도하는 가운데 하나님의 나타나심을 볼 수 있게 되기를 간절히 축원한다.

코로나19 사태로 교회 건물이 폐쇄되고 온라인 예배로 전환한 지 며칠 지나지 않았을 때, 나는 늘 하던 것처럼 그날도 옷을 두툼하게 입고 양재천을 산책하며 기도하고 있었다. 한국교회를 위해, 이 나라를 위해 간절히 기도하는데 눈물이 났다. 간절히 기도하다가 가슴에 뜨거움을 느끼고 눈을 떠보니 놀라운 모습이 하늘에 보였다. 구름 가운데 십자가 모양의 구멍이 뚫리고 그 사이로 햇빛이 쏟아지고 있는 모습이었다. 그 모습이 너무 신비롭고 아름다워서 스마트폰을 꺼내어 사진을 찍었다. 다른 사람들은 그저 우연의 일치요 별거 아닌 일이라고 생각할지 모르지만, 나는 간절한 기도 가운데 하나님이 보여주신 사인이라고 믿는다.

십자가 보혈의 은혜로 하나님이 이 나라를 치유하실 것을 믿는다.

호세아서 6장 본문의 요점을 다시 한번 정리해보자. 우리가 하나님께 돌아가면 치유가 일어나고, 치유 후에는 하나님을 향한 열정이 일어나며, 그 뒤에 하나님이 예비하신 축복이 정확한 타이밍에 우리에게 폭우처럼 임할 것이다. 우리 개인에게, 우리 교회 위에, 우리나라 위에 그런 은혜가 임하기를 기도한다. 그렇게 영적으로 교회가 회복되고, 나라가 회복되면 그 나라와 그 백성에게는 하나님의 능력이 임한다. 진짜 강한 나라가 된다.

하나님을 아는 나라가 강하다

오직 자기의 하나님을 아는 백성은 강하여 용맹을 떨치리라 **단 11:32**

나라의 힘은 경제력이나 군사력에 있는 것이 아니라 그 나라 백성들의 정신력에 있다. 정신력은 영혼의 힘이다. 그 영혼의 힘은 백성들이 '하나님을 아는 것' 즉 하나님을 믿는 신앙에서 나온다. 이 원리를 무시하고 백성들이 하나님을 버리거나 국가가 하나님을 믿는 신앙을 없애려고 하면 그것은 자기 나라를 나라 되게 하는 기본적 토대를 스스로 무너뜨려 버리는 것과 같다.

그 가장 좋은 예가 바로 공산주의/사회주의의 역사이다. 공산주의는 무신론을 주장하는 게 아니라 완전한 반기독교주의를 주장한다. 공산주의 이론의 창시자 마르크스는 "종교는 아편"이라고 했는데, 주로 기독교를 염두에 두고 한 말이다. 구소련(러시아)의 레닌이나 스탈린, 중국의 마오쩌둥은 모두 사회주의 혁명 초창기부터 작심하고 교회를 탄압했다. 그러나 그 결과 그들의 나라는 망할 수밖에 없는 어려움에 처하게 되었다.

20세기 초 러시아를 공산화시킨 붉은 혁명. 그들은 98퍼센트에 이르는 교회를 무너뜨렸고, 4만 2천여 명의 성직자들을 죽였다. 그들은 일부 대형 성당을 무신론 박물관으로 바꾸었다. 동네 교회들은 아파트나 헛간으로 개조되었다. 어린이들에 대한 종교교육도 금지시켰다. 공산주의자들은 기독교 신앙을 "죽고 나면 얻는 그림의 떡"이라고 조롱했다. 스탈린 치하에서 유치원 교사들은 어린아이들에게 눈을 감고 하나님께 사탕 봉지를 구하는 기도를 하라고 시키곤 했다. 아무것도 나타나지 않았다. 그리고 다시 요구했다. "이제 스탈린 동무에게 기도하세요." 그리고 아이들이 기도하는 동안 각 책상에 사탕 봉지를 올려놓았다. 교사들은 아이들에게 "기도는 아무것도 가져다주지 않는다"는 말을 반복시켰다.

그 이후 75년 동안 구소련에서는 끔찍한 역설이 실현되었다. 그들은 6천만 명이 넘는 자국민들을 온갖 죄목으로 숙청하고 처형시켰다. 당시 러시아 남성의 절반이 전쟁, 기근, 처형, 투옥으로 사망했다. 거대한 경제가 자체의 무능으로 무너졌고, 평균 수명, 영양 상태, 질병, 빈곤율 등 모든 것이 세계 최하위권으로 떨어졌다. 이혼율은 무려 70퍼센트에 달하고, 여성들은 평균 4차례의 낙태를 했다. 80년대 말 소련공산권이 무너진 것은 단순히 미국과의 무리한 군비경쟁 때문만이 아니다. 내부에서부터 도덕성이 무너지고 타락한 까닭이었다. 만약 공산주의가 놀라운 성공을 거두어 소련에 번영과 행복을 가져다주었다면, 오늘날 누구도 그곳에 새로운 교회를 세우지 않을 것이다.

구소련과 함께 20세기 전 세계 공산주의의 쌍벽을 이루었던 중국도 지금 심각한 딜레마에 빠져 있다. 19세기 영국이 가져다준 아편으로 인해 큰 상처를 받은 중국은 영국이 전한 기독교에 대한 상처가 깊다. 그래서 중국을 공산화시킨 마오쩌둥은 기독교 말살을 부르짖으며 서양선교사들을 모두 추방하고 무자비하게 교회를 탄압했다. 그러나 핍박에도 불구하고 중국 지하교회는 무섭게 성장했다. 이제 중국은 1억 명을 훨씬 넘는 중국 크리스천들의 존재를 인정해야 할 뿐 아니라, 기독교가 가진 긍정적 힘을 인정할 수밖에 없는 상황이다. 그래서 중국 관료들은 기독교를 단속해야 하나 장려해야 하나 딜레마에 빠져 있다.

"희든 검든 쥐 잡는 게 고양이다"라는 등소평의 실용주의 개방 정책 이후, 중국 지도자들은 어떻게든 서구 선진국들을 따라잡기 위해서 노력했다. 무엇보다 무엇이 서구 선진국들을 그렇게 부강하게 만들었는지에 대해 연구했다. 필립 얀시(Philip Yancey)의 책에 보면, 그 작업을 지휘했던 중국의 저명한 사회학자 한 사람이 서방의 지도자에게 이렇게 말했다고 한다.

"서구가 성공해서 실제로 우위에 있는 원인을 파악하라는 지시가 위에서 떨어졌다. 우리는 역사, 정치, 경제, 문화적 관점에서 샅샅이 연구했다. 처음에는 당신들의 무기가 우리보다 세서 그런 줄 알았고, 그러다 당신들의 정치 제도가 좋아서 그런 줄 알았고, 그러다 당신들의 경제 제도에 집중했다. 하지만 지난 20년간 우리는 당신의 문화의 심장이 기독교임을 깨달았다. 그래서 서구는 그렇게 힘이 셌던 것이다. 사회생활과 문화생활의 저변에 깔린 기독교의 도덕적 기초, 그것 때문에 자본주의의 출현도 가능했고, 성공리에 민주정치로 전환할 수도 있었던 거다. 중화권 나라로 빠르게 성장하여 서구와 어깨를 나란히 하고 있는 싱가포르에는 강력한 기독교 인구가 있음을 중국 지도층도 알고 있다. 순회 전도자들이 기독교 신앙을 전하는 중국 농촌 지역에는 마약중독이 줄어들고, 범죄가 적어지고, 기독교 가정들이 이웃보다 더 삶을 규모 있게 잘 산다는 것이 중국 사회학자들의 연구 결과로 계속 증명되고 있다. 중국 지도자들은 종교 신자가 아니라 실용 정치를 지향하는데도 이렇게 결과가 증명하니까 기독교에 대해 어느 정도 호의적으로 될 수밖에 없다."

거기다가 중국은 말 못 할 고민이 있다. 중국은 문화대혁명 이후 유교 사상을 포함한 선조들이 남겨놓은 빛나는 사상과 문화 대부분을 상실했다. 그런데 경제개방을 하면서 돈맛을 보게 되자 중국인들은 돈 되는 일이라면 수단 방법을 가리지 않는 무서운 사람들이 됐다. 당국이 아무리 무섭게 단속해도 쏟아져나오는 흔히 짝퉁이라고 하는 모조품들을 막을 길이 없고, 관리들의 부정부패를 막을 길이 없다. 각종 음식에 이상한 것을 섞어서 파는 바람에 중국 사람들도 중국 식품을 신뢰하지 않아 외국에서 분유를 비롯한 식품들을 사오는 것을 막을 수가 없다. 이게 다 중국 사람들의 도덕성이 파괴되고 정신문명이 고갈되었기 때문이다.

중국 지도층들은 민중을 선동하여 기존 권위체제를 흔드는 파룬궁 같은 종교는 경계한다. 그러나 한편으로는 중국인들의 허물어진 도덕성과 정신문화를 채울 어떤 것을 원한다.

북한 공산주의 체제의 모체가 된 두 나라, 북한이 큰 형님으로 모시던 두 나라의 공산체제는 이렇게 스스로 그 한계를 드러내고 있다. 모든 것을 투쟁의 개념으로 보는 공산주의 체제에는 사랑이 없다. 끊임없는 의심과 투쟁만이 있다. 그리고 가난한 인민들을 위한 낙원을 건설하겠다는 그들의 말과 달리 북한은 평양을 중심으로 한 고위 당원들과 그 가족들 외에 절대 다수의 백성들이 얼마나 가난과 병마에 시달리는지 모른다. 당 체제에 조금이라도 반대하는 사람은 잔인한 정치수용소에 끌려가 생사를 알 수가 없다.

지금 코로나바이러스 사태가 터지니까 북한이 중국에도 문을 닫아걸고 나라의 존망이 걸린 중대 사태라고 스스로 선포하며 패닉에 빠지는 까닭이 무엇인가? 의료시설과 방역체계가 엉망인데다가 국민 다수가 영양실조 상태라 면역력이 약하기 때문이다. 그런데도 북한의 지도층은 무서운 공포정치로 일관하고 있으니 참으로 가슴 아프다. 나라를 위해 기도하면서 우리는 저 북녘땅에 하나님의 은혜가 임하여 공산정권이 무너지고 핍박 받는 수많은 백성에게 살길이 열리기를 기도해야 한다.

뜨거운 신앙을 다시 회복하자

감사하게도 우리는 마음껏 하나님을 예배할 수 있는 자유 민주주의 국가 대한민국에 살고 있다. 우리는 우리에게 기독교 신앙을 전수해준 미국의 자유 민주주의와 자본주의 시장경제 시스템을 짧은 시간에 정착시켰다.

그러나 우리가 기억해야 할 것은 미국과 영국의 민주주의와 자본주의를 떠받치는 힘이 청교도적 기독교 신앙이었다는 사실이다. 신앙의 토대가 있었기에 서구 민주주의는 집단 이기주의로 흐르지 않았고, 자본주의는 욕심과 방탕의 늪에 빠지지 않았던 것이다. 그러나 이제 미국과 영국은 더 이상 기독교 국가가 아닐 정도로 영적으로 쇠약해졌다. 기독교 신앙이 빠져버린 서구의 민주주의는 인본주의가 되었고, 자본주의는 황금만능주의가 되어 사람들의 영혼을 병들게 하고 있다.

우리는 초기 한국 기독교의 뜨거운 신앙을 다시 회복해야 한다. '오직 자기의 하나님을 아는 백성은 강하여 용맹을 떨칠 것'이다. 오직 하나님을 간절히 붙잡는 그 신앙이 우리의 영혼의 힘을 강하게 해줄 것이다. 영혼의 힘이 강해지면 이 땅에서 거짓과 음란과 황금만능주의와 폭력이 사라질 것이며, 온갖 미신과 우상들이 사라질 것이다. 사람들이 정직해질 것이며, 서로를 배려하고 사랑하게 될 것이며, 불의를 용납하지 않게 될 것이다. 가정이 회복되고, 이웃과 이웃이 서로 사랑하는 그런 나라가 될 것이다. 그때 우리나라는 열방이 존경하는 거룩한 나라로 우뚝 서게 될 것이다.

이 모든 것이 우리가 하나님께로 돌아가게 되면 주어질 회복의 축복이자 은혜다.

chapter 6

하나님의 역사를 기대하라

다니엘서 11장 1-4,40-45절

1 내가 또 메대 사람 다리오 원년에 일어나 그를 도와서 그를 강하게 한 일이 있었느니라 2 이제 내가 참된 것을 네게 보이리라 보라 바사에서 또 세 왕들이 일어날 것이요 그 후의 넷째는 그들보다 심히 부요할 것이며 그가 그 부요함으로 강하여진 후에는 모든 사람을 충동하여 헬라 왕국을 칠 것이며 3 장차 한 능력 있는 왕이 일어나서 큰 권세로 다스리며 자기 마음대로 행하리라 4 그러나 그가 강성할 때에 그의 나라가 갈라져 천하 사방에 나누일 것이나 그의 자손에게로 돌아가지도 아니할 것이요 또 자기가 주장하던 권세대로도 되지 아니하리니 이는 그 나라가 뽑혀서 그 외의 다른 사람들에게로 돌아갈 것임이라 … 40 마지막 때에 남방 왕이 그와 힘을 겨룰 것이나 북방 왕이 병거와 마병과 많은 배로 회오리바람처럼 그에게로 마주 와서 그 여러 나라에 침공하여 물이 넘침같이 지나갈 것이요 41 그가 또 영화로운 땅에 들어갈 것이요 많은 나라를 패망하게 할 것이나 오직 에돔과 모압과 암몬 자손의 지도자들은 그의 손에서 벗어나리라 42 그가 여러 나라들에 그의 손을 펴리니 애굽 땅도 면하지 못할 것이니 43 그가 권세로 애굽의 금은과 모든 보물을 차지할 것이요 리비아 사람과 구스 사람이 그의 시종이 되리라 44 그러나 동북에서부터 소문이 이르러 그를 번민하게 하므로 그가 분노하여 나가서 많은 무리를 다 죽이며 멸망시키고자 할 것이요 45 그가 장막 궁전을 바다와 영화롭고 거룩한 산 사이에 세울 것이나 그의 종말이 이르리니 도와줄 자가 없으리라

코로나19 사태로 인해 온 나라가 힘들어하던 때에 우리나라는 새로운 국회의원을 뽑는 총선을 치렀다. 진보와 보수 양대 진영의 극한 대립으로 국론 분열이 극심했던 때였고, 코로나로 인해 제대로 된 정책 발표나 후보 검증, 유권자들과 만나는 활발한 선거 활동도 제대로 이루어지지 못 한 채 치러진 선거라 역대급 '깜깜이 선거'라고들 말이 많았다. 교회 안에도 다양한 정치 색깔이 있기 때문에 선거 결과에 대해서 다양한 반응이 격렬하게 쏟아져 나왔다.

이 장에 담긴 메시지는 총선이 치러지기 얼마 전에 새벽예배 때 전해진 것인데, 선거가 끝난 뒤에 많은 성도가 이 설교를 떠올리며 선거 결과를 하나님께 맡길 수 있었다고 전해주었다. 나 역시도 그 오랜 옛날에 기록된 다니엘서에 오늘을 사는 우리의 현실에 꼭 맞는 하나님의 메시지가 담겨 있음에 감탄을 금치 못했다.

역사는 하나님이 주관하신다

하나님께서는 교회의 역사뿐 아니라 세상의 역사도 모두 주관하시는 분이시다. 세계의 패권을 좌지우지하는 강대국들이 수없이 많이 역사 속에 등장했다가 사라지곤 했는데, 그 모든 과정 속에 하나님의 섭리가 있었다. 한 나라가 일어나서 이전의 강자를 무너뜨리는 것도 단순히 인간의 힘만으로 되는 것이 아니라, 하나님이 힘 주셔야 되는 것이다. 그 예가 본문 첫 절 말씀인 다니엘서 11장 1절이다.

"내가 또 메대 사람 다리오 원년에 일어나 그를 도와서 그를 강하게 한 일이 있었느니라."

다리오는 메대와 바사 연합제국의 초대 왕으로 다니엘의 사자 굴 사건이 있던 때의 왕이었다. 가브리엘 천사가 이 다리오를 도와 강하게 했다는 것은 메대-바사 연합군이 바벨론을 정복할 때 가브리엘이 그를 도와주었다는 말이다.

하나님께서는 하나님을 잘 믿는 사람들만 도와주시는 게 아니라, 때로는 하나님을 믿지 않는 세상 제국이 패권을 잡도록 도와주시는 때가 있다. 왜 그런가? 그를 통해서 이루실 하나님의 역사가 있기 때문이다. 그렇게 세계의 패권을 잡은 페르시아(바사)는 곧 바벨론에 포로로 잡혀온 유다인들을 모두 해방시켜 고향 예루살렘으로 돌려보내 성전을 재건하게 한다. 세계 역사의 중심은 페르시아라고 생각했지만, 하나님께서는 그 페르시아를 하나님의 성 예루살렘을 재건하는 도구로 사용하셨다. 하나님의 역사의 중심, 하나님의 관심은 하나님의 자녀들에게 있다. 우리를 다시 살리시기 위해 하나님께서는 우리를 둘러싼 제국의 운명을 바꾸실 것이다. 얼마나 감사한가.

하나님께서는 그렇게 극적으로 고향으로 돌아가게 된 하나님의 백성들이 고향에서 정착하는 과정에서도 긴밀하게 역사하셨다. 다니엘서 10장 20,21절에 이런 말씀이 있다. 하나님의 천사 가브리엘이 다니엘에게 한 말이다.

그가 이르되 내가 어찌하여 네게 왔는지 네가 아느냐 이제 내가 돌아가서 바사 군주
와 싸우려니와 내가 나간 후에는 헬라의 군주가 이를 것이라 오직 내가 먼저 진리의
글에 기록된 것으로 네게 보이리라 나를 도와서 그들을 대항할 자는 너희의 군주 미
가엘뿐이니라 단 10:20,21

'바사 군주'는 페르시아 제국의 배후에서 역사하는 악한 마귀의 권세
를 가리킨다. 당시 세계 최강대국 페르시아 제국을 휘둘렀던 악한 마귀
였으니 얼마나 그 힘이 셌겠는가. 그래서 하나님의 천사장 중 하나인 가
브리엘이 직접 나서서 싸우지 않으면 안 되었다.

여기서 하나님의 천사가 가서 바사 군주와 싸우겠다는 말에는 역사
적 배경이 있다. 당시 예루살렘으로 돌아간 1차 포로 귀환자들이 성전
을 재건하는 것을 주변 국가 부족들, 특히 사마리아인들이 집요하게 방
해했는데, 이들은 페르시아 왕들에게 적극적으로 로비하여 그들의 권력
을 등에 업었다. 이들을 뒤에서 조종한 것이 바로 바사 군주, 즉 페르시
아 전역을 장악한 마귀였다. 그래서 하나님의 천사 가브리엘이 가서 바
사 군주의 방해를 극복하고 예루살렘 성벽과 성전을 완공할 수 있도록
유다인들을 돕겠다는 것이다.

"헬라의 군주가 이를 것"이라는 말은 페르시아를 무너뜨리고 새롭게
세계 역사의 중심에 등장할 헬라 제국을 배후 조종하는 마귀의 등장을
말한다. 이 또한 세계 최강대국을 움직이는 마귀답게 힘이 세어서 천사장

미가엘이 와서 돕지 않으면 안 될 만큼 영적 전쟁이 치열할 것을 뜻한다.

계속해서 다음 본문에서 나오게 되지만, 이는 지금 막 이 예언을 받고 있는 다니엘의 시대에 세계 역사의 중심으로 등장한 페르시아도 머지않아 새로운 강자 헬라 제국에게 무너지게 됨을 뜻한다. 그러니 세상의 권세라는 것이 얼마나 허무한가.

또한 눈에 보이는 세상 제국들 뒤에는 반드시 이들을 뒤에서 조종하는 어둠의 권세들이 있다. 페르시아를 뒤에서 조종했던 악한 마귀의 뒤를 이어 또 헬라 제국을 뒤에서 조종하는 악한 마귀가 있었다. 그러나 감사한 것은 하나님의 백성을 공격하는 마귀가 바통 터치를 하듯이 하나님의 백성을 지키는 하나님의 천사도 가브리엘에서 미가엘로 바통 터치를 하면서 변함없이 하나님의 백성을 지켜준다는 사실이다.

눈에 보이는 세상의 정권이 바뀌고 왕조가 바뀔 때 핑크빛 미래를 낙관하지 말라. 문패만 바뀔 뿐 공중 권세 잡은 자 마귀가 역사하는 세상의 권세는 여러 가지 방법으로 하나님의 백성을 핍박할 것이다. 그러나 두려워하지 말라. 하나님께서도 여러 방법으로 하나님의 백성들을 변함없이 지켜주실 것이다.

세상 권력의 허무함

이제 내가 참된 것을 네게 보이리라 보라 바사에서 또 세 왕들이 일어날 것이요 그 후의 넷째는 그들보다 심히 부요할 것이며 그가 그 부요함으로 강하여진 후에는 모든 사람을 충동하여 헬라 왕국을 칠 것이며 단 11:2

바벨론을 무너뜨린 페르시아도 오래가지 못한다. 2절을 보면 "바사에서 또 세 왕들이 일어날 것"이라고 했는데, 이들은 고레스의 후계자인 3명의 왕(캄비세스, 스멜디스, 히스타스피스)을 가리킨다. 그 후에 등장하는 넷째 왕이 바로 에스더서에 등장하는 아하수에로이다. 말씀에 보면 "넷째는 그들보다 심히 부요할 것이며" 그가 그 부요함으로 강해진 뒤에는 모든 사람을 충동하며 헬라 왕국을 칠 것이라고 했다. 실제 아하수에로 때에 페르시아는 경제적, 군사적으로 막강한 힘을 구축했다. 그런데 아하수에로는 그 힘을 믿고 어리석게도 국력을 다 쏟아부은 그리스 침공을 단행했다가 대패하여 나라의 기운이 다하게 만들었다. 결국, 그다음 세대에 페르시아는 헬라 제국의 젊은 왕 알렉산더에게 무너지고 만다.

3절에 언급되는 장차 등장할 '한 능력 있는 왕'이 바로 페르시아 제국을 멸망시킨 알렉산더 대제이다. 그는 세계 역사상 그 어떤 정복자보다 뛰어난 능력으로 세상을 휩쓸어서, 아무도 필적할 자가 없었다. 그러나 그의 영광은 너무나 짧았다. 4절을 보자.

그러나 그가 강성할 때에 그의 나라가 갈라져 천하 사방에 나누일 것이나 그의 자손에게로 돌아가지도 아니할 것이요 또 자기가 주장하던 권세대로도 되지 아니하리니 이는 그 나라가 뽑혀서 그 외의 다른 사람들에게로 돌아갈 것임이라 단 11:4

알렉산더는 33세의 젊은 나이로 갑자기 세상을 떠나게 되었고, 그 뒤 헬라 제국은 그의 부하 장군들에 의해 네 지역으로 분열되었는데, 그것을 예언한 말씀이다. 알렉산더의 두 아들이 다 살해됨으로써 권력이 그

아들들에게 계승되지 못했다. "그의 자손에게로 돌아가지도 아니할 것이요"라는 말씀이 그 말이다. "그 나라가 뽑혀서 그 외의 다른 사람들에게로 돌아갈 것임이라"라는 말은 알렉산더의 핏줄도 아니고 또 알렉산더가 생전에 후계자로 지정한 사람들도 아닌 전혀 엉뚱한 장군들에게 나라가 돌아가고 만다는 사실을 예언한 것이다. "재주는 곰이 넘고 돈은 왕서방이 번다"는 말처럼 알렉산더가 수많은 전투에서 피땀 흘려 이룩한 제국이 고스란히 엉뚱한 사람들의 차지가 되고 말았다. 잠언 말씀에 "사람의 마음에는 많은 계획이 있어도 오직 여호와의 뜻만이 완전히 서리라"(잠 19:21)라고 했는데 이것이 딱 그 경우다.

"자기가 주장하던 권세대로도 되지 아니하리니"라는 말씀은 인간이 아무리 큰 권력을 가지고 미래를 준비한다고 해도, 역사는 오직 하나님이 정하신 섭리대로만 전개되어갈 것임을 뜻한다. 그러니 괜히 쓸데없는 욕심 부리지 말고 자신에게 주어진 시간 동안 신실하게 하나님 뜻대로 행하며 살아야 한다.

작은 나라 유다를 향한 하나님의 간섭

이어지는 다니엘서 11장 5-39절의 내용을 보면, 그렇게 헬라 제국에서 분열된 네 개의 나라 사이에서 특별히 강했던 남방 애굽 왕국과 북방 시리아 왕국 간의 전쟁이 일어날 것임이 예언되고 있다. 이것이 왜 중요한가 하면, 이들 간의 전쟁의 결과가 장차 하나님의 백성인 유다 왕국의 운명에 큰 영향을 끼치기 때문이다.

이런 강대국들에 비하면 유다 나라는 실로 아무것도 아닌 작은 나라였지만, 하나님의 마음의 중심에는 항상 유다 나라가 있었다. 이사야서 예언에 보면 애굽과 구스 같은 강대국을 대신하여 속량물로 내놓을지 언정 유다 나라와 바꾸지 않겠다는 하나님의 말씀이 나온다(사 43:3 참조). 아무리 못나도 내 자녀가 잘난 남의 집 자녀보다 소중하듯이 하나님께서는 연약하고 보잘것없어도 하나님의 자녀를 소중하게 생각하신다. 다니엘에게 열강들의 파워게임에 대한 예언을 보여주신 까닭은 그것이 하나님의 백성인 유다 나라의 미래에 미칠 영향 때문이었다.

남방 애굽과 북방 시리아 왕국에게 유럽과 아프리카, 아시아를 잇는 지리적 요충지인 유다 왕국을 차지하는 것은 너무나 중요했다. 그래서 이곳을 차지하기 위해 치열한 공방전을 벌였다. 이들은 서로 맹약을 맺었다가 또 그것을 깨는 배신과 거짓의 역사를 반복했다. 그러면서 서로 엎치락뒤치락 일전일패의 공방전을 벌이고, 주변 여러 국가들까지 동원하여 싸우다가 점차 서로 국력이 쇠약해져갔다. 이들의 전쟁은 세상 권세 잡은 자들의 끊임없는 야심, 그리고 그를 이루기 위해 약속도 번복하고 거짓과 배신을 일삼는, 수단 방법 가리지 않는 야비함과 포악성을 보여주며, 그러다가 스스로 패망에 이르게 되는 허무한 세상 권력의 본질을 보여준다.

헌데, 지금도 보면 이 한 줌밖에 안 되는 세상의 권력을 잡기 위해 눈에 불을 켜고 물불 안 가리고 달려드는 가련한 인생들이 얼마나 많은가. 권력에서 밀려난 쪽은 다시 권력을 잡기 위해 필사적이고, 또 한 번 잡은 권력은 빼앗기지 않기 위해 갖은 편법을 다 동원한다. 예나 지금이나 동서고금을 막론하고 마귀는 세상 권력이라는 달콤한 카드를 가지고 얼마나 많은 사람의 영혼을 파괴하는지 모른다. 하나님께서는 하나님의 사람들이 영적인 시각으로 이 세상 권력 싸움의 실체를 보기 원하신다. 말씀과 기도로 밝아진 영의 눈으로 세상 뉴스를 보면 우리도 그럴 수 있을 것이다.

가장 극악한 권세도 하나님 손에 있다

마지막 때에 남방 왕이 그와 힘을 겨룰 것이나 북방 왕이 병거와 마병과 많은 배로 회오리바람처럼 그에게로 마주 와서 그 여러 나라에 침공하여 물이 넘침같이 지나갈 것이요 단 11:40

40절에 보면 '남방 왕과 북방 왕'이 등장하는데, 북방 왕이 회오리바람 같은 기세로 남방 왕을 밀어내는 모습이 표현된다. 여기 나오는 남방 왕은 애굽의 왕이고, 북방 왕은 21절에 등장하는 시리아 왕 에피파네스다. 그는 강력한 군대를 조직하고 교활한 머리를 써서 거침없이 주변 국가들을 정복해갔다. 앞에서 남방 애굽 왕국과 북방 시리아 왕국 간에 끊임없는 세력 다툼이 있었다고 했는데, 북방의 에피파네스는 애굽과의 전쟁에서 대승을 거둔 뒤 애굽의 금은보화도 차지하고 주변의 많은 나라를 속국으로 삼는다. 40-43절은 에피파네스가 그렇게 파죽지세로 유다 왕국을 포함한 중동 지역을 장악하는 사건을 예언한 것이다.

그런데 하나님의 계시에 그가 특별히 길게 언급되는 이유는 따로 있다. 에피파네스는 헬라 문명의 신봉자로서 왕위에 오르자마자 시리아 왕국은 물론 유다 지역을 장악한 뒤, 자기가 다스리는 모든 점령지를 헬라화시키려고 했다. 특히 그는 유다인들의 종교를 말살하고 헬라 우상을 그곳에 심기 원했다. 그래서 예루살렘에 들어와서 율법을 금지하고, 예루살렘 성전이 있는 곳에 제우스 신상을 세우고, 번제단에 돼지고기를 제물로 바치는 끔찍한 성전 모독 행위를 했다.

그러나 자신의 힘을 믿고 감히 하나님의 백성을 핍박하고 하나님의 성전을 모독한 것은 에피파네스의 치명적인 실수였다. 하나님께서는 그런 패역한 권력자를 가만두지 않으셨다. 44,45절은 하늘 높은 줄 모르고 치솟던 에피파네스가 급속도로 파멸할 것에 대한 예언이다.

그러나 동북에서부터 소문이 이르러 그를 번민하게 하므로 그가 분노하여 나가서 많은 무리를 다 죽이며 멸망시키고자 할 것이요 그가 장막 궁전을 바다와 영화롭고 거룩한 산 사이에 세울 것이나 그의 종말이 이르리니 도와줄 자가 없으리라 단 11:44,45

"동북에서부터 소문이 이르러 그를 번민하게 하므로 그가 분노하여"라는 것은 동북 지역에 있던 파르티아와 아르메니아의 반란을 가리킨다. 반란군에게 허를 찔린 에피파네스는 애굽의 남은 지역을 쓸어버리려던 계획을 포기하고 말머리를 본국으로 돌리지 않으면 안 되었다.

하지만 그러면서도 유다 민족의 마지막 저항을 무자비하게 진압하고자 했다. "장막 궁전을 바다와 영화롭고 거룩한 산 사이에 세울 것이나"라는 말은 시온산 예루살렘에 군영을 설치하고 유다 민족을 말살하려한 행위를 말하는데, 그러다가 그만 하나님의 진노를 받아 갑작스런 죽음을 당하고 만다. "그의 종말이 이르리니 도와줄 자가 없으리라"는 하나님이 치시기로 결정하시니 그의 군사력이나 권세가 아무것도 아니었다는 뜻이다.

감히 예루살렘 성전을 모독하고 하나님의 백성을 멸망시키려 하다가 오히려 자신이 비참하게 멸망한 에피파네스는 마지막 때에 하나님을 대적하고 하나님의 교회를 핍박할 적그리스도를 상징하는 인물이다. 그는 뛰어난 리더십으로 힘을 얻어 세상을 장악한 뒤 하나님의 백성들을 핍박할 것이다. 그러나 하나님께서는 한순간에 그를 무너뜨리고 하나님의 백성을 지키실 것이다.

모든 것을 알고 계신 하나님께 기도하라

다니엘에게 주어진 이 예언은 이로부터 4백여 년이 흐른 B.C. 167년에 그대로 다 이뤄진다. 다니엘서 11장은 세상 권세 잡은 자들의 흥망성쇠, 전쟁과 거짓과 음모와 배신으로 가득 찬 추악한 역사다. 이런 역사를 굳이 다니엘에게 미리 계시로 보여주시는 까닭은 무엇이겠는가? 그것은 하나님께서 악한 세상의 역사도 하나도 놓치지 않으시고 주관하고 계심을 알려주시기 위함이다. 알렉산더가 자신의 후계 계승 구도 하나도 자기 마음대로 못했던 것처럼, 악한 세상 권력자들이 아무리 음모를 꾸며도 그들의 뜻대로 역사가 흘러가지 않는다. 역사의 주관자이신 하나님께서 지켜보고 계시다가 선을 넘으면 반드시 개입하셔서 역사의 물줄기를 하나님이 원하시는 방향으로 돌려버리시기 때문이다. 그래서 잠시 악이 번성하는 것 같지만 하나님께서는 역사가 완전히 파국으로 치닫지 않도록 컨트롤해 나가신다.

바벨론 뒤에는 페르시아가, 페르시아 뒤에는 헬라 제국이, 헬라 제국은 또 몇 개로 갈라져서 끊임없이 서로 견제하고 배신하고 싸우기를 반복한다. 한때 천하를 호령하던 권력자들도 하나님의 때가 되면 한순간에 권력을 잃고 죽임을 당하고, 전혀 예기치 못했던 새로운 강자들에게 그 자리를 내어주면서 사라진다.

세상 권력이란 얼마나 허무한 것인가. 천하를 제패하고 영원히 갈 것 같았던 알렉산더 대왕도, 그리고 적그리스도 같은 시리아 왕 에피파네스도 하나님의 때가 되니까 졸지에 망해버렸다. 성경에 보면 이렇게 교만하게 세상 힘을 내세우다가 졸지에 망한 케이스가 많다. 소돔과 고모라도 그랬고, 다윗에게 반역했던 압살롬도 그랬고, 바벨론 왕 벨사살도 그랬다. 그러니 어찌 되었건 겸손해야 하고 하나님을 경외해야 한다.

또한 하나님께서는 약육강식의 살벌한 세상 역사도 그냥 굴러가게 내버려두지 않으시고 적극적으로 개입하시면서 수위 조절, 방향 조절을 해가신다. 그러면서 하나님의 백성들을 암탉이 병아리를 품듯이 지켜가신다. 앗수르, 바벨론, 페르시아, 헬라 제국, 시리아 제국 등 수많은 강대국이 역사의 무대에 등장했다가 사라져갔지만, 그 가운데에 낀 콩알만한 유다 나라는 하나님의 은혜로 기적같이 살아남았다.

우리나라의 혼란스런 정치, 경제, 문화 등의 상황을 두고 이 나라의 미래가 어떻게 될 것인가를 걱정하는 분들이 많다. 그러나 우리는 새벽마다 뜨겁게 나라를 위해 기도해왔다. 우리가 기도를 안 했으면 모르되 그렇게 열심히 기도했는데 초래되는 결과라면, 그 또한 하나님의 뜻으로 알고 받아들이는 것이 신앙인의 자세다. 이 사람이 당선되면 나라가 잘 되고, 저 사람이 당선 안 되면 나라가 망한다는 극단적인 생각은 역사의 궁극적인 주관자이신 하나님을 모독하는 일이다. 다니엘 때도 그랬던 것처럼 하나님께서는 이 세상 모든 역사의 뒤에서 든든히 버티고 계시면서 우리가 상상할 수도 없는 수를 펼쳐나가고 계신다.

다니엘서 본문을 보면 하나님께서는 너무나 섬세하게 앞으로 어떤 일이 누구에 의해서 어떻게 일어날 것인지를 정확하게 예언해주신다. 미래에 대해 불안하다면 하나님 앞에 엎드려 기도하라. 하나님께서는 이미 미래를 훤히 보고 계신다.

하나님은 다니엘에게 다가올 세상 역사에 압도당하라고 미리 계시를 주신 것이 아니다. 어떤 일이 일어나도 하나님이 알고 계시고, 하나님의 백성들을 지키기 위해 세상 권세를 압도하시고 역사를 주관하실 것이니 안심하라는 것이다.

"하나님의 자녀 된 너희는 하나님을 믿고 강하고 담대하라!"

바로 이 메시지를 주고 계신 것이다!

나는 그날도 양재천을 산책하며 기도하고 있었다.
교회와 나라를 위해 간절히 기도하는데 눈물이 흘렀다.
"주님, 우리나라가 이 위기를 잘 이길 수 있을까요?
한국교회가 이 위기를 잘 이겨낼 수 있겠습니까?"

한참을 기도하고 눈을 떴는데,
순간 나는 내 눈을 믿을 수가 없었다.
갑자기 구름을 뚫고 햇빛이 쏟아지는데
그대로 십자가의 모양이었다.
하나님께서 십자가의 은혜로 이 땅을,
그리고 한국교회를 비춰주고 계심을
확신할 수 있었다.

GRACE IN THE STORM

2
PART

위기 속에서
오히려
꿈을 꾸다

chapter 7

거룩한 코리아의 꿈

아모스서 9장 11-15절

11 그날에 내가 다윗의 무너진 장막을 일으키고 그것들의 틈을 막으며 그 허물어진 것을 일으켜서 옛적과 같이 세우고 12 그들이 에돔의 남은 자와 내 이름으로 일컫는 만국을 기업으로 얻게 하리라 이 일을 행하시는 여호와의 말씀이니라 13 여호와의 말씀이니라 보라 날이 이를지라 그때에 파종하는 자가 곡식 추수하는 자의 뒤를 이으며 포도를 밟는 자가 씨 뿌리는 자의 뒤를 이으며 산들은 단 포도주를 흘리며 작은 산들은 녹으리라 14 내가 내 백성 이스라엘이 사로잡힌 것을 돌이키리니 그들이 황폐한 성읍을 건축하여 거주하며 포도원들을 가꾸고 그 포도주를 마시며 과원들을 만들고 그 열매를 먹으리라 15 내가 그들을 그들의 땅에 심으리니 그들이 내가 준 땅에서 다시 뽑히지 아니하리라 네 하나님 여호와의 말씀이니라

2020년 3월 1일은 주일이었다. 정말 오랜만에 주일에 맞게 된 삼일절이었다. 나라를 사랑하는 마음을 담아 성도들과 함께 설교를 나누고 나라를 위해 기도하고 싶었는데, 코로나 사태로 인해 다 같이 모여서 예배드리지 못하고 온라인 생방송으로 드리게 되어 참 안타까웠었다. 그러나 이 메시지를 통해 하나님께서 우리나라 대한민국을 얼마나 사랑하시는지, 이 나라의 역사 속에 얼마나 놀랍게 역사해오셨는지를 다시 한번 돌아보기를 바란다.

삼일운동과 한국 기독교

우리나라 5대 국경일 중 하나인 삼일절은 일제강점기였던 1919년 3월 1일 토요일, 우리 민족이 일제의 폭압적 식민통치에 항거하여 독립을 선언하고 대대적 만세 시위를 벌인 역사적인 날이다. 삼일운동은 2개월에 걸쳐 전국 각지에서 끊임없이 이어졌는데, 그 중심에는 언제나 교회가 있었다. 전국 각지에 미션스쿨과 교회를 둔 한국 기독교의 조직망이 없었다면 당시 전체 인구 2천만 중 10퍼센트인 2백만 명이나 되는 국민이 참가한 삼일운동이 결코 가능하지 않았을 것이다.

그때 한국교회 성도들의 숫자는 20만 명으로, 2천만 인구의 1퍼센트

밖에 되지 않았지만, 민족대표 33인 중에 절반에 가까운 16명이 기독교인이었다. 목회자들과 성도들은 만세 시위를 벌이는 중에도 매일 정해진 시간에 나라를 위해 기도하고 성경을 읽으면서 주일에는 금식했다.

삼일운동은 비폭력 만세 운동이었는데도 일본 경찰은 무자비하게 시위 군중을 유혈 진압했다. 전국적으로 7,500명이 넘는 사람들이 학살당했고, 부상자가 1만 6천여 명, 투옥된 사람이 4만 6천 명에 달했다(이것은 일본 측 통계로 실제로는 이보다 몇 배 많은 학살과 만행이 자행되었으리라고 학자들은 추정한다). 만세 운동으로 체포되거나 투옥된 사람, 목숨을 잃은 사람 중에 기독교인이 유독 많았고 교회의 피해가 특히 심각했다.

비록 일제의 야만적 탄압으로 삼일운동은 기세가 꺾이는 듯했지만, 그 여파는 실로 컸다. 삼일운동의 독립 의지는 한 달 만에 상해임시정부를 출범시켰고, 중국, 만주, 러시아 등지에서 수많은 항일 무장 투쟁에 불을 붙였다. 삼일운동은 한국 민족의 혼이 강렬하게 살아 있음을 보여주면서, 한국을 과소평가했던 일본에 엄청난 심리적 충격을 주었다.

변화는 이미 시작되고 있었다

그러나 이미 삼일운동이 터지기 전부터 기독교 신앙은 한국 민족을 새롭게 바꿔놓고 있었다. 19세기 말 '고요한 아침의 나라' 조선은 엄청난 격동의 시대로 들어가고 있었다. 가뜩이나 가난을 대물림하고 있었는데 지도층들의 부패와 계급 차별로 인해 쇠약해진 조선은 대원군의 쇄국정책으로 개화의 타이밍을 놓쳐버렸다. 그래서 메이지 유신으로 우리보다 훨씬 빨리 개화한 일본을 비롯한 수많은 열강의 침략에 속수무책으로 노출되었다.

특히 일본의 청일전쟁 승리는 조선에 엄청난 충격을 주었다. 서구식 무기와 군사체제를 갖춘 일본이 중국을 무너뜨렸다는 것은 오랜 세월 중국을 형님으로 모셔오던 조선 왕조 사대주의의 종말을 의미했다. 한국인들은 외세의 침입과 기존 정부에 대한 절망 속에서 새로운 빛을 찾아 신음하고 있었다. 이런 절묘한 역사적 타이밍에 개신교 기독교가 이 땅에 상륙했다(19세기 말, 알렌과 언더우드와 아펜젤러를 시작으로 수많은 서구 선교사가 한국에 들어왔다).

초기 한국에 온 서양 선교사들은 성경과 교리 책자들을 한자 대신 쉬운 한글로 번역하여 찍어냈다. 상류층보다는 중산층, 하류층을 집중적으로 전도하겠다는 전략이었다. 덕분에 세종대왕에 의해서 창시되었으나 그간 무시 받았던 한글이 다시 빛을 발하게 되었고, 수많은 사람이 한글을 깨치고 읽은 첫 번째 책이 성경책이 되었다. 한글이 오늘날 우리 한국의 문자로 자리매김하게 된 데는 기독교의 영향이 결정적이었다.

또한 선교사들은 선교 초기에 병원을 세워 수많은 환자를 치료하면서 민중과 접촉했다. 그렇게 된 데는 아이로니컬하게도 전염병의 역할이 컸다. 지금으로부터 135년 전에 한국교회에 파송되었던 장로교 선교사 호레이스 G. 언더우드는 첫 번째 안식년을 맞아 미국으로 돌아가서 했던 설교에서 이렇게 말했다.

"1885년에야 첫 목회 선교사가 파송됐습니다. 하나님은 섭리 속에서 1886년 한국에 참혹한 역병이 올 것을 아셨던 것입니다. 하루에 100명이 죽더니 2,3일 후 350명, 이후 서울에서만 매일 1,000명이 죽어나갔습니다."

연세대학교와 새문안교회 등을 세운 언더우드는 그 안식년 기간 동안 미국 전역을 다니면서 젊은이들에게 한국 선교에 헌신해달라고 호소했다. 정말 위기가 변하여 기회가 되게 하시는 하나님의 놀라운 타이밍이었다.

청일전쟁 직후, 이 땅에 들어왔던 외국 군대들이 퍼뜨린 콜레라 전염병이 창궐하여 수많은 사람이 속수무책으로 죽어가고 있었다. 이때, 에비슨 같은 의료 선교사들은 도랑에 석회 가루를 뿌려 질병의 근원을 억제하고, 사람들에게 손을 깨끗이 씻고 물과 음식을 끓여 먹게 했다. 에비슨은 이처럼 감염 예방을 위한 위생교육과 치료에 사활을 걸고 백성들의 생활습관을 바꾸기 위해 전국에 위생 공고문을 붙였다. 동시에 소금물을 주사해서 환자들의 탈수를 막았으며, 확진자들은 신속히 격리하여 한여름에도 불을 때서 환자의 체온을 유지시키며 치료했다. 두 달도 안 되어 콜레라의 기세를 꺾으며, 수많은 생명을 살렸다. 의약품이나 위생 관념이 형편없던 시절, 두 달도 되기 전에 방역의 결실을 본 것이다.

이 공로로 조선 왕실이 에비슨 선교사를 치하하자, 그는 천대받던 백정들의 인권 문제를 나라에 탄원했고, 그때부터 나라에서는 "백정을 사람으로 간주하고 상투를 틀고 갓을 쓸 수 있도록" 했다. 이 제도의 혜택을 받은 백정의 아들 중 한 명은 우리나라 최초의 의사 7명 중 한 명으로 훗날 독립운동에 참여하게 된다. 이렇듯 한국교회는 짐승처럼 천대받던 백정들과 머슴들도 한 형제로 받아들여 민주사회의 한 일원이 되도록 인권을 보장해줬다. 그뿐 아니었다. 선교사들은 거리의 버려진 아이들을 모아 학교를 설립하여 차세대를 양육했다.

또 한국교회는 철저한 남성 위주의 유교 문화에서 무시 받던 여인들,

자기 이름도 없이 '아무개 딸, 아무개 누이, 아무개 댁, 아무개 엄마'로 불리던 한국 여성들에게 세례명도 주고 남자와 같은 인격자로 대우해주기 시작했다. 여성들에게 한글을 가르치고 공부를 시켰다. 배움에 눈을 뜬 여성들은 이화학당 출신들을 중심으로 청년회를 구성하여 사회구제 활동, 교제, 전도, 교육 운동을 활발히 전개했다. 이런 여성 단체들은 일본에 대항하여 독립을 주장하는 애국 단체로서 그 역량을 십분 발휘했다. 삼일운동 때도 수많은 여성들이 전국에서 핵심적인 역할을 했다. 삼일운동의 아이콘과도 같은 유관순 열사도 선교사의 도움으로 이화학당에서 신학문을 배운 크리스천이다.

이 외에도 교회는 거리에서 죽어가는 이름 없는 노숙자들을 보살펴주고 장례를 치러주기도 했으며, 교인들의 불륜, 음주, 도박, 축첩, 뇌물수수 등의 잘못을 엄격하게 치리함으로써 한국인들의 도덕성 회복에 심혈을 기울였다.

초기 한국교회의 이런 소외계층을 향한 사랑과 노력과 민중자각운동에 대한 공헌은 시간이 가면서 점차 사회의 인정을 받아 그동안 야만인의 종교로 인식되던 기독교는 오히려 부강한 선진국의 종교로 받아들여지게 됐다. 구한말, 당시 독립신문의 기사를 보면 기독교에 대한 달라진 한국 사회 인식을 읽을 수 있다.

"세상에 교가 많이 있으되 예수교같이 참 착하고, 참 사랑하고, 참 남을 불쌍히 여기는 교는 세계에 다시 없는지라. 어느 교에서 이 예수교와 같이 사람을 천하만국에 보내어 자기의 돈을 들여가며 온갖 고생을 다하며 남의 나라 사람을 이렇게 간절히 가르치며 도와주리요."

코로나19를 계기로 전염병과 한국교회를 다시 생각하게 된다. 이젠 한 발 더 나아가야 한다. 초기 선교사들처럼 한국교회가 코로나19 대처로 사회적 신뢰를 회복하는 계기를 마련한다면 얼마나 좋을까. 이번에 대구·경북 코로나19 집단발병 사태를 맞아, 긴급히 병원 전체를 비우고 환자들을 정성을 다해 진료한 대구동산병원 역시 1898년 미국 북장로교 우드브리지 존슨 선교사가 세운 시약소에서 출발했다. 우리 교회 성도 중에도 대구동산병원에서 일하는 의사 선생님이 있다. 전국의 의료진이 자발적으로 모여들어 생명을 돌보는 가운데 참혹한 전염병의 확산을 온몸으로 막은 기적을 이제 교회가 보여주면 좋겠다.

복음 전파는 사회적 신뢰에서 나오는 것이다. 이미 우리 교회를 비롯한 수많은 한국교회가 한국전쟁 이후 처음으로 교회당 문을 닫고 온라인 예배로 전환하는 희생을 감수하면서, 사회적 거리 두기의 모범을 보였다. 이제 한 걸음 더 나가서 코로나 사태로 인해 몰려올 경제적 어려움에 처한 사람들을 위로하고 격려하는 일, 그리고 자가격리가 오래 계속되면서 늘어나는 우울증과 불안감에 시달리는 사람들을 힐링하는 일에 교회가 더 적극적으로 나서야 할 것이라고 본다.

5백 년 조선 왕조는 서서히 망해가고 있었지만, 하나님의 은혜로 복음이 이 땅에 들어와서 그렇게 이 민족의 영혼을 새롭게 만들어가고 있었다. 삼일운동은 단순한 민중봉기운동이 아니다. 일제의 창칼이 서슬 퍼런 상황에서 전국적으로 조용히 그리고 조직적으로 준비된 비폭력 만세운동이 일어날 수 있었던 데는 개신교 신앙이 한국 땅에 들어온 30여 년 동안 한국교회를 통해 백성들이 한글을 깨치고 성경을 읽게 되고, 현대

식 병원과 학교들이 세워져서 생각이 깨이고, 생활 습관이 변하게 된 탓이 컸다. 삼일운동의 핵심 드라이브가 된 W. 윌슨 대통령의 민족자결주의 사상도 선교사들과 한국교회가 전수한 것이다.

삼일운동을 위한 영적 준비

특히 우리는 삼일운동(1919)이 일어나기 12년 전인 1907년 1월, 한일합방으로 나라의 주권을 빼앗기기 3년 전에, 한국교회사에 길이 남을 엄청난 영적 대각성 운동인 평양 장대현교회에서 시작한 부흥운동이 있었음을 기억해야 한다. 당시 장대현교회를 가득 메운 성도들이 서구 선교사들과 한국 목회자들이 교대로 집회를 인도하는 가운데 일주일 내내 자신들의 죄를 회개하고 통곡하며 기도할 때, 성령의 불이 임했다. 집회의 클라이맥스는 성도들이 서로 미워한 죄를 회개하고 사랑을 고백하기 시작한 것이었다. 사람들은 기도하면서 스스로 억제할 수 없을 정도로 울었고, 온 회중도 따라 울었다.

평양 장대현교회 부흥회 기간 동안에 있었던 회개의 역사는 이런 개인의 내면적 죄를 고백하는 데만 그치지 않았다. 사회적, 도덕적 잘못에 대한 깊은 뉘우침과 용서를 비는 실천적 회개운동도 함께 진행됐다. 남에게 신체적, 재정적 손실을 입힌 사람들은 이날의 성령 체험을 계기로 피해자들을 찾아다니며 손해를 배상하고 사과하는 등 구체적인 변화의 모습들이 적지 않게 나타났다. 수많은 사람이 술과 담배를 끊었고, 도박과 불륜을 멈췄다. 당시 평양에 미션스쿨이 많았는데, 부흥의 불길이 이 학생들에게도 임하니 이들이 회개하고 변하기 시작했고, 길거리로 나가

서 전도하기 시작했다. 평양은 순식간에 '동방의 예루살렘'으로 불릴 정
도로 영적 열기가 가득한 곳이 되었다.

평양 대부흥운동이 있고 3년 뒤에 한일합방이 이뤄졌다. 한일합방이
라는 재앙이 우리 민족에게 오기 전에 하나님께서는 평양 대부흥운동이
라는 엄청난 은혜를 한국교회에 부어주심으로써 다가올 나라의 위기를
견뎌낼 수 있는 영적인 준비를 하게 하셨다.

평양 대부흥의 여세를 몰아 2년 뒤인 1909~1910년에는 "백만 동포
를 그리스도께 인도하자"는 백만인 구령운동이 일어났다. 당시 한국 전
역의 기독교인 숫자가 2십만 명이 채 안 되던 상황에서 그야말로 무모할
정도의 민족 복음화 운동의 비전을 선포한 것이다.

당시 나라의 주권을 일본에 빼앗겼던 때라 한국 민족은 절망감과 울
분에 사로잡혀 있었다. 이때 한국교회는 눈에 보이는 나라는 일본에 빼
앗겼지만, 기도하는 그리스도의 백만 군대가 일어난다면 다시 이 오욕의
역사를 회복할 수 있다고 선포한 것이다. 비록 2년 넘게 이어진 이 운동
을 통해 실제 예수 그리스도를 영접한 인원은 전국에서 10만 명에 그쳤
지만, 평양 대부흥운동과 백만인 구령운동의 여파는 대단했다. 나라의
정부 조직이 붕괴된 상황에서 전국의 교회와 미션스쿨이 한 목표로 연결
되어, 거대한 운동(movement)을 만들었던 것이다. 이것은 10년 후 삼일
운동이 전국적으로 일어날 수 있게 하는 모판이 되었다.

나라를 타락시키려는 일제의 간계에 맞선 한국교회

그뿐 아니다. 기독교는 그 암울하던 시기에 민족의 삶을 깨끗하게 지

키는 데 결정적인 역할을 했다. 1919년 한국의 삼일운동을 잔혹하게 진압한 일제는 총칼만 가지고는 한국인들을 억누르는 데 한계가 있다고 판단, 우회적이고 교활한 방법을 택한다. 조선 총독부는 엄청난 양의 술과 담배, 매춘, 그리고 마약까지도 조선으로 가지고 들어오기 시작했다. 곳곳에 양조장과 술집들을 세웠고, 창녀촌을 만들고, 도박장을 만들었다. 한국인들의 삶을 타락시키고 저질로 만들어 한국인들의 영혼을 무너뜨리려는 계략이었다.

그러나 일제의 이 간악한 계략을 한국교회가 온몸을 던져 막았다. 초기에 한국으로 온 미국 선교사들은 대부분 청교도적 신앙을 가진 이들이어서 이미 한국 신자들에게 금주와 금연을 엄하게 가르쳤다. 또 성적인 문란과 도박에 대해서도 결연하게 대처할 것을 권장했다. 평양 대부흥운동과 백만인 구령운동을 통해 뜨거운 은혜를 받아 삶이 변하고 전국적 네트워크를 가진 한국교회 성도들은 거룩한 삶을 실천하는 데 총력을 기울였다.

한국 기독교 지도자들은 또한 술과 도박, 게으름과 고지식한 전통주의가 조선을 약하게 했고, 그로 인해 일제의 침략에 무기력하게 무너졌음을 개탄했다. 1931년에 나온 찬송가에 금주를 권장하는 노래가 포함되기도 했는데, 내용은 대충 이렇다.

"오 나의 형제여, 술을 입에 대지 말게. 그것은 그대 몸을 망가뜨리고 마음을 마비시킬 것이네. 술은 가정을 파괴하고 자녀의 미래의 걸림돌이 될 게야. 술 마실 돈을 모아 차라리 조선에 학교를 세우자. 우리가 술을 버리면 우리나라는 한층 축복받을 것이니."

또한 한국교회는 힘을 모아서 매춘을 몰아내기 위해 위원회를 발족하고, 창녀들에게 전도하여 그들이 새로운 직업을 찾을 수 있게 도우며, 남성들을 교육시켜 창녀들을 찾지 않도록 하는 일에 총력을 기울였다.

식민지 통치를 편하게 하는 길은 한국인들을 무지하게 만들고, 한국인들의 도덕성을 타락시키는 것임을 일제는 알고 있었다. 그런데 거기에 맞서 한국교회는 나라 곳곳에 미션스쿨을 세워서 아이들에게 공부를 시켰고, 술과 담배와 매춘을 멀리하도록 국민들을 장려했다. 한마디로 한국교회는 그 암울하던 시대에 한국인들의 삶을 거룩하게, 나라를 깨끗하게 만드는 데 결정적 역할을 했다. 이것은 총칼로 나라를 되찾는 것 이상으로 중요한 의미가 있다.

나라가 도덕적으로 깨끗하고 정직하지 않으면, 그리고 국민들이 공부하여 깨어 있지 않으면, 그리고 무엇보다 서로 사랑하지 않으면, 결코 오래 버틸 수 없다. 나라를 강하게 하는 것은 물리적인 힘이 아니다. 백성들의 정신이 깨끗해야 하고, 이를 위해 영적으로 강해야 한다. 한국교회는 거룩한 코리아를 만드는 데 혼신의 힘을 다했고, 그것이 오늘날 이토록 자랑스러운 나라 대한민국의 저력이 되었다.

죄는 코로나바이러스보다 훨씬 무서운 영적 바이러스다. 우리 영혼을 병들게 하고 죽게 만드는 무서운 바이러스다. 교회는 예수님의 십자가 보혈로 먼저 자신을 깨끗하게 한 뒤, 이 나라를 깨끗하게 할 영적 책임이 있다.

그런 의미에서 본문인 아모스 말씀을 한국교회가 가슴 깊이 새겨야 한다. B.C. 8세기 중반에 활약했던 아모스는 남유다 목동 출신 선지자로 북이스라엘 백성에게 하나님의 심판을 선포하는 힘든 임무를 수행했다. 그가 활동하던 당시는 이스라엘을 위협하던 강대국들끼리의 다툼으로 나라가 일시적인 평안을 누리며 정치, 경제, 군사적으로 번영하던 때였다.

하지만 눈에 보이는 축복이 오히려 더 큰 재앙의 원인이 되었다. 잠깐 잘살게 되었다고 자만해진 이스라엘은 황금만능주의와 음란문화가 나라 안에 가득했다. 지도층들은 힘을 이용해서 특권만 누리려 하고 백성들을 섬기려 하지 않았다. 그 결과, 사회 전체에 극심한 빈부격차와 부정부패가 만연했다. 하나님께 제사를 드리면서도 뒤돌아서는 온갖 우상숭배를 다하는 종교적 위선도 극에 달했다.

아모스는 이스라엘의 이런 내부적 타락을 무섭게 꾸짖으면서, 회개하지 않으면 곧 이 평강의 때가 끝나고 나라가 망하게 될 것이라고 예언했다. 그러나 이스라엘은 끝내 회개하지 않았고, 결국 30년도 못 가서 앗수르의 침공으로 멸망하게 된다.

한민족 5천 년 역사 속에서 지금처럼 풍요로웠던 때는 없었다. 이 땅에 사람이 산 후로 최고의 전성기를 보내고 있다고 해도 과언이 아니다. 현재 우리나라 국내총생산(GDP)은 1조 7천억 달러로 세계 10위이고, 수출액은 6천억 달러로 세계 4위다(2018년 기준). 먹고사는 문제를 해결한 것이 겨우 50년 전이라고 하던데, 이렇게 경이로운 경제 성장을 단시일에 이룩한 것은 세계가 인정하는 기적이다. 그러나 이런 놀라운 성장에 취해서 우리는 그동안 나라가 영적으로 급속도로 타락한 것을 잘 감지하지 못했다.

정치인들의 거짓말이 난무하고, 권력 욕심이 넘친다. 너무나 부정부패가 많고, 너무나 무기력하다. 경제는 12년 전 금융위기 때보다 더 어려운데 책임지려는 사람도, 해법을 제시하는 사람도 없다. 그러나 이 나라의 진짜 문제는 눈에 보이는 어려움이 아니라 영적인 타락이다. 사람들의 생각이 너무 악해졌다. 너무 음란해졌고, 너무 돈만 밝히며, 너무 거짓말을 잘한다. 마음들이 너무 강퍅해져서 작은 일에도 분노하고 분열하고 대립한다. 자살률은 세계 순위로 5위 안에 들고, 이혼율도 심각하게 증가했다. 어른들이 그러니까 우리 아이들이 방향을 잃었다. 우리나라 청소년들의 행복지수는 OECD 국가 중에서 꼴찌이며, 청년들이 꿈을 잃고 있다. 그런데다 보수와 진보의 갈등이 너무 심해 국민통합이 불가능할 정도로 국론이 분열돼 있다.

이 민족을 어찌할까. 이 나라를 어찌할까. 그동안 이 나라가 죄의 바이러스에 감염되어 영적으로 너무 더러워졌다. 예수님의 보혈로 깨끗해져야 한다. 그래야 성령의 생기가 이 나라 곳곳에 들어가 이 나라를 새롭게 할 것이고, 그래야 나라가 다시 살아날 것이다. 교회가 바로 하나님의 생기를 이 땅에 다시 불어넣는 생명의 통로가 되어야겠고, 이 나라를 정결하게 만드는 매개체가 되어야겠다.

거룩한 교회, 거룩한 코리아

그러기 위해서는 먼저 교회가 거룩해져야 한다. 신약성경에서 교회는 주님의 신부로 나온다. 신부와 창녀의 차이는 순결이다. 교회를 교회 되게 하는 힘은 거룩과 순결이다. 교회가 거룩을 잃어버리면 능력을 잃어버린다. 능력이 없으면 축복도 없고, 하나님의 보호막도 걷힌다. 그러면 마귀에게 속수무책으로 당하게 된다.

그래서 하나님께서는 하나님의 백성에게 즉각적으로 회개하고 거룩을 회복하라고 명하신다. 우리는 그동안 하나님의 백성들이면서도 하나님의 백성답게 살지 못했다. 거룩을 잃어버린 우리가 한국교회의 위상을 이렇게 떨어뜨렸고, 그로 인해 나라가 이렇게 어지러워졌다. 그래서 우리는 주님 앞에 엎드려 눈물로 회개해야 한다. 하나님의 백성들은 남을 욕하기 전에 먼저 자기 자신이 가슴을 치며 회개한다. 주님은 자기는 아무 문제 없다고 하는 교만한 사람이 아니라 주님 앞에서 "내가 죄인입니다"라고 가슴을 치면서 회개하여 보혈로 깨끗해진 사람을 사용하신다. 교회가 거룩을 회복하면 자기 자신만 사는 것이 아니라, 나라와 민족을 다시 살릴 것이다.

거룩한 코리아를 만들기 위해서 우리에게 첫 번째로 필요한 것이 '회개'라면, 두 번째로 필요한 것은 '사랑'이다. 하나님 앞에서 회개하지 않은 사람들은 결코 서로를 용서하지 않고, 끊임없이 의심하고 분열하고 공격한다. 모든 문제의 원인이 자기가 아닌 남에게 있다고 하면서 서로 책임 전가하고 비판하며, 개혁이라는 이름으로 정치 보복을 반복한다. 이 땅에 분노와 미움이 너무 많다. 예수님의 보혈로 거듭난 우리가 나서서 이 끝없는 분노와 복수와 대립의 사이클을 멈추게 해야 한다. 이 민족의 마음속으로 사랑을 흘려보내야 한다. 서로 용서하고 포용하고 사랑하는 나라가 되어야 한다. 그것이 거룩한 코리아가 가야 할 길이다.

하나님이 반드시 회복시켜주신다

이스라엘이 하나님의 징계를 받아 망하지만, 아모스서 9장 후반부 본문은 그렇게 멸망한 나라를 하나님이 훗날 다시 회복시켜주실 것임을 예언한다. 11절에 보면 "내가 다윗의 무너진 장막을 일으키고"라고 하셨다. '다윗의 무너진 장막'이란 북이스라엘과 남유다 왕국 전체를 가리킨다. 하나님께서는 이스라엘을 보실 때 열정의 예배자 다윗의 추억을 기억하시면서 보신다. 하나님을 버린 나라지만, 그래도 오래전 다윗의 뜨거운 예배가 있었던 땅이다. 잘못된 지도자들이 하나님을 거역하여 나라가 남북으로 나뉘었지만, 하나님께서는 그들이 회개하고 돌아올 때 다시 하나로 만드실 것이다. 하나님은 북이스라엘과 남유다가 아닌 합쳐진 다윗의 장막을 보고 계신다.

우리도 이 나라를 볼 때 믿음의 눈으로 복음으로 통일된 한국을 꿈꿔야 한다. 저 북녘땅은 삼일운동 전에 평양 대부흥의 열기가 있던 곳이다. 나는 하나님께서 그 부흥의 추억을 기억하고 계신다고 믿는다. 남유다 사람 아모스를 통해서 북이스라엘에 말씀을 선포하셨듯이, 우리를 통하여 저 북녘땅에 말씀을 선포하시고, 백 년 전에 일어났던 그 엄청난 부흥의 전설을 다시 재현시켜주실 때가 올 거라고 믿는다.

그러기 위해서 남한의 교회가 하나님 앞에 회개하고 정결해져야 한다. 거룩해져야 한다. 그러면 하나님께서 이 나라를 회복시켜주실 것이다.

하나님께서 회복시켜주실 때, 어느 정도로 회복시켜주시는가? 이전과는 비교도 할 수 없을 만큼 풍성하게 회복시켜주신다. 13절의 "파종하는 자가 곡식 추수하는 자의 뒤를 이으며"라는 말은 추수할 곡식이 너무 많아 미처 추수가 끝나기 전에 파종이 시작될 만큼 농사가 잘된다는 뜻이다. 인간적으로 생각할 때는 상상도 할 수 없을 만큼 풍족하고 평화로운 나라가 될 것이라는 말씀이다.

마지막 시대, 하나님께서는 이 나라 이 민족을 거룩하게 구별하시어 세우시길 원하신다. 복음으로 남과 북이 하나 되게 하시길 원하신다. 통일된 나라, 거룩한 코리아를 무너진 다윗의 장막처럼 일으키시길 원하신다. 그래서 지상명령을 완수하기 위해 열방으로 선교사를 보내는 그런 나라로 쓰시길 원하신다. 이를 아는 마귀가 그토록 집요하게 한국교회를 공격하고 이 나라를 공격하는 것이다. 한국교회가 잠시 정체기에 접어들면서 영적 경계심을 늦춘 사이에 너무나 많은 어둠의 세력들이 이 땅 전체를 죄의 바이러스로 가득 덮어버렸다.

이제 우리 일어나 나라와 민족을 위해 회개하며 기도하자. 나라가 없으면 개인도, 가정도, 교회의 안녕도 지켜질 수 없다.

"이 보배로운 나라를 하나님께서 불쌍히 여기시고 다시금 정결하게 하시고, 거룩하게 하시고, 살리시고 축복하여주시옵소서! '내 이름으로 일컫는 만국을 기업으로 얻게 하리라'(암 9:12)라고 하신 말씀처럼, 우리 민족을 통하여 세계 복음화가 완성되게 이 나라를 사용하여주시옵소서. 그런 거룩한 코리아의 꿈을 우리 모두가 꾸게 하여주시옵소서!"

chapter 8

믿음의 명불허전

데살로니가전서 1장 1-10절

1 바울과 실루아노와 디모데는 하나님 아버지와 주 예수 그리스도 안에 있는 데살로니가인의 교회에 편지하노니 은혜와 평강이 너희에게 있을지어다 2 우리가 너희 모두로 말미암아 항상 하나님께 감사하며 기도할 때에 너희를 기억함은 3 너희의 믿음의 역사와 사랑의 수고와 우리 주 예수 그리스도에 대한 소망의 인내를 우리 하나님 아버지 앞에서 끊임없이 기억함이니 4 하나님의 사랑하심을 받은 형제들아 너희를 택하심을 아노라 5 이는 우리 복음이 너희에게 말로만 이른 것이 아니라 또한 능력과 성령과 큰 확신으로 된 것임이라 우리가 너희 가운데서 너희를 위하여 어떤 사람이 된 것은 너희가 아는 바와 같으니라 6 또 너희는 많은 환난 가운데서 성령의 기쁨으로 말씀을 받아 우리와 주를 본받은 자가 되었으니 7 그러므로 너희가 마게도냐와 아가야에 있는 모든 믿는 자의 본이 되었느니라 8 주의 말씀이 너희에게로부터 마게도냐와 아가야에만 들릴 뿐 아니라 하나님을 향하는 너희 믿음의 소문이 각처에 퍼졌으므로 우리는 아무 말도 할 것이 없노라 9 그들이 우리에 대하여 스스로 말하기를 우리가 어떻게 너희 가운데에 들어갔는지와 너희가 어떻게 우상을 버리고 하나님께로 돌아와서 살아 계시고 참되신 하나님을 섬기는지와 10 또 죽은 자들 가운데서 다시 살리신 그의 아들이 하늘로부터 강림하실 것을 너희가 어떻게 기다리는지를 말하니 이는 장래의 노하심에서 우리를 건지시는 예수시니라

데살로니가전서는 바울이 데살로니가교회에 보낸 목회서신이다. 데살로니가는 그리스 북부 지역인 마게도냐의 수도로서 당시 정치, 문화, 상업의 중심지였다. 특히 교통의 요충지로 로마와 동방제국을 연결하는 큰 도로가 통과하는 곳이었으며, 바닷길도 사방으로 통하는 항구도시였다. 또한 헬라인과 마게도냐인, 아시아인, 애굽인 등 여러 인종이 섞여 사는 국제도시였다.

바울은 2차 전도여행 때 빌립보를 떠나 데살로니가로 왔고, 여기서 3주 정도를 보내게 된다. 이 기간 동안 바울은 유대인의 회당에서 열정을 가지고 정성껏 말씀을 가르쳤다. 이로 인해 데살로니가의 상당히 많은 헬라인들과 상류층 귀부인들이 복음을 받아들이게 되었다. 그러나 동시에 바울을 대적하는 무리의 핍박도 극심하여 바울의 후원자는 체포되어 반역자로 기소되었고, 교인들은 바울 일행을 밤중에 몰래 성 밖으로 탈출시켰다. 이렇게 바울 일행은 오래 있지 못하고 데살로니가를 떠나게 된다.

결국, 데살로니가교회는 한 달도 채 못 되는 짧은 시일 내에 세워진 셈이다. 그러나 짧은 시간일지언정 바울은 복음의 핵심을 빠짐없이 전수했고, 원체 정열적인 데살로니가 교인들은 그것을 스펀지가 물을 흡수하듯 빨아들여 확고한 신앙의 뿌리를 내린 것이다.

바울은 데살로니가에 오래 머물지 못한 것이 마음에 걸렸는지, 아테네로 떠날 때 디모데와 실라를 데살로니가에 남겨서 막 태어난 데살로니가교회의 기반을 다지는 걸 도와줄 것을 부탁한다. 후에 디모데와 실라가 돌아왔을 때, 바울은 자신이 못 가는 대신 다시 디모데를 보내서 데살로니가교회 사역을 돕게 한다.

쫓겨나다시피 떠나온 데살로니가교회를 생각하는 바울의 마음이 어땠겠는가? 전화도 없고, 인터넷도 없고, TV나 라디오도 없었던 그때, 그들은 데살로니가를 떠난 뒤 그곳에서 무슨 일이 일어나는지 전혀 알지 못했다. 그 마음이 얼마나 답답했을지, 얼마나 안타까웠을지. 그래서 신분이 노출되거나 개인적으로 어려움을 겪을 위험이 없고, 무사히 돌아올 수 있는 젊은 동료 디모데를 보냈을 것이다. 데살로니가서는 그 디모데가 고린도에 있던 바울과 실라에게 전해준 데살로니가교회 소식을 듣고 바울이 쓴 것이다.

이런 까닭에 데살로니가전서 1장 1절의 인사말은 '바울과 실루아노(실라)와 디모데' 세 사람의 문안으로 시작한다. 물론 바울이 주도적인 역할을 하긴 했지만, 데살로니가교회는 세 명의 목회자가 팀 사역을 통해 세운 교회라는 점이 주목할 만하다. 각각 나이나 성격, 문화와 성장 배경이 다른 세 사람이 자기에게 주어진 은사와 열정을 가지고 주어진 역할에 최선을 다해서 세운 교회다. 하나님의 교회는 한 명의 카리스마적 리더십에 의존하지 않아도 주님께서 세우시고 지켜주심을 잘 입증해주는 것이다.

바울이 데살로니가교회에 보내는 편지의 의도는 무엇이었을까? 편지의 내용을 읽어보건대, 먼저 그는 자신이 복음의 씨앗을 뿌린 뒤 얼마 되지 않아서 두고 떠나야 했던 어린 교회에 대한 염려와 사랑을 전하고 싶었던 것 같다. 그 후로도 몇 번 가고자 했으나 사정이 여의치 않아서 돌아가지 못했던 까닭에 안타까움이 더했다. 환난 중에서 낳은 자식에 대한 부모의 애틋한 심정과도 같았을 것이다. 요즘 코로나19 사태로 인하여 함께 교회에 모이지 못하고 온라인 생방송으로 예배를 드리다 보니, 성도들은 스크린으로 내 얼굴을 보겠지만 나는 성도들의 얼굴을 보지 못해서 마음이 너무 아프다. 사랑하는 성도들의 얼굴을 보지 못하고 잘 지내나 궁금해하는 바울의 심정이 아마 이와 비슷했지 않았을까.

지역교회에 주신 하나님의 권위

바울과 실루아노와 디모데는 하나님 아버지와 주 예수 그리스도 안에 있는 데살로니가인의 교회에 편지하노니 은혜와 평강이 너희에게 있을지어다 **살전 1:1**

우리가 여기서 주목할 것은 지역교회에 주신 하나님의 권위이다. "데살로니가인의 교회에 편지하노니"를 영어성경에서 보면 "To the Church of the Thessalonians"이다. 정관사 'the'가 앞에 붙으면 고유명사다. 외국에 있는 대사관의 영토가 치외법권을 인정받아 마치 본국의 영토와 같은 권위를 갖는 것과 같다. 대사와 외교관들의 언행은 모두 그 국가를 대표하는 것이고, 대사와 외교관들이 당하는 대접은 곧 그 국가 전체가 당하는 대접으로 여겨진다. 마찬가지로 지역교회(local church)는 지상에 있는 주님의 몸 된 교회를 대표하는 대표성, 권위를 가진다는 것이다. 지상교회가 아무리 하찮아 보여도, 인간이 아무리 약점이 많아도, 주님은 교회에 그런 영광과 권위를 주셨다는 것이다.

미국의 크리스천 베스트셀러 작가 필립 얀시는 말하기를, 가장 이해하기 힘들 정도의 하나님의 겸손의 극치는 첫째 하나님이 인간이 되어 십자가 고통을 받으신 것이고, 둘째 우리같이 부족한 인간들을 사용해 세우신 교회를 통해 이 땅에서 하나님을 대표하게 하신다는 것이다. 간혹 외교관들이 눈살을 찌푸리게 하는 언행을 하여, 자기 나라 명예에 먹칠을 하면 우리는 "왜 저 나라에선 저런 사람들을 외교관으로 보내서 자기 나라를 대표하게 하지?" 하고 고개를 흔든다.

그런데 그보다 더한 것이 하나님이 우리 같은 사람들로 자신의 몸 된 교회를 이 땅에 세우시고, '크리스천'이라는 이름으로 자신을 대표하게 하셨다는 사실이다. 이렇게 문제 많고 말 많은 지상의 교회들. 그러나 하나님은 그래도 이 교회들을 통해서 일하신다. 아무리 인간이 보기엔 하찮아 보여도 이 교회들에 하늘의 권위를 입혀주셨다. 그리고 아무리 극심한 공격과 비방과 시련 속에서도 암탉이 병아리를 품듯이 지켜주시고 자라게끔 해주신다.

은혜와 평강이 너희에게 있을지어다

1절 끝부분에 나오는 "은혜와 평강이 너희에게 있을지어다"라는 인사말은 바울의 모든 목회서신에 관용구처럼 붙어서 나오는 인사이다. 바울이 항상 교회들에 은혜와 평강을 빌어주면서 목회서신을 시작한 데는 이유가 있다.

첫째로는 당시 초대교회의 두 핵심 세력이었던 헬라파 이방인들과 유대인 성도들의 차이와 그 모두를 아우르기 위함이었다. '은혜'란 받을 자격이 없는 죄인에게 주시는 하나님의 무조건적인 사랑을 말한다. 항상 이방인 취급 받던 헬라인들은 구원받을 때 그 감격이 너무 컸다. 그래서 헬라파 이방인 출신 성도들은 항상 하나님의 은혜를 선포했다. 이에 비해, 유대인 출신 성도들은 조상 때부터 즐겨 사용해오던 평강(Shalom)으로 서로 문안하는 것을 좋아했다. 이 '평강'은 하나님을 믿고 구원받음으로 인해 오는 영혼의 만족, 하나님과의 화목을 상징하는 것이다.

은혜와 평강은 어느 것이 더 중요하고 덜 중요하지 않다. 이방인 성도들이 중시했던 은혜나 유대인 성도들이 중시했던 평강이나 다 중요하다. 그래서 바울은 유대인 성도들과 이방인 성도들이 모두 함께 어우르기 위해 '은혜와 평강'으로 축복한 것이다. 유대인 성도들이 '하나님의 평강'에 은혜를 받고, 이방인 성도들이 '하나님의 은혜'에 은혜를 받는다면 각자 은혜 되는 대로 은혜 받으면 된다. 바울은 '하나님 아버지'를 강조했다. 우리는 아무리 서로 다르다 해도, 같은 아버지를 모셨기 때문에 하나인 것이다.

은혜가 믿음의 시작이라면 평강은 믿음의 끝이다. 우리 모두 하나님의 은혜를 입고 믿음 생활을 시작한다. 하나님의 은혜를 누리며 믿음 생활을 하다 보면 우리도 모르는 사이에 우리 안에 하나님의 평강이 가득하게 된다. 예수 그리스도를 믿음으로 말미암아 우리 같은 죄인이 의롭다 함을 얻은 것이 은혜다. 그리고 하나님의 은혜를 소유한 사람이 죽을 때까지 갖게 되는 영혼의 상태가 바로 평강이다.

즉, 은혜와 평강은 우리가 그리스도 안에 거함으로써 주어지는 선물의 시작과 마무리인 것이다. 그래서 바울은 우리에게 은혜와 평강이 임하기를 원한다는 것이다. 우리 모두에게 은혜와 평강이 임하기를 바란다.

중요한 사실은 은혜와 평강이 다 하나님으로부터 나온다는 데 있다. 1절의 "하나님 아버지와 주 예수 그리스도 안에 있는 데살로니가인의 교회에 편지하노니 은혜와 평강이 너희에게 있을지어다"가 바로 그 뜻이다. 같은 것이라 해도 누가 만들었는지, 어느 회사가 만들었는지 그 브랜드에 따라 가격이나 대우가 천지 차이다. 사람이 주는 축복이 아니라 하늘나라에서 만들어서 하나님이 직접 전해주시는 축복이다. 그래서 하나님의 은혜와 평강은 세상 그 어떤 축복과도 비교할 수 없을 만큼 탁월하다. 너무나 넓고 깊다.

하나님은 이 은혜와 평강을 끊임없이 우리 위에 내려주신다. "은혜와 평강이 너희에게 있을지어다"의 헬라어 동사는 현재 진행형이다. 태초부터 지금까지, 그리고 이 순간에도 하나님이 부어주시는 은혜와 평강은 계속 우리 위에 임하고 있다. 나 같은 죄인이 용서받고 하나님의 자녀로 이 자리에서 예배드리고 있는 것이 은혜요, 이 험난한 세상 속에서도 항상 마음에 평강이 가득 찬 것이 축복이다.

참으로 기쁨이 되는 교회

하나님의 교회는 (인간의) 힘으로도, 능으로도 아니 되고 오직 하나님의 신(神)으로만 된다. 그것을 아는 바울은 2절에서 데살로니가교회가 잘되는 것에 대한 공로를 철저히 하나님께 돌리고 있다.

"우리가 너희 모두로 말미암아 항상 하나님께 감사하며"(살전 1:2).

자기가 잘해서 교회가 초창기부터 다이내믹하게 성장한 것이 아님을 바울은 잘 알고 있었던 것이다. 이것이 영적 지도자의 겸손이다.

그럼에도 데살로니가교회는 바울에게 있어서 참으로 자랑스러운, 흡사 부모에게 기쁨을 가져다주는 자식 같았던 것 같다. 그래서 2절에 보면 "우리가 너희 모두로 말미암아 항상 하나님께 감사하며 기도할 때마다 기억한다"고 했다. 부모의 눈에는 항상 자식의 좋은 점만 보이는 법이다. 바울은 데살로니가교회를 위해 중보기도하며 눈을 감으면 항상 기억나는 것이 몇 가지 있었다.

너희의 믿음의 역사와 사랑의 수고와 우리 주 예수 그리스도에 대한 소망의 인내를 우리 하나님 아버지 앞에서 끊임없이 기억함이니 **살전 1:3**

바울에 따르면 데살로니가교회에는 '믿음의 역사'와 '사랑의 수고'와 '예수 그리스도에 대한 소망의 인내'가 있었다. 한 마디로 바울은 고린도전서 13장에서 강조했던 믿음과 소망과 사랑, 이 세 가지 아름다운 모습이 데살로니가교회의 특징이라고 말하고 있는 것이다. 보통 찬사가 아니다.

믿음의 역사

'역사'란 말은 쉽게 '일'(work)이라고 보면 된다. 즉 데살로니가 교인들은 실로 많은 주님의 일을 감당하고 있었다. 그런데 그 일들을 인간적인 열심으로 한 것이 아니라 믿음의 힘으로 했다. 믿음이 있어야 주님의 일들을 할 수 있다. 선교도 열심이었고, 이웃들을 돕는 일도 잘했고, 고난 속에 있는 형제자매들을 돌보는 일에도 대단한 열심을 냈다. 그러나 인간적인 열심만으로 한 게 아니라 믿음으로 했다는 것이다.

사랑의 수고

여기서는 수고(labor)란 말을 썼다. '일'(work)보다는 좀 더 강도가 높은 노동을 말하는데, 문자 그대로 직역하면 '엄청난 노력이 기울여진 고생'이다. 그런데 사랑하기 때문에 하는 노동이라는 것이다. 아니, 사랑하지 않으면 도저히 감당할 수 없을 정도의 힘든 사역들을 많이 하고 있었다는 뜻이다. 데살로니가 성도들은 철저히 자기를 희생했던 예수님의 마음을 품지 않고는 불가능할 정도의 사역들을 감당하고 있었다. 더 나아가 원어적 의미로 보면, 한두 번 하고 끝내는 것이 아니고 '계속해서 경주하는 노력, 계속되는 수고'였다.

소망의 인내

예수에 대한 소망의 인내는 어떠한 절망 속에서도 낙심하지 않고 견뎌내는 강인한 저력을 말한다. 이것은 오직 예수를 바라보는 자, 미래의 승리를 확신하는 자만이 가질 수 있는 것이다. 데살로니가교회는 많은 핍박과 혼란, 어려움 속에서 예수를 믿었지만, 또 그만큼 쉽게 포기하지 않는 믿음의 저력이 있었다는 것이다. 특히, 여기서 말하는 소망의 인내는 주님의 다시 오심을 기다리는 소망이다.

데살로니가 교인들의 믿음의 역사와 사랑의 수고와 소망의 인내를 바울은 항상 하나님 아버지 앞에서 끊임없이 기억한다고 했다. 교회란 하나님 아버지의 마음에 자식 같은 존재이다. 엄청난 산고 끝에 낳았고, 값비싼 대가를 치르며 길렀기 때문에 언제나 하나님의 마음에 있다. 영적 지도자란 그 하나님의 마음으로 교회를, 교인들을 바라보는 사람이다. 부족하고 못난 점이 많아도 항상 모든 교회를 보시는 하나님의 기억에는 아름다운 것들, 잘한 것들이 있다. 아이를 키우는 것이 그토록 힘이 들어도 가끔 아이가 재롱을 부릴 때, 기특한 일을 하고 기특한 말을 할 때 부모는 그것으로 모든 고생을 잊고, 세월이 가도 그 아름다운 것만 기억하듯이 하나님도 교회와 우리를 볼 때 바로 그런 심정이시다.

교회는 하나님의 사랑을 받는 공동체

세상에 부모처럼 자식을 사랑하는 사람이 어디 있을까. 그러므로 교회는 하나님의 사랑하심을 받은 사람들의 모임이다.

하나님의 사랑하심을 받은 형제들아 **살전 1:4**

우리는 다 하나님의 사랑을 함께 받고 있는 사람들이다. 아무리 절세미인이라 해도 진실한 사랑을 받아보지 못한 사람은 어딘가 모르게 불쌍해 보이지만, 거무튀튀한 피부의 술람미 여인도 왕의 사랑을 받을 때 가장 아름답고 멋진 공주가 된다. 크리스천의 가장 큰 자부심은 만군의 여호와 하나님의 절대적 사랑을 받는다는 사실이다. 서로에게 이 사실을 늘 확인시켜주라.

"당신은 하나님의 사랑을 받기 위해 태어난 사람입니다. 지금도 그 사랑을 받고 있는 사람입니다."

그리고 중요한 것은 나 혼자만 하나님의 사랑을 받은 것이 아니라, 교회를 구성하고 있는 다른 형제자매들도 함께 하나님의 사랑을 받았다는 사실이다. 교회는 가족(family)이다. 4절에서 바울은 데살로니가 교인들을 향해 "형제들아"(Brothers)라고 불렀다. 또 2절에서는 "너희 모두로 말미암아"(for all of you) 감사하고 기도한다고 했다.

이 말은 교회는 공동체로서 영광과 책임을 함께 공유함을 보여준다. 데살로니가교회가 아무리 좋다 해도 다 좋을 수는 없었을 테지만, 칭찬을 다 함께 받는다. 한국 사람 한 명이 외국 가서 잘해놓으면 그다음에 가는 사람들은 그 사람이 뿌려놓은 좋은 씨 때문에 좋은 대우를 받지만, 반대의 경우에는 아무 죄 없이 함께 불신당하고 부당한 대우를 받는 것과 마찬가지다.

주님의 몸 된 교회인 우리는 운명을 함께할 공동체임을 잊어선 안 된다. 내 옆의 형제자매가 아무리 초라하고 보잘것없어 보여도, 그는 하나님이 자신의 아들의 목숨을 주고 바꿀 정도로 극진히 사랑한 존재임을 알고 귀히 여겨야 하는 것이다.

교회는 택함 받은 자들의 모임

교회는 또한 택함 받은 자들의 모임이다.

하나님의 사랑하심을 받은 형제들아 너희를 택하심을 아노라 **살전 1:4**

사랑받는다는 것은 선택된다는 것이다. 사랑한다는 것은 선택한다는 것이다. 이 세상 수많은 여자 중에서 한 여자를 선택한 결과 그녀가 내 아내가 된 것이다. 그리고 그녀를 택함으로써 나는 다른 25억의 여자들로부터 자유한 것이다. 하나님이 우리를 사랑하셨다는 것은 하나님이 이 수많은 사람 중에 우리를 택하셨다는 것을 의미한다. 사랑과 택하심은 함께 묶어서 이해해야 한다.

교회란 하나님이 사랑하시고 선택하신 사람들의 모임이다. 에베소서 1장 4절에 보면, 하나님께서 창세 전부터 그리스도 안에서 우리를 택하셨다고 되어 있다. 하나님의 선택을 받았다는 것은 엄청난 일이다. 우리가 하버드대학 같은 명문대학의 선택을 받아서 거기에 합격했다고 가정해보자. 온 세상에 자랑할 만한 가문의 영광이다. 또 취업 전쟁에 시달리는 청년에게 갑자기 구글(Google)이나 아마존(Amazon) 같은 세계적기업에서 "우리가 당신을 선택했으니 와서 일해달라. 앞으로 평생 해고될 걱정은 말라"고 한다면, 그 또한 엄청난 사건일 것이다. 하버드 같은 명문대학이나 구글이나 아마존 같은 세계적 기업에 소속된다면 살면서 엄청난 프리미엄을 누리게 될 것이기 때문이다.

그러나 천지를 다스리시는 하나님께 선택을 받았다는 사실은 거기에

댈 것이 아니다. 우리 모두가 죄로 인하여 영원히 죽을 수밖에 없는 죄인이었는데, 하나님의 선택을 받음으로써 우리는 죽음에서 생명으로 옮겨졌기 때문이다.

이 엄청난 구원의 선물은 하나님이 우리를 선택하셨기 때문에 주어진 것이다. 그런데 내가 택함 받은 것은 내가 잘났다거나 어떤 위대한 일을 해서 가치 있는 존재이기 때문이 아니다. 우리는 순전히 하나님의 의지로 오래전부터 택함 받았다. 자격 없는 우리가 하나님의 선택을 받아 구원받았다는 사실은 그저 너무 놀랍다. 그래서 우리의 구원 사건은 은혜 사건이다.

그럼에도 불구하고 우리는 택함 받았다는 사실에 대해 자주 의심하고 불안해한다. 이것이 흔들리면 크리스천 신앙의 모든 것이 흔들린다. 그래서 바울은 데살로니가교회 성도들이 택함받았다는 사실을 의심하지 않도록 그들이 택함 받았다는 증거 몇 가지를 제시한다.

택함 받은 증거 1, 살아 있는 말씀을 받은 것

택함 받은 첫 번째 증거는 제대로 된, 살아 있는 말씀을 받은 것이다.

이는 우리 복음이 너희에게 말로만 이른 것이 아니라 또한 능력과 성령과 큰 확신으로 된 것임이라 우리가 너희 가운데서 너희를 위하여 어떤 사람이 된 것은 너희가 아는 바와 같으니라 **살전 1:5**

믿음은 들음에서 난다고, 데살로니가교회는 바울을 비롯한 영적 지도자들이 전하는 복음을 들음으로써 탄생했다. 그것도 보통 말로 들은 것이 아니다. 하나님의 구원의 섭리가 이뤄지기 위해서는 단순히 유창한 말로 설교한다고 되는 것이 아니다. 복음은 전하는 자가 "능력과 성령과 큰 확신으로" 전해야 그것을 듣는 영혼의 돌 같은 마음을 깨뜨리고 녹여낼 수가 있는 것이다.

여기서 말하는 '능력'(power)의 헬라어 원어는 '두나미스'(dunamis)로 영어단어 '다이너마이트'의 어원이 되는 단어이다. 복음을 전하는 자의 영혼 깊은 곳에서부터 솟구치는 폭발하는 것 같은 힘이다. 이것은 복음을 전하는 사람 자신이 원래 에너지가 넘치는 다혈질의 사람이기 때문에 뿜어내는 인간적인 힘이 아니다. 자신의 힘이 아닌 초자연적인 힘, 전능자의 힘이 자신을 통해서 나가고 있는 것을 느끼며 말하는 것이다.

이 놀라운 능력의 근원은 바로 '성령'(Holy Spirit)이다. 1960, 70년대에 미국의 수많은 히피 젊은이들이 허무주의에 사로잡혀 가출하여 무분별한 섹스와 마약에 젖어 살던 시절, 캘리포니아에서 척 스미스라는 목사님이 히피 젊은이들에게 다가가서 복음을 전했다. 머리숱 없는 이웃집 착한 아저씨처럼 생긴 이분은 조용하고 따뜻한 목소리로 쉽게 복음을 전했다. 어떤 기교나 쇼맨십도 없이 어찌 보면 너무나 단조롭고 심플한 말투였지만, 성령의 역사가 강렬했다. 수많은 히피 젊은이들이 예수님을 영접하고 새 삶을 찾았다. 스미스 목사님은 조용조용히 말해도, 하나님의 크신 성령이 불같이 흘러나가 역사하는 것을 모두가 느낄 수 있었다.

특히, 성령의 기름 부음이 있는 메시지를 전하는 사람의 가슴에는 자신이 전하는 복음에 대한 '큰 확신'(full assurance, 절대적인 믿음)이 있다.

전도의 가장 큰 장애물은 전도하는 사람 자신이 복음에 대한 절대적 확신이 없는 것이다. 그래서 복음을 잘 전하기 위해서는 무엇보다 자신이 은혜를 제대로 받아야 한다. 그래서 예수님의 제자들은 나가서 복음 전할 때 항상 "와보라"는 말을 자주 했다. "내가 겪어보니 진짜 하나님이시다. 너희들도 와보면 알 것이다"라는 말이다. 내가 경험한 예수님에 대한 확신이 있으니까 바울은 담대히 복음을 전했고, 그것이 데살로니가교회 성도들에게도 전달된 것이다.

또한 복음을 전하는 자는 자신의 삶으로 자신이 전하는 메시지를 뒷받침해야 한다.

우리가 너희 가운데서 너희를 위하여 어떤 사람이 된 것은 너희가 아는 바와 같으니라 **살전 1:5**

어떻게 들으면 교만하게 들릴 정도로 바울은 자신과 실라, 디모데가 얼마나 진실하게 그들 속에서 생활했는지를 기억하라고 말한다. 당시 헬라 문명에서 지식을 가르치는 유명한 교사들은 비싼 강사비와 좋은 대우를 받는 것을 당연시했다. 그러나 바울을 비롯한 목회자들은 데살로니가에서 목회할 때 아무 대가도 바라지 않고 진실하게 섬겼다.

데살로니가교회는 이렇게 진실한 삶과 좋은 말씀을 가진 목회자들을 통해서 시작된 것이 너무나 큰 축복이었다. 그것이 주님의 몸 된 교회를 건강하게 하고 살아 있게 하는 엔진이 되기 때문이다.

택함 받은 증거 2. 말씀에 대한 뜨거운 반응

택함 받은 두 번째 증거는 말씀에 대한 뜨거운 반응이 일어난 것이다. 투수가 공을 아무리 잘 던져도 포수가 제대로 받지 못하면 소용이 없다. 박수도 양쪽에서 마주쳐야 소리가 제대로 난다. 좋은 목회자가 아무리 살아 있는 복음을 전해도 받는 쪽에서 제대로 받아주지 않으면 열매가 맺히지 않는다. 그런데 데살로니가 교인들은 살아 있는 복음이 자신들에게 전해졌을 때, 정말 열정적으로 그것을 받아들였다.

또 너희는 많은 환난 가운데서 성령의 기쁨으로 말씀을 받아 우리와 주를 본받은 자가 되었으니 **살전 1:6**

데살로니가 교인들은 "많은 환난 가운데서 성령의 기쁨으로 말씀을 받았다"고 했다. 앞에서 데살로니가교회의 창립 배경을 살펴볼 때 말했듯이, 바울이 처음 데살로니가에 복음을 전할 당시 도시에는 복음을 반대하여 바울 일행을 핍박한 무리가 적지 않았다. 그들은 복음을 영접하는 사람들도 핍박했을 것이 분명하다. 오늘날 우리는 너무 편한 환경에서 말씀을 듣지만, 기독교 역사에 보면 정말 어렵고 힘든 상황에서도 말씀을 듣고 기쁨으로 그것을 받아들였던 놀라운 역사가 많았다.

18세기 중반 아직 미국이 건국되기 전, 북미 대륙에 영적 대각성운동이 일어났다. 그때 현대 기독교 역사상 가장 위대한 설교자로 꼽히는 조지 휫필드가 미국의 각 지방을 돌면서 야외 집회를 가졌는데, 그 당시 기록을 보면 정말 놀랍다. 휫필드가 왔다는 말을 들으면 사람들은 밭에서 일하던 쟁기를 내려놓고 식구들을 마차에 태우고는 휫필드가 설교하는 곳으로 달려왔다. 이렇게 모여든 마차들이 수백, 수천 대씩 휫필드를 둘러싸고 원을 그리면 휫필드는 크고 청아한 음성으로 복음을 전했다.

당시는 이렇다 할 음향 시설도 없었고 야외에서 그냥 집회를 가졌기 때문에 날씨가 춥거나 비가 오거나 눈보라가 몰아칠 때도 있었으며, 밤에는 야생동물의 습격이 있는 등 참석자들과 복음을 전하는 휫필드 모두 상당한 고생을 감수해야 했다. 그럼에도 불구하고 남녀노소 할 것 없이 말씀을 들으며 눈물을 흘리며 회개하고 예수를 구주로 영접했다고 한다. 특히, 많은 흑인 노예들도 어렵고 힘든 생활 가운데서도 말씀을 듣고 거듭난 결과로 후에 많은 흑인 교회들의 시초가 되었다고 한다.

같은 말씀도 받는 자가 어떤 마음가짐으로 받는가에 따라서 전혀 다른 효과가 나타난다. 데살로니가 교인들은 "성령의 기쁨으로 말씀을 받았다"고 했다. 영어 성경에 보면 "They welcomed the message with the joy given by the Holy Spirit" 즉, "성령께서 주신 기쁨으로 말씀을 열렬히 환영했다"고 했다.

기쁨은 억지로 만들려고 해서 만들어지는 게 아니다. 하나님이 부어 주시는 것이다. 성령의 아홉 가지 열매 중 첫째가 사랑이고, 둘째가 기쁨이다. 성령이 주시는 기쁨이 우리 안에 은혜 받기 좋은 최적의 영적 토양을 만든다. 영적으로 슬프면 말씀이 흡수되질 않고 다 새어나가버린다. 성령이 주시는 기쁨이 있어야 말씀의 은혜를 100퍼센트 다 흡수할 수가 있다. 이런 분들에게는 말씀 듣는 시간이 세상 무엇과도 바꿀 수 없는 기쁨의 시간이다. 성경을 읽든지 설교를 듣든지 우리가 성령의 기뻠으로 말씀을 대하면, 그 말씀이 우리를 변화시킬 것이다.

말씀으로 변화된 사람만이 하나님을 제대로 아는 자다. 하나님을 아는 자만이 하나님의 기쁨으로 가득 찰 수 있다. 사도행전 13장 52절을 보면 "제자들은 기쁨과 성령이 충만하니라"라고 했다. 부흥을 체험하면 영적 기쁨이 솟아난다. 진정한 기쁨은 외부에서 오는 게 아니라 내 안에서 흘러나오는 것이다. 상황이 아무리 힘들어도 내 안에 은혜가 충만하면 성령이 기쁨을 주신다. 믿는 자들이 하나님이 주시는 영적인 기쁨을 누릴 때 그것은 세상이 감당하지 못하는 힘이 된다.

말씀이 우리를 살린다

여러 곳에 집회를 다니다 보면 어떤 곳에서는 정말 스펀지가 물을 빨아들이는 것같이 뜨겁고 진실하게 말씀 하나하나를 땅에 떨어질세라 흡수해버리는 교회들이 있고, 사람들이 있다. 그런 곳에서 말씀을 전하면 나도 힘이 나고 살아나는 것 같다. 그러나 뜻밖에도 교회 규모도 크고 전통도 오래된 곳들이 말씀에 냉랭하게 반응하는 경우가 의외로 많다. 예수님이 당시 예루살렘 종교 지도자들에 실망하시고 야단치신 심정이 간혹 아주 약간은 이해가 된다. 그래서인지 신앙적 매너리즘에 빠져버린 기존 신자들에게만 복음을 전하는 것보다 예수님을 모르는 사람, 예수 믿은 지 얼마 안 됐지만 열심히 말씀을 배우고 성장하기 원하는 사람들에게 복음 전하는 도전이 나는 너무 기쁘다.

백여 년 전, 한국교회 초창기 부흥운동이 한창 뜨거울 때는 반드시 사경회라는 성경 공부 모임이 있었다. 먼 시골 마을에서부터 다 자기 먹을 것을 싸가지고 와서 온종일 말씀 공부하고 중간중간 같이 밥을 나누어 먹곤 했다. 그렇게 며칠을 말씀의 축제를 벌이면서 요한복음이나 누가복음 같은 복음서 한 권을 떼었다. 그런 후에는 각자 흩어져 자기 마을로 돌아가서 배운 것을 가지고 1년 가까이 고향 마을 성도들에게 성경을 가르쳤다고 한다. 말씀에 대한 그런 열기가 한국교회 성장의 원동력이 됐다.

하나님의 말씀은 예리한 검과 같아서 우리 안에 남아 있는 세상의 잔재들을 사정없이 드러내고 파괴한다. 우리 안에 마귀의 교두보가 될 수 있는 요소들이 없어지는 것이다. 그래서 말씀은 처음에는 아프지만 결국은 영혼을 치료하고 회복시킨다. 하나님의 말씀이 흘러들어와서 우리 안의 죄와 어둠을 씻어낸다.

말씀이 우리를 살린다. 하나님의 말씀을 통해 하나님의 생기가 사람들에게 들어간다. 말씀을 들으면 소망이 생기고, 기쁨이 생기고, 사랑이 생긴다. 말씀을 들으면 자살하고 싶은 생각이 떠나고, 거룩한 비전이 생긴다. 말씀을 들으면 인생 가치관이 달라져서 돈 쓰는 게 달라지고, 사람 대하는 게 달라진다. 말씀이 떨어지는 곳에 죽은 심령들이 살아나는 역사가 일어나는 것이다.

그래서 나는 하나님의 말씀을 성도들에게 매주 전달하는 설교자로서 막중한 책임감을 느낀다. 설교자인 내가 영적으로 깨어 있어서 마르지 않는 샘처럼 끊임없이 하나님의 말씀을 성도들의 영혼 속으로 흘려보낼 때 하나님의 역사가 일어난다는 것을 알고 있다. 우리 안에 말씀이 들어가야 믿음이 생기고, 말씀이 들어가야 믿음이 굳세어지고, 말씀이 들어가야 믿음이 성장한다.

선포되는 말씀의 중요성을 너무나 잘 알고 있는 터라, 나는 설교 한 편을 준비할 때마다 혼신의 힘을 다한다. 어떨 때는, 특히 특새 기간같이 여러 날 예배가 계속될 때는 탈진할 정도로 힘이 든다. 그러나 이 힘든 시기에 수많은 성도들이 매일 온라인으로 접속하여 은혜 받고 있다는 보고를 들으면 피곤이 싹 달아난다. 너무 감사해서 눈물이 난다. 맛있는 음식 요리하는 게 힘들지만 그것을 사랑하는 가족들이 맛있게 먹는 것을 보면 요리한 엄마의 마음이 말할 수 없이 행복하듯이, 힘들게 준비한 말씀을 은혜를 사모하여 달려오는 성도들이 갈급함으로 받고 기뻐하는 모습을 보면 목회자로서 참으로 행복하다.

바울은 데살로니가교회 성도들이 "(말씀을 전한) 우리와 주를 본받은 자가 되었으니"(살전 1:6)라고 했다. 영적 성장은 제자가 스승을 닮아가는 모델링이다. 성도는 영적 스승인 목회자를 본받으려 하고, 목회자는 예수님을 본받으려 할 때 교회는 점점 더 은혜로워지고 강해지는 것이다.

사실 이 말씀을 보면 목회자로서 한없이 부끄럽다. 바울은 말씀 전하는 목회자로서 성도들이 자신을 본받으면서 예수님을 닮아간다는 확신이 있었는데, 나는 감히 그렇게 말할 수가 없다. 우리 성도 중에 나보다 예수님을 닮은 분들이 많기 때문이다. 하지만 청출어람이라고, 나같이 부족한 목사와 함께 신앙생활하면서 훨씬 예수님을 닮은 성도들이 많이 나온다는 것은 우리 교회의 축복이라고 생각한다.

본이 되는 교회

데살로니가교회는 한마디로 말씀과 성령의 교회였는데, 그 명성이 사방으로 알려지고 있었다.

그러므로 너희가 마게도냐와 아가야에 있는 모든 믿는 자의 본이 되었느니라 **살전 1:7**

당시 헬라 세계는 북쪽 마게도냐와 남쪽 아가야라는 거대한 주로 분할되어 로마의 통치를 받고 있었다. 데살로니가는 마게도냐의 수도였고, 고린도는 아가야의 수도로 발전하고 있었다. 그런데 데살로니가교회가 얼마나 은혜롭게 부흥 성장하고 있는지에 대한 소문이 마게도냐와 아가야, 북쪽과 남쪽에 이르기까지 자자했다고 바울은 말한다. 즉, 데살로니가교회는 당시 주위의 모든 교회들이 모델로 삼고 따르려 하는 기준이 되었다는 얘기다.

데살로니가교회가 완벽해서 그런 것이 아니다. 성령 충만하고 진실한 목회자들이 살아 있는 말씀을 전했고, 그것을 교인들이 성령의 감동으로 뜨겁게 받아들여 삶이 변화되었을 뿐이다. 이것이 교회의 본질이다. 뭐든지 기본이 잘되어 있어야 하는데, 데살로니가교회는 이 말씀과 성령의 기본이 탄탄했던 것이다.

주의 말씀이 너희에게로부터 마게도냐와 아가야에만 들릴 뿐 아니라 하나님을 향하는 너희 믿음의 소문이 각처에 퍼졌으므로 우리는 아무 말도 할 것이 없노라 **살전 1:8**

이 부분을 원어에 가깝게 좀 더 풀어 말하면 "하나님의 말씀이 너희로 부터 주위 지역으로 마치 트럼펫 나팔소리처럼 우렁차게 울려 퍼져나갔다"는 뜻이다. 마치 적군을 공격하는 군대의 노도와 같은 함성 소리 같았다. 목회자들을 통해 전해진 하나님 말씀을 성령의 기쁨으로 뜨겁게 받아 심령의 변화를 입은 데살로니가교회 성도들은, 크고 분명하고 확신에 찬 목소리로 끊임없이 줄기차게 주위 사람들에게 복음을 전했다. 그리고 이것은 전염병처럼 사방으로 번져나갔다.

살아 있는 복음을 통해 살아 계신 하나님을 체험한 사람은 결코 가만히 있지 못한다. 누가 시켜서 하는 것도 아니고, 전도 세미나를 다녀서 하는 것도 아니다. 안에서부터 솟구치는 전도하지 않고는 도저히 견딜 수 없는 어떤 강력한 힘에 의해서 달려나가 전도하게 되어 있다.

모든 지역교회의 책임이요, 특권은 하나님을 모르는 세상에 구원의 복음을 정열적으로 전하는 일이다. 전도와 선교는 교회의 한 특정 부서나 전문 스태프가 할 일이 아니다. 데살로니가교회 같은 초대교회들을 보면, 전 교인들이 숨 쉬듯이 자연스럽게 시도 때도 없이 주위에 복음을 전했음을 알 수 있다. 바로 그것이 살아 있는 교회다. 몸이 건강하려면 아무리 잘 먹어도 운동을 해야 하듯이, 건강한 신앙을 가진 사람은 반드시 전도를 해야 하고, 하게 되어 있다.

특히 데살로니가 교인들은 핵심적인 교통 요충지이자 국제도시였던 데살로니가의 지리적 환경을 십분 활용, 데살로니가를 지나는 여행자들에게 적극적으로 복음을 전파한 결과 데살로니가교회가 전한 복음이 천하 사방으로 삽시간에 퍼져나갔다.

우리도 우리에게 주어진 위치와 환경을 최대한 활용하여 지혜를 구하며 복음을 전해야 한다. 먼저, 내 생활 반경에 있는 주위 사람들에게 성실히 복음 전할 생각을 하라. 당신이 그 자리에 있는 것은 괜히 있는 것이 아니라 다 하나님의 구속사의 섭리로 있는 것이다. 그러고 나서 지역 복음화와 민족 복음화, 세계 복음화의 꿈을 함께 꿔나가도록 하자.

믿음의 명불허전이 된 교회

성령 충만한 목회자들의 집중력 있는 말씀 사역과 이를 성령의 기쁨으로 받아들인 성도들의 시너지로 인하여 데살로니가교회는 놀랍게 부흥했다. 그들은 그 부흥의 힘을 가지고 주변에 복음을 전하는 축복의 통로가 되었다. 그리하여 데살로니가교회의 명성이 사방으로 퍼져나가기 시작했다.

> 그들이 우리에 대하여 스스로 말하기를 우리가 어떻게 너희 가운데에 들어갔는지와 너희가 어떻게 우상을 버리고 하나님께로 돌아와서 살아 계시고 참되신 하나님을 섬기는지와 또 죽은 자들 가운데서 다시 살리신 그의 아들이 하늘로부터 강림하실 것을 너희가 어떻게 기다리는지를 말하니 이는 장래의 노하심에서 우리를 건지시는 예수시니라 **살전 1:9,10**

이것은 당시 로마 제국 전역을 다니던 여행자들이 데살로니가교회에 들러본 뒤에 깊은 감명을 받고 고린도에 있는 바울에게 자신들이 본 것을 그대로 전한 정보이다. 제3자가 보기에도 데살로니가 교인들의 믿음은 정말 경탄스러웠는데, 데살로니가교회의 어떤 모습 때문에 그토록 유명해졌는지 그 내용은 이랬다.

고난 속에서 복음을 담대하게 받았다

"우리가 어떻게 너희 가운데에 들어갔는지." 사도 바울 일행이 어떻게 데살로니가 도시에 들어가서 극심한 핍박 가운데서도 3주간의 짧은 기간 동안 얼마나 열심히 복음을 전했는지, 그리고 데살로니가 성도들이 얼마나 뜨겁게 말씀을 받아들여 변화되었는지를 사람들은 전설처럼 들어 알게 되었다.

핍박이 극심하여 급기야 복음을 전하던 목회자 일행이 3주 만에 야반도주하듯이 떠나야 했을 만큼 어려웠던 상황 속에서 말씀을 전하는 자나 받는 자나 두려움 없이 담대하고 열심이었다. 전투가 치열할수록 그 승리는 전설이 되듯이, 그토록 힘든 상황 속에서 말씀이 데살로니가에 전해지고, 그로 인해 데살로니가교회가 기적 같은 부흥과 믿음의 성장을 이뤄낸 스토리가 각처에 있는 교회들에게 큰 위로가 되었다.

우상을 버리고 살아 계신 하나님을 섬김

"너희가 어떻게 우상을 버리고 하나님께로 돌아와서 살아 계시고 참되신 하나님을 섬기는지." 데살로니가 교인들은 과거에 그들이 섬기던 우상 신들을 단호히 끊어버린 것으로 유명해졌다. 이것은 보통 일이 아니다. 당시 헬라 문명은 모두 올림포스산에 산다는 헬라의 신들을 섬겼는데, 그 올림포스산은 데살로니가에서 남서쪽으로 50마일도 채 되지 않았다. 그러므로 데살로니가 교인들도 과거에는 올림포스의 여러 신을 섬기는 철저한 우상숭배자들이었다.

성경에서 우상숭배는 가장 많이 언급되는, 하나님이 가장 싫어하시는 죄다. 특히 하나님의 백성이 우상숭배 할 때 하나님은 결코 그것을 방관하지 않으신다. 십계명의 제1계명이 "너는 나 외에는 다른 신들을 네게 두지 말라"이고, 제2계명이 "우상숭배 하지 말라"인데, 이 두 계명은 사실상 한 가지 내용으로 봐야 한다. 더욱이 가장 먼저 나온 계명이기 때문에 하나님이 가장 중요하게 여기시는 계명이다.

하나님은 왜 우상숭배 금지를 그토록 중요하게 생각하시는가? 그것은 하나님의 사랑 때문이었다. 하나님은 우상숭배를 '나를 미워하는 자의 죄'라고 하셨다. 하나님의 백성은 하나님의 신부다. 우상숭배를 시작하는 순간, 영적 불륜을 범하는 것이다. 여자에게 신랑이 있는데 딴 남자에게 마음을 주어 영혼의 두 집 살림을 시작한 것이다. 어떤 신랑이 그것을 참겠는가? 하나님은 모든 것을 걸고 우리를 사랑하셨고, 우리도 온 맘 다해 하나님 사랑하기를 원하신다.

진짜 사랑은 집중력이다. 사랑은 결코 나눠질 수 없는 것이다. 하나님을 사랑한다는 것은 하나님만 사랑하는 것이다. 이스라엘이 들어가게 될 가나안 땅에는 수많은 우상 신이 존재했다. 그들이 처음부터 하나님을 버린 것은 아니다. 그들은 하나님도 섬기고 우상 신들도 섬기려 했다. 그런데 사실 하나님을 안 믿는 것보다 더 위험한 것이 하나님과 세상을 섞어서 믿는 것이다. "너는 나 외에는 다른 신들을 네게 두지 말라"는 말은 어찌 보면 하나님도 믿고 세상 신들도 함께 믿는 종교혼합

주의를 경고하시는 것이었다. 하나님께서는 그것을 하나님을 미워하는 행위라고 보신다.

게다가 우상숭배가 한심한 것은, 우상은 사람이 만든 것 아닌가? 출애굽한 뒤 백성들은 모세가 없는 틈을 타서 아론을 압박하여 황금 송아지 우상을 만들었다. 성경에 보면 그들이 "자기를 위하여 송아지를 부어 만들었다"고 되어 있다. 사람들은 우상을 자기 스스로 만들어낸다. 그들 안에 있는 욕망으로 만드는 것이다. 그러고는 자기가 만든 신을 자기가 예배한다. 왜인가? "자기를 위하여"이다. 사람들은 우상을 자기 종으로 써먹으려고 한다. 화는 막아주고 복은 가져다줄 도깨비방망이 같은 신을 원하는 거다. 자기 필요할 때 불러서 자기 욕망을 채우는 도구로 쓰는 것이 우상이다. 이를 위해 투자하듯이 제물을 바치는 것이다.

그러나 성경은 우상은 화도, 복도 줄 수 없으며, 우상을 섬기는 자는 어리석은 자요 결국 그들과 함께 멸망할 것이라고 말한다. 하나님의 백성은 하나님의 뜻을 이 땅에 이루기 위해 사는 것이지, 우리의 뜻을 이루는 도구로 감히 하나님을 사용하는 자들이 아니다.

하나님이 우상숭배를 금하시는 것은 그것이 하나님의 백성들의 영혼을 파괴하기 때문이다. 인간은 자기가 예배하는 대상을 닮게 되어 있다. 우상을 숭배하면 그 우상이 지향하는 삶대로 죄를 짓고 막살게 되어 있다. 이스라엘 백성들이 익숙해져 있던 애굽의 우상들은 돈과 섹스와 폭력의 가치를 내세운다. 따라서 우상숭배를 하게 되면 그 사회에 황금만능주의와 음란과 폭력이 가득 차게 된다. 세상이 더러워지는 것은 그 세상을 더러운 우상의 영들이 채우고 있기 때문이다. 그런데 우리는 왜 이런 우상에게 끌리는가? 인간의 욕망, 그 필요와 꼭 맞닿아 있기 때문이다.

성경은 그런 우상숭배로 인해 하나님의 백성들이 "원수에게 조롱거리가 되었다"고 했다. 이스라엘이 출애굽한 것은 여호와 하나님을 섬기기위해서였다. 그런데 그런 이스라엘이 애굽의 신들을 본떠서 만든 황금송아지 우상 앞에서 난잡한 가무를 즐기는 것은 애굽을 비롯한 다른 국가들, 궁극적으로는 사탄 마귀들의 조롱을 받기에 충분했다. 거룩과 순결을 잃어버린 하나님의 군대는 더 이상 두려움의 존재가 아니다.

우상을 섬기는 것은 마치 목마르다고 해서 소금물을 마시는 것같이고통을 더해준다. 시편 115편에 보면 우상은 "사람이 손으로 만든 수공물에 불과하여 눈이 있어도 보지 못하고 귀가 있어도 듣지 못하는 죽은존재, 무기력한 존재"일 뿐이다. 이스라엘 백성들은 우상을 섬길 때는 두려움으로 가득 차 기쁨도 평화도 소망도 없었지만, 우상을 버리고 하나님을 섬김으로써 참된 소망을 얻게 된다.

어릴 때부터 우상숭배에 물들었던 데살로니가 교인들이 예수 그리스도의 복음을 받고 나서는 삶이 180도 달라졌다. 제3자들이 보았을 때도 데살로니가 교인들이 우상을 끊어내고 이제는 "살아 계시고 참되신하나님"(the living and true God, 9절)을 섬기는 것이 확연하게 드러났다.

기독교 신앙이 다른 어떤 종교와도 다른 것은 우리는 '살아 계신 참하나님'을 섬긴다는 것이다. 우리는 죽은 하나님, 거짓된 하나님, 만들어낸 하나님을 믿는 것이 아니다. 살아 계신 참 하나님을 믿는 것이다.그와 인격적 관계를 맺는 것이다. 그 살아 계신 하나님을 믿는 우리 삶의 모습은 어떤가? 하나님이 살아 계신데 우리는 너무 쉽게 절망하고 낙담하지 않는가? 하나님이 살아 계신데 우리는 너무 내 맘대로 모든 일을 처리하지 않는가? 하나님이 살아 계신데 왜 맨날 사람한테 가서 어려운 소리 하고 하나님께 기도하지 않는가? 하나님이 살아 계신데 우리는 서로를 너무 미워하고 원망하고 있지는 않은가?

오늘날 많은 교인이 하나님과 세상의 신들과 같이 믿고 있다. 이것은 십계명 제1계명을 깨는 일이다. 순결해져야 한다. 거룩을 회복해야 한다. 우리는 세상과 은근히 조금씩 타협해온 죄를 통렬히 회개해야 한다. 우리는 우리 안에 들어온 세상적 요소들을 나사렛 예수의 이름으로 들어내고 선포하며 몰아내야 한다.

다시 오실 주님을 기다리는 소망의 교회였다

"또 죽은 자들 가운데서 다시 살리신 그의 아들이 하늘로부터 강림하실 것을 너희가 어떻게 기다리는지." 데살로니가 교인들에 대한 또 하나의 좋은 소문은 그들이 예수님의 다시 오심을 기다리는 비전의 사람들, 소망의 사람들이었다는 사실이다. 데살로니가교회는 살아 움직이는 교회요, 그 교인들은 세상에 예수의 향기를 풍기는 사람들이었지만, 그들은 결코 이 세상이 영원한 집이 아님을 알고 있었다.

오늘날 세상이 교회를 무시하는 이유 중에 하나는 교회가 은근히 눈에 보이는 이 세상을 흠모하고 부러워하기 때문이다. 말로는 세상의 더러움을 질책하면서도 속으로는 은근히 세상을 열심히 바라보고 있기 때문이다. 세상에 너무 많은 것을 투자하고 있고, 세상의 유행에 너무 예민하기 때문이다.

그러나 참된 하나님의 교회는 세상이 아무리 화려해 보여도 세상에 넋을 뺏기지 않는다. 세상이 아무리 어지러워져도 결코 좌절하지 않는다. 세상에서 너무 분에 넘치지 않게 아주 심플하게 산다. 이 세상은 언젠가는 멸망하기로 작정되었음을 알기 때문이요, 우리 주 예수님이 다시 오심을 확신하기 때문이다.

데살로니가교회를 비롯한 초대교회 성도들은 성찬 예식을 할 때 공식적인 기도문이 "마라나타"(아멘 주 예수여 오시옵소서)였다. 기독교인으로 사는 것이 얼마나 힘들었으면 금방이라도 주님이 재림하실 것을 그토록 간절히 염원하며 성만찬 기도문으로 사용했을까. 하지만 그들은 정말 자기들의 세대에 언제라도 주님이 다시 오실 수 있다는 확신이 있었기에, 저 천국의 영광에 대한 확신이 있었기에 아무리 힘든 시련 속에서도 이 땅에서 담대하고 평안한 삶, 승리하는 삶을 살 수 있었다.

공부 안 한 학생이 "빨리 시험 봅시다" 할 수 없다. 마찬가지로 "주 예수여 속히 오시옵소서"라는 마라나타의 기도는 아무나 드릴 수 없었다. 주님이 언제 다시 오셔도 부끄러움 없는 믿음의 삶을 사는 사람만이 드릴 수 있는 기도다. 몸은 이 땅에 있어도 마음은 항상 저 빛난 천국을 바라보는 사람만이 드릴 수 있는 것이 마라나타의 고백이다. 자신의 보물을 천국에 쌓아두고 있는 사람만이 기쁨으로 드릴 수 있는 것이 주님 다시 오시기를 갈망하는 마라나타의 고백이다.

오늘날 교회들의 비전과 목표는 너무 이 땅 중심적이다. 그러나 데살로니가 성도들은 주님 다시 오시기를 기원하는 마라나타 신앙, 천국 신앙을 가졌다. 천국을 지향한다고 해서 이 땅의 삶을 등한시하라는 게 아니다. 오히려 천국을 바라보기 때문에 이 세상에서 담대하고 아름답게 살 수 있다. 가난해도 비굴하지 않고, 힘 없어도 눈치 보지 않고, 미래를 몰라도 불안해하지 않고, 힘들어도 슬퍼하지 않는 승리의 삶을 살 수 있는 비결이 주님 다시 오시기를 간절히 기원하는 마라나타 신앙이다.

지천(至賤). '더할 나위 없이 천함' 혹은 '매우 흔함'이란 뜻이다. 너무 흔하면 천해 보인다고 했던가? 사람이 워낙 많다 보니 한 생명이 탄생하고 자라는 것을 우습게 생각하는데, 자기 자식 낳아서 기를 때를 생각해보면 한 생명이 결코 쉽게 태어나고 자라지 않는다는 것을 알지 않는가? 오늘날 교회가 워낙 많다 보니 사람들이 교회 하나 생기는 것을 우습게 생각하는데, 결코 그렇지 않다. 하나님의 지도자들이 기도하면서 세우는 모든 이 땅의 교회는 데살로니가교회처럼 나름대로 엄청난 산고 끝에 태어나는 것이다. 이런 소중한 교회가 더욱 진실한 믿음과 진실한 본이 될 수 있기를 함께 기도하고 함께 바라보면 좋겠다.

코로나19로 인해 벌써 몇 달째 우리 교회 성도들을 못 보니까 너무 보고 싶다. 성도들을 못 보니까 너무 마음이 찡하다. 그렇지만 나는 매일 기도 가운데 그들을 기억한다. 우리 힘으로 어찌지 못할 폭풍 같은 너무 힘든 시간을 지나고 있지만 하나님께서 교회를, 그리고 하나님의 백성인 우리를 지키실 것이다.

chapter 9

우리의 영광이요 기쁨

데살로니가전서 2장 17-20절

17 형제들아 우리가 잠시 너희를 떠난 것은 얼굴이요 마음은 아니니 너희 얼굴 보기를 열정으로 더욱 힘썼노라 18 그러므로 나 바울은 한 번 두 번 너희에게 가고자 하였으나 사탄이 우리를 막았도다 19 우리의 소망이나 기쁨이나 자랑의 면류관이 무엇이냐 그가 강림하실 때 우리 주 예수 앞에 너희가 아니냐 20 너희는 우리의 영광이요 기쁨이니라

앞 장에서 살펴본 것처럼 데살로니가 성도들이 참으로 많은 고난 가운데서도 기쁨으로 하나님의 말씀을 받아들여 믿음이 더욱 강해지고 성장했다. 그 결과 모든 교회에 본이 되는 명불허전의 교회가 되었다. 어렵고 힘든 시간에 우리가 절망하지 않고 하나님을 바라본다면 우리의 믿음이 새로운 차원으로 업그레이드되는 계기가 될 수 있다.

오래 전에 내가 알던 장로님 한 분이 외교부에 계셨다. 외교부에서 승승장구하던 분이어서 곧 주미대사나 주중대사로 갈 줄 알았는데, 좌천되면서 브라질로 가게 되셨다. 너무 힘들어서 삶을 포기해야겠다고까지 생각했던 분이 결국 브라질로 떠났는데, 이후 브라질에서 성령체험을 하면서 하나님을 깊이 만났다. 성경을 통독하고, 성령의 음성을 듣고, 방언을 받으셨다.

혼자 있게 되거나 인기가 사라지고 고립되는 때가 오더라도 좌절하지 말라. 지금처럼 코로나19 사태로 인해 외부로 다니지 못하고 사람을 많이 만나지도 못하고 집에서 혼자 많은 시간을 보내는 것. 이 시간이 힘들기는 하지만, 또한 하나님의 특별한 초청이다. 기도와 깊은 말씀 묵상으로 하나님을 만날 수 있는 절호의 기회다.

위대한 사명이 당신을 기다리고 있다. 위대한 사명을 위해서 하나님께서 우리에게 인간의 소유를 끄고 옛사람의 자아를 꺾고 우리 안에서 독을 빼내시는 것이다. 거룩한 사명을 감당할 만한 그릇으로 준비시키시는 것이다.

목자와 성도 사이에 흐르는 사랑 이상의 사랑

함께 치열한 전투를 치른 병사들 사이에서는 말로 표현할 수 없는 전우애가 싹튼다. 데살로니가교회처럼 고난 가운데서 은혜의 말씀으로 만난 목회자와 성도 간에는 친구 간의 우정이나 남녀 간의 사랑보다 훨씬 더 깊은 사랑이 흐른다.

> 형제들아 우리가 잠시 너희를 떠난 것은 얼굴이요 마음은 아니니 너희 얼굴 보기를 열정으로 더욱 힘썼노라 **살전 2:17**

바울과 실라는 유대인들의 테러로 야반도주하듯 데살로니가를 떠나야 했다. 그러자 유대인들은 오히려 바울 일행이 비겁하게 데살로니가교회 성도들을 버리고 도망쳤다는 그릇된 소문을 퍼뜨리며 비난했다. 바울은 데살로니가교회 성도들을 "형제들아"라고 부르며 자신들이 결코 그들을 버리거나 무관심한 채 잊어버린 것이 아니라고 했다. 몸은 어쩔 수 없이 고린도에 와 있지만, 바울과 실라와 디모데의 마음속에는 항상 데살로니가 성도들이 있었다. 그래서 "우리가 잠시 몸은 너희를 떠났지만 마음은 아니라"고 고백했다. 몸이 멀어지면 마음도 멀어진다고 하지만 자신은 결코 그렇지 않다는 목자의 고백이다. 이어지는 "너희 얼굴

보기를 열정으로 더욱 힘썼노라"라는 말은 할 수만 있다면 가서 얼굴을 보고 목양하려고 했다는 것이다. 그러나 워낙 반대자들의 핍박이 극심하고 여러 가지 현실적 어려움이 있어서 안타깝다는 것이다.

코로나19 사태로 인해 성도들의 얼굴을 보지 못한 채 몇 달을 지내다 보니 바울의 마음이 바로 내 마음이다. 할 수만 있다면 심방도 가고 싶고, 커피 마시면서 이야기도 하고 싶고, 힘든 가정에 가서는 손 붙잡고 기도도 해주고 싶은데 그러지 못하니까 너무 답답하다.

바울과 데살로니가 성도들 사이를 보면, 말씀 안에서 성령의 은혜를 나눈 목회자와 성도들 사이에는 인간적인 정 이상의 뜨거운 무엇이 있다. 그것은 성령께서 주시는 사랑이요, 감동인 것이다. 근 30년 전, 가난하고 힘들었던 초년병 전도사 시절에 금쪽같은 시간을 쪼개어 밤새워 말씀을 가르쳤던 대학생 제자들을 나는 지금도 한 명 한 명 얼굴을 기억한다. 좋은 교회는 목회자와 성도들이 서로를 존경하고 아껴주는 교회다.

목자와 성도를 이간질하는 영적 세력과 싸우라

그러므로 나 바울은 한 번 두 번 너희에게 가고자 하였으나 사탄이 우리를 막았도다

살전 2:18

바울은 수차례에 걸쳐 데살로니가 교인들에게 가고자 했으나 "사탄이 막았다"고 했다. 여기서 우리는 영적 전쟁의 실체를 본다. 구약의 다니엘에게 하나님의 환상을 전하러 온 천사도 오는 길에 악한 사탄의 방

해에 막혀 잠시 지체되었다고 고백했었다. 항상 보면, 하나님의 크신 일이 이루어지는 것을 방해하는 악한 세력이 있다.

18절에 바울이 데살로니가 성도들에게 가는 것을 "사탄이 막았다"는 말은 목회자와 성도들 사이를 이간질하는 마귀의 공격이 끊임없이 존재한다는 뜻이다. 좋은 교회는 목회자와 성도들이 서로 말씀과 기도로 단단히 팀워크를 이룬 곳이다. 그래서 사탄은 교회를 깨기 위해 항상 목회자와 양 떼 사이에 개입해 불화를 조장하려 한다. 바울의 적들은 바울이 데살로니가 성도들을 버리고 도망갔다는 소문을 퍼뜨리면서 바울과 데살로니가 성도들의 관계를 이간질하려 했다. 아름다운 주님의 교회가 서기 위해선 이런 마귀의 영적 공격들과 싸워 이겨야 한다.

거꾸로 생각하면 마귀가 어떤 교회의 목회자와 성도들을 집요하게 공격한다는 것은 그만큼 그 교회의 영적 잠재력이 크기 때문이다. 바울이 데살로니가로 오기 전 빌립보를 거쳤는데, 거기서도 부당하게 매를 맞고 옥에 갇혀 고생을 했다. 빌립보 역시 군사, 정치, 경제적으로 중요한 전략적 도시였다. 그런 만큼 빌립보교회의 영적 잠재력이 컸기에 거기서도 복음 전파하고 교회 세우는 데 극심한 반대를 당하며 죽을 고생을 한 것이다.

데살로니가교회는 비록 생긴 지 얼마 안 된 젊은 교회였지만 북부의 마게도냐와 남부의 아가야를 아우르는 그리스 반도 전체에 선한 영향력을 끼치는 파워풀한 교회였다. 그러니 마귀의 눈에 이 교회가 얼마나 눈엣가시였겠는가. 이렇게 영향력이 있는 곳이었기에 바울은 마귀의 강한 공격을 받은 것이다.

주신 사명이 귀할수록 넘어야 할 장벽이 크다. 결코 영적인 여리고성은 쉽게 무너지지 않는다. 데살로니가 같은 복음의 요충지는 마귀들이 아주 득달같이 달려들어 저지하는 곳이다. 그래서 그런 곳을 점령하려면 우리가 치러야 할 대가가 크다.

노르망디나 인천 상륙작전 같은 전략적으로 중요한 전투에서는 치밀한 준비에도 불구하고 선봉대 해병들이 수천 명씩 희생된다. 마찬가지로 데살로니가 같은 영적 요충지에 주님의 교회의 깃발을 꽂는 데도 엄청난 출혈이 있었다.

특히, 영적 전쟁에서 사탄의 집중포화는 영적 지도자들에게 향한다. 바울과 디모데와 실라같이 복음 전파의 열정에 불타는 목회자들은 그야말로 집중 공격을 당한다. 본문에서 바울이 데살로니가 교인들에게 가는 것을 사탄이 '막았다'고 할 때는 바울이 물리적으로 그들에게 가지 못했다는 의미지만, 실제 우리 삶에서 보면 거리는 가까워도 다른 여러 가지 이상한 상황으로 인해 좋은 목회자의 설교가, 기도가, 영향력이 성도들에게 미치는 것을 막는 일들이 종종 일어난다. 목회자가 육체적, 정신적으로 탈진한다든지 어떤 일로 인해 성도와의 관계에 오해가 생긴다든지 하면 영적 영향력이 100퍼센트 미칠 수 없다.

중요한 것은 사탄은 수단 방법을 가리지 않고 목회자들이 성도들에게 영적으로 영향을 미치는 것을 필사적으로 방해한다는 것이다. 성도들은 목회자를 위해서 정말 많이 기도해주어야 한다. 그들은 하나님의 말씀을 성도들에게 배달해주는 복음의 택배기사요, 영적인 축복의 통로다. 그 영적인 통로가 막힘이 없이 훤히 뚫리도록 해야 한다. 목회자들과 성도들 간의 영적 통로가 막히지 않도록 늘 기도해주어야 한다. 그렇지 않고 조금만 방심하면 좋은 영적 지도자가 성도들에게 오는 것을 사탄이 막아버릴 수 있다.

좋은 소식을 전하는 자들의 발이 얼마나 아름다운가? 목회자들도 부족한 게 많다. 그러나 그들이 말씀을 전하지 않으면 어떻게 복음이 양들에게로 흘러가겠는가? 목회자들은 성도들의 기도를 먹고 산다. 시험 들지 않도록, 성령 충만하도록, 늘 영혼을 향한 열정을 잃지 않도록 기도해주어야 한다. 그러면 그것이 성도에게 더 큰 축복으로 돌아올 것이다.

19,20절은 목회자의 뜨거운 심장에서 우러나온 감동적인 고백이다.

우리의 소망이나 기쁨이나 자랑의 면류관이 무엇이냐 그가 강림하실 때 우리 주 예수 앞에 너희가 아니냐 너희는 우리의 영광이요 기쁨이니라 살전 2:19,20

우리의 소망

바울은 데살로니가교회를 향해 '너희는 우리의 소망'이라고 말한다. 알츠하이머, 치매에 대해 연구하는 학자들에 따르면(그들은 사망한 노인들의 뇌 구조를 조사했는데, 그중에 치매 증상이 있던 사람들과 그렇지 않은 사람들의 뇌 구조를 비교 분석했다), 분명히 알츠하이머 증상으로 판명될 수 있는 뇌 병변(Lesions on The Brain: 뇌조직의 비정상적인 구조 변화)이 있던 사람 중에 그들이 살아 있는 동안에는 한 번도 치매 증세를 보이지 않은 사람들이 있었다. 기억력도 좋고 생각도 분명했다. 의학적, 과학적으로는 치매 뇌 구조인데 그 증상이 한 번도 표면으로 드러나지 않았다는 것이다. 비결이 뭘까? 그런 사람들의 공통점은 모두 긍정적인 성격에, 항상 생산적인 활동을 하고, 미래에 대한 소망을 품은 사람들이었다는 것이다.

목회는 정말 힘들다. 그러나 목회자를 지치지 않게 하는 소망은 성도들이다. 르네상스 시대의 빛나는 천재 미켈란젤로가 만든 조각상들을 보면 금방이라도 살아 움직일 것처럼 뛰어나다. 누군가 미켈란젤로에게 어떻게 저 거친 원석 바윗돌에서 그렇게 놀라운 조각품을 만들어낼 수 있느냐고 물었다. 그러자 미켈란젤로가 대답했다.

"나는 바윗돌을 볼 때 그냥 바윗돌로 보지 않고 마음의 눈으로 그 안에 갇힌 완성품을 미리 그려봅니다. 그리고 나서 망치와 정을 들어 거기에 맞지 않는 불필요한 부분들을 다 쪼아내버립니다."

그렇다. 우리 주님도 우리 한 사람 한 사람을 만들어가실 때 그렇게 하실 것이다. 주님이 처음 시몬 베드로를 보았을 때, 그는 거칠고 자기 조절이 안 되는 혈기 방장한 사람이었다. 그러나 주님은 영의 눈으로 '사람 낚는 어부가 될 베드로'의 미래를 보시고, 끈질기게 그의 시몬(인간적인 면)을 쪼아내가셔서 훌륭한 걸작품 베드로(반석)를 만드셨다. 사람을 볼 때 당장 그 사람의 현재를 보고 판단해버리는 것이 아니라 영의 눈으로 그 사람의 미래를, 성령께 연단을 받은 후의 완성품을 보는 것, 그것이 바로 사람을 보고 소망을 품는 것이다.

바울이 데살로니가 성도들을 보고 '너희는 우리의 소망'이라고 한 말은 바로 그런 뜻이다. 목회란 그런 것이다. 지금은 대책 안 서게 망가진 것 같은 인생들도 말씀과 기도와 사랑으로 목양하면 언젠가 빛나는 별이 될 것이라는 소망을 목회자는 가슴에 품고 목양한다.

사도행전 2장, 오순절 다락방에서 베드로에게 성령이 임했을 때 베드로는 일어나 요엘의 예언서를 그대로 선포했다.

너희의 자녀들은 예언할 것이요 너희의 젊은이들은 환상을 보고 너희의 늙은이들은 꿈을 꾸리라 행 2:17

베드로는 어린 자녀들과 청년들과 장년들이 다 함께 경험할 부흥과 변화의 소망을 품은 것이다. 그리고 그 소망을 그대로 선포했고, 그것은 얼마 못 가 현실이 되었다.

10년 전 수십 명의 창립 멤버들과 함께 새로운교회를 시작할 때, 하나님께서는 말씀과 성령으로 다듬어진 우리 성도들이 '세상 속으로, 열방 속으로, 미래 속으로' 가는 꿈을 내 가슴에 심어주셨다. 나는 두렵고 떨리는 마음으로 선포했고, 그 꿈은 내 가슴에 지난 10년간 변함없이 성도들을 향한 소망이 되었다. 하나님께서는 하나하나 그 소망이 이루어져가는 것을 내게 보여주고 계신다. 어떤 마귀의 궤계도 그 거룩한 소망이 이뤄지는 것을 막지 못할 것이다.

우리의 기쁨

'너희는 우리의 기쁨'이란 말을 바울은 19절과 20절에서 두 번이나 반복한다. 부모는 자기 아이가 크는 것을 지켜보면서 하루에 수백 번을 웃는다고 한다. 아무리 힘들어도 아이의 모습을 보면 힘든 줄도 모르는 것, 그것이 부모의 마음이다. 바울은 영적 아비 된 심정으로 데살로니가

교회 성도들을 보면서 아기를 바라보는 부모처럼 항상 기뻤다. 성령의 두 번째 열매가 기쁨이라고 했는데, 주님이 우리에게 가장 큰 기쁨을 주시지만 또한 주님 안에서 만난 성도들이 목회자에게 정말 기쁨을 준다.

나는 젊은 시절 목회지를 못 찾고 1년 넘게 방황한 적이 있다. 그 기간이 정말 힘들었다. 경제적으로 힘들어서 그런 게 아니었다. 야구선수가 경기장을 떠난 것처럼 목사가 목양할 양 떼가 없다는 것이 목사의 마음을 그토록 메마르게 할 줄 몰랐다. 간혹 목회가 힘들다고 너무 쉽게 목회 현장을 그만두고 방황하는 목회자들을 종종 만나는데, 쉬는 것도 한두 달이지 금방 영적으로 얼마나 메말라가는지 모른다. 그 분들의 특징은 마음에 기쁨이 없다는 것이다. 하나님께서 우리를 목자로 부르셨을 때는 양 떼를 목양할 때만 느낄 수 있는 하늘의 기쁨을 주신다.

그래서 나는 내가 아는 모든 목사님에게 아무리 적어도 꼭 양 떼 옆에 붙어서 목양할 것을 권한다. 신학교 교수님들에게도 그렇게 권한다. 그래야 영적 기쁨이 생기고 영적 활력이 돌게 된다. 비단 목회자들뿐만이 아니다. 성도들도 소그룹 리더를 해보든지 주일학교 교사를 해보든지 꼭 영혼을 목양하는 일을 해보기를 권한다. 적막하던 집에 아기가 태어나면 갑자기 활기가 도는 것처럼 우리 마음에도 전에 없던 영적 기쁨이 솟아날 것이다.

물론 어렵고 힘든 일도 많다. 아기 키우는 것이 어디 좋기만 하던가. 툭하면 사고 치고 아프고 온갖 뒤치다꺼리 다 해야 하니까 지치기도 한다. 그러나 그 가운데 하나님이 주시는 기쁨이 있다. 바울은 데살로니가 교회 성도들을 목양하면서 많이 힘들기도 했지만, 그들이 복음으로 변해가고 성장해가는 모습을 보면서 말할 수 없는 기쁨을 선물로 받았다.

나 역시 우리 교회 성도들을 목양하면서 그들이 변해가는 모습을 보며 얼마나 큰 기쁨이 있는지 모른다. 요즘은 온라인 목양을 하면서 각 공동체 목사님들을 통해 성도들이 나를 비롯한 목회자들을 위한 응원 영상도 보내주고 기도문도 보내주곤 하는데, 그것들을 보고 읽을 때마다 영적 엔도르핀이 막 솟아난다.

자랑의 면류관

내가 신학교 다니던 시절 존경하던 노교수님 한 분이 우리에게 그런 말씀을 하셨다.

"제군들, 목사는 승진이 없는 직업이라는 것 아는가? 사회에 가면 주임, 대리, 과장, 차장, 부장, 더 하면 사장까지 승진할 수 있는데, 목사는 안수받으면 그냥 평생 목사인 거야. 우리는 계급이나 명예가 높아지는 업이 아니야. 그렇다고 돈을 많이 벌 수 있는 것도 아니지. 우리의 유일한 명예, 우리 삶의 최고의 희열은 단 하나. 바로 하나님께서 우리를 통하여 변화시키는 성도들일 뿐이다. 하늘나라 가서 하나님 앞에 우리가 자랑할 수 있는 유일한 면류관은 그것이지."

정말 그렇다. 먼 훗날 주님 앞에서 목자들이 내어놓을 수 있는 최고의 자랑거리는 말씀으로 변화된 성도들이다. 저 영광의 나라로 이 땅의 돈을 갖고 갈 수 있는가? 부동산, 명예, 학벌을 갖고 갈 수 있는가? 갖고 갈 수 있는 건 사람의 영혼뿐이다. 세상에 많은 일이 있지만, 말씀으로 영혼을 살리고 먹이고 양육하는 일이 가장 최고의 투자다. 그래서 나는 한 번도 목사 된 것을 후회해본 적이 없다. 이 못나고 부족한 죄인을 말씀의 대언자로 택해주신 주님의 은혜에 감사해 하루에도 몇 번씩 목이 메일 뿐이다.

이 책을 읽는 사랑하는 독자 여러분이 우리 목회자들의 영광이요 기쁨이요 면류관이다. 목회자의 한 사람으로서 당신을 정말 축복하고 싶다. 이 힘들고 어려운 시대에 우리가 함께 신앙생활할 수 있음이 얼마나 큰 기쁨인가. 우리 한 사람 한 사람이, 우리가 속한 우리의 교회가 이 나라 한국교회를 깨우는 귀한 교회로 사용될 줄 믿는다.

chapter 10

하나님의 말씀에 반응하라

데살로니가전서 2장 13-16절

13 이러므로 우리가 하나님께 끊임없이 감사함은 너희가 우리에게 들은 바 하나님의 말씀을 받을 때에 사람의 말로 받지 아니하고 하나님의 말씀으로 받음이니 진실로 그러하도다 이 말씀이 또한 너희 믿는 자 가운데에서 역사하느니라 14 형제들아 너희가 그리스도 예수 안에서 유대에 있는 하나님의 교회들을 본받은 자 되었으니 그들이 유대인들에게 고난을 받음과 같이 너희도 너희 동족에게서 동일한 고난을 받았느니라 15 유대인은 주 예수와 선지자들을 죽이고 우리를 쫓아내고 하나님을 기쁘시게 하지 아니하고 모든 사람에게 대적이 되어 16 우리가 이방인에게 말하여 구원받게 함을 그들이 금하여 자기 죄를 항상 채우매 노하심이 끝까지 그들에게 임하였느니라

글로벌 팬데믹 코로나19 사태를 맞아서 미국이나 캐나다, 유럽 등지에서는 사람들이 생필품 사재기를 하는 바람에 대형마트의 진열장이 텅텅 비었다고 한다. 공포심에 사로잡히게 되면 선진국 국민들도 별수 없구나 하는 생각이 들었다. 그런데 희한하게도 우리나라는 사재기 현상이 별로 없다. 물론 우리 국민들의 시민의식이 성숙하기 때문이기도 하겠지만, 전문가들 의견이 "우리나라는 배달 문화가 아주 발달했기 때문"이라는 것이다.

하기는 외국인들이 한국에 살면서 가장 감탄하는 것 중 하나가 무엇이든지, 어디로든지 신속하게 배달해주는 배달 문화라고 한다. 여름 바캉스 시즌에 수십만 인파가 운집한 해운대 백사장으로도 정확하게 짜장면이 배달되는 나라가 우리나라다. 코로나 사태가 터지기 전에도 이미 하루 전에 주문하면 다음 날 아침에 정확하게 배달해주는 쿠팡, 마켓컬리, 배달의 민족 같은 서비스들에 우리는 익숙해져 있다. 오죽하면 이 힘든 시기를 버티게 해주는 가장 중요한 역할을 감당하는 두 그룹 있는데, 하나는 의료방역진이고 하나는 택배 기사 분들이라고 하지 않는가. 비가 오나 눈이 오나 어떤 일이 있어도 고객의 집에 정확하게 물건을 배달해주는 대한민국 택배 기사 분들의 책임감과 기민함에 나는 박수를 보내고 싶다.

그런데 가만 생각해보니까 나 같은 목회자나 선교사들이 바로 사람들에게 복음을 배달하는 택배 기사 같다는 생각이 들었다. 특히 본문을 읽으면서 그런 생각을 더 많이 하게 되었다.

말씀을 하나님의 말씀으로 받을 것

이러므로 우리가 하나님께 끊임없이 감사함은 너희가 우리에게 들은 바 하나님의 말씀을 받을 때에 사람의 말로 받지 아니하고 하나님의 말씀으로 받음이니 진실로 그러하도다 이 말씀이 또한 너희 믿는 자 가운데에서 역사하느니라 **살전 2:13**

여기서 "너희가 우리에게 들은 바 하나님의 말씀을 받을 때"란 말에 주목하라. 복음은 사람에 의해서 사람에게 전달된다. 하나님은 복음 전파의 사명을 사람에게 주셨지, 결코 천군 천사나 다른 피조물에게 주지 않으셨다. 지구상 모든 영혼의 영적 운명이 복음 전파하는 사명을 받은 우리의 손에 달려 있다. 이 모든 것이 인간의 계획이나 의지로 되는 일이 아니다. 하나님께서 우리를 보내셨기 때문에 우리는 가서 복음을 전하는 것이다.

그런즉 그들이 믿지 아니하는 이를 어찌 부르리요 듣지도 못한 이를 어찌 믿으리요 전파하는 자가 없이 어찌 들으리요 보내심을 받지 아니하였으면 어찌 전파하리요 기록된 바 아름답도다 좋은 소식을 전하는 자들의 발이여 함과 같으니라 **롬 10:14,15**

누가 당신에게 복음을 전해주고 말씀을 가르쳐주었는가? 그 사람을 귀하게 여기기 바란다. 그 사람이 목사나 전도사 같은 목회자일 수도 있고, 주일학교 선생님일 수도 있다. 그 사람은 하나님이 당신에게 주신 가장 큰 선물이다. 그들을 축복하고 귀히 여겨주길 바란다. 동시에 당신도 누군가에게 복음을 전함으로써 하나님의 선물이 되어주었으면 좋겠다. 그게 전도요, 선교요, 비전이다.

아무리 공을 잘 던져도 받는 사람이 제대로 받지 못하면 아무 소용없다고 하지 않았는가? 말씀은 받는 사람의 태도에 따라서 전혀 다른 결과를 낳는다. 씨 뿌리는 자의 비유에서 보면 똑같은 씨가 떨어졌는데 어떤 씨는 열매를 못 맺고, 어떤 씨는 30배, 60배, 100배의 열매를 맺는 것은 씨가 달라서가 아니다. 떨어진 땅이 달라서이다. 똑같은 복음을 받지만, 어떤 마음으로 받느냐에 따라서 완전히 다른 결과가 나온다.

데살로니가 교인들의 마음은 아주 좋은 옥토였다. 그렇다면 어떤 것이 좋은 마음밭일까?

"너희가 우리에게 들은 바 하나님의 말씀을 받을 때에 사람의 말로 받지 아니하고 하나님의 말씀으로 받음이니 진실로 그러하도다."

참으로 중요한 영적 비밀이 담긴 말씀이다. 사람의 말로 받지 말고 하나님의 말씀으로 받아야 한다.

데살로니가가 대도시였던 만큼 데살로니가 교인 중에는 교육을 많이 받은 인텔리들과 부유한 귀부인들이 많았다. 인간적으로 따지면 자존심이 하늘을 찌르고, 어지간한 사람의 말 정도는 가볍게 무시해버렸을 사람들이다. 그러나 바울을 비롯한 목회자들의 말씀을 들을 때는 겸손하게 하나님의 말씀으로 받았다. 그러자 영혼이 변하고 삶이 변하는 놀라운 변화가 일어났다.

말씀을 인간의 말로 받아들이면 능력이 나타나지 않는다. 복음서에도 보면, 예수님의 말씀을 인간적으로 받아들인 마을에서는 큰 기적과 능력이 나타나지 않았다.

'뭐야, 시골 동네 나사렛 출신이잖아? 나사렛에서 뭐 선한 것이 나겠어? 그것도 정통 랍비 훈련을 받은 사람도 아니고 목수라며?'

이런 식으로 예수님의 인간적인 모습을 보고 마음을 닫아버린 사람들은 그 보배로운 하나님의 말씀을 하나도 받지 못했다. 하지만 니고데모 같은 저명한 율법가도 겸손한 마음으로 예수님의 말씀을 받으니 요한복음 3장 16절 같은 보배로운 말씀을 들을 수 있었다.

"하나님이 세상을 이처럼 사랑하사 독생자를 주셨으니 이는 그를 믿는 자마다 멸망하지 않고 영생을 얻게 하려 하심이라."

하나님의 말씀을 받을 때, 전달하는 사람을 보지 말고 그를 사용하시는 하나님을 바라보며 하나님의 말씀으로 받으라. 그럴 때 놀라운 역사가 일어난다.

나는 신학교 시절부터 항상 미국과 한국의 좋은 목회자들의 다양한 설교를 들으며 은혜를 받아왔다. 장로교, 침례교, 순복음, 감리교 등 교단에 대한 선입관을 두지 않고 하나님께서 이 시대에 쓰시는 종들의 설교를 다양하게 들으니 정말 다양한 방향으로 큰 은혜를 골고루 누릴 수 있었다.

때로는 평신도 지도자들의 세미나와 간증을 통해서도 성령께서 말씀하시는 음성을 듣고 큰 감동을 받았다. 요즘에는 나보다 젊은 목사님들의 설교를 통해서 많은 은혜를 받는다. 그 분들이 나보다 나이가 적은지 많은지, 또 학위가 있든지 없든지, 교단이 같은지 다른지는 중요하지 않다. 그 말씀을 받을 때 사람의 말로 받지 않고 하나님의 말씀으로 받으면 된다.

전적으로 하나님이 하신 일

한번은 교회로 편지 한 통을 받은 적이 있다. 읽어보니 지방에 사는 다른 교회 성도님인데, 우연히 지인이 보내준 내 설교 영상을 보고 큰 은혜를 받으셨다고 한다. 삶을 포기하고 싶을 만큼 힘든 상황이었는데, 그 설교를 듣고 다시 살아야겠다는 용기를 얻었고, 하나님이 자신에게 직접 격려하시는 듯한 감동을 받았다고 한다. 그래서 결국 다시 일어날 수 있었고, 지금은 상황이 너무 좋아져서 내게 감사의 편지를 보내온 것이다.

그런데 그 편지 속 그 분이 큰 은혜를 받았다던 설교 제목과 주제를 듣고 나는 흠칫 놀랐다. 기억을 더듬어보니 내가 그렇게 좋은 컨디션으로 한 설교가 아니었기 때문이다. 그 당시 나 자신이 육체적, 정신적으로 많이 지쳐 있던 때라 거의 쓰러지지 않을 정도의 미약한 힘으로 한 설교였다고 기억한다. 그런데 그 설교가 한 성도를 죽음 같은 절망에서 일으켜 세우는 생명의 말씀이 되었다는 사실이 너무 놀라웠다. 그것은 하나님이 하신 일이지 사람이 한 일이 아니다.

나같이 부족한 설교자가 전한 메시지 한 마디를 주님이 사용하셔서 한 성도의 삶을 놀랍게 변화시키는 것, 맹세컨대 이것은 100퍼센트 하나님의 은혜요, 받는 그 성도의 믿음이지, 내가 설교 잘해서가 아니다.

이것은 말씀 전하는 목회자를 겸손하게 한다. 내가 잘해서 은혜 받은 줄 알았더니 받는 분들의 영적인 상태가 성령으로 충만해서 은혜받은 것이다. 우리 교회에 초청받아 말씀을 전하신 외부 강사들이 종종 이런 말을 한다. "새로운교회에 와서 설교하면 설교가 너무 잘된다"고. 그건 나도 공감한다. 10년 넘도록 착실하게 말씀을 하나님의 말씀으로 받아 영적인 마음밭을 잘 기경한 우리 성도들은 설교자의 베스트를 이끌어낸다.

말씀을 들을 때 항상 겸손한 마음, 은혜를 갈망하는 마음으로 사람의 말이 아닌 하나님의 말씀으로 받으라. 그러면 그 말씀은 우리 인생의 목마름을 시원하게 할 생명수가 될 것이요, 영혼 속의 더러움을 정결하게 하는 거룩한 불이 될 것이며, 영혼 깊숙이 찌르고 들어가는 예리한 검이 될 것이고, 다시금 시작하게 하는 능력이 되어줄 것이다.

한 가지 덧붙이고 싶은 말이 있다. "사람의 말로 받지 아니하고 하나님의 말씀으로 받는다"는 것은 목회자의 말에 무조건 맹종하라는 이야기가 아니다. 잘못된 메시지에 영향을 받지 않기 위해선 영적 분별력이 필요하다. 기도를 많이 하고 말씀으로 충만해지면 영적 분별력이 생긴다.

사람의 일을 사람의 속에 있는 영 외에 누가 알리요 이와 같이 하나님의 일도 하나님의 영 외에는 아무도 알지 못하느니라 우리가 세상의 영을 받지 아니하고 오직 하나님으로부터 온 영을 받았으니 이는 우리로 하여금 하나님께서 우리에게 은혜로 주신 것들을 알게 하려 하심이라 **고전 2:11,12**

인간적 선입관을 버리고 우리 안에 계신 성령의 음성에 귀를 기울이라. 예수님을 잉태한 마리아가 들어오자 세례 요한을 잉태한 엘리사벳이 춤추며 기뻐했듯이, 성령의 사람은 성령의 사람에게 반응하게 되어 있다. 하나님이 구원하시기로 작정한 사람은 제대로 된 영적 메시지에 제대로 반응한다. 내 안에 있는 성령께서 말씀을 전하는 목회자 안에 있는 성령에 반응하는 것이다.

받은 말씀을 믿으라

13절에서 또 하나 중요한 것은 우리가 받은 말씀을 믿어야 한다는 것이다.

"말씀이 또한 너희 '믿는 자' 가운데에서 역사하느니라."

우리가 받은 말씀을 믿을 때, 말씀이 우리 안에서 역사한다. '역사한다'는 것은 우리 안에서 일하기 시작한다는 뜻이다. 가만 보면, 성경공부 열심히 하고 말씀을 듣기는 많이 듣는데 영적 삶이 무기력한 사람들이 있는데, 바로 여기서 걸린 경우가 많다. 말씀을 많이 듣고 받는데 그 말씀을 믿지 않기 때문이다. 우리는 받은 말씀 하나하나를 믿어야 한다.

'에이, 오병이어의 기적은 그 옛날 예수님 때나 일어나는 일이지 요즘에도 되겠어? 에이, 여리고성 무너지는 일은 여호수아 때나 가능한 일이지 그게 요즘 되겠어?'

이런 식으로 말씀의 김을 빼버리면 안 된다. 이런 식의 불신을 마음속에 품는 순간, 말씀의 역사가 순식간에 멈춰버릴 것이다. 말씀이 능력이 되어 우리의 인생을 실제로 바꾸기 원한다면 내가 받은 말씀을 하나하나 "아멘!"으로 믿어야 한다.

기독교 역사를 보면 어둡고 힘든 때일수록 기적이 많이 일어났다. 절박한 심령들이 간절하게 말씀을 듣고 우직하게 믿었기 때문이다. 말씀을 가지고 너무 많이 고민하고 토론하고 감상하면 안 된다. 말씀은 그냥 믿어버려야 한다. 성경 속 기적이 내 삶에도 그대로 이뤄질 것을 믿고 기도해야 한다. 그러면 하나님의 말씀은 우리 안에 기적을 만들어가실 것이다. "말씀은 너희 모두 안에서 역사하느니라"가 아니라 "말씀은 너희 믿는 자 가운데서 역사하느니라"라고 했다.

말씀의 능력은 환난 중에서 더 큰 빛을 발한다

데살로니가교회는 처음부터 모진 고난 속에 세워진 교회다. 데살로니가에서의 바울의 사역은 참으로 험난했다. 처음 데살로니가에 와서는 안식일에 회당에서 겨우 세 차례 설교한 후 유대인들에 의해 쫓겨났다. 그래서 바울은 가정들을 방문하면서 자신을 받아주는 곳에서 설교했다.

그런데 이것이 큰 성공을 거두게 되자, 유대인들은 바울 일행의 생명을 위협하기에 이른다. 결국 바울은 실라와 디모데와 함께 야반도주하다시피 데살로니가를 떠날 수밖에 없었다. 옆 도시 베뢰아로 가서 잠시 사역했지만, 유대인들이 거기까지 쫓아와 방해하는 바람에 아테네까지 피해가야 했다. 바울 일행을 이렇게 끈질기게 핍박한 유대인 방해자들은 막 복음을 받아들인 데살로니가교회 성도들 역시 무자비하게 핍박했다.

형제들아 너희가 그리스도 예수 안에서 유대에 있는 하나님의 교회들을 본받은 자

주님의 교회를 핍박하고 복음 사역을 가장 앞장서서 핍박한 사람들이 다른 사람도 아닌 유대인들이었다는 사실이 너무 가슴이 아프다. 그들은 육체적 혈통으로 믿음의 조상 아브라함의 자손들이었다. 그래서 자신들이 하나님께 선택된 민족이라는 자부심이 강했다. 본래 유대인이라는 말은 '하나님을 찬양하는 백성들'이라는 뜻을 담은 아름다운 말이다.

그들은 어릴 때부터 엄청난 영적 특권을 갖고 자라났는데, 그것은 하나님의 말씀인 율법을 아기 때부터 듣고 배우며 자란 것이다. 어릴 때부터 성전과 회당이 그들의 놀이터였고 종교의식이 완전히 몸에 배어 있었다. 그들은 성인이 되기 전에 모세오경을 다 익히고 신명기 같은 말씀은 거의 통째로 아예 암송을 할 정도였다. 유대인 남자들은 정수리만 가리는 '키파'라고 하는 작은 베레모(빵모자)를 쓰고 다니는데, 그것은 하나님께서 오직 유대 민족만의 하나님임을 자랑하는 증표였다.

그러나 그들은 율법의 틀에 갇혀서 율법의 완성이신 예수 그리스도를 알아보지 못했다. 그래서 15절 말씀처럼 "주 예수와 선지자들을 죽이고, 사도들을 쫓아내고, 하나님을 기쁘시게 하지 않고 모든 사람에게 대적이 되었다."

바울은 이 지독한 복음 방해자들을 하나님께서 반드시 심판하실 것을 예언한다.

우리가 이방인에게 말하여 구원받게 함을 그들이 금하여 자기 죄를 항상 채우매 노
하심이 끝까지 그들에게 임하였느니라 **살전 2:16**

구약 시대 때 선택된 민족이었던 유대인들이라 할지라도 예외는 아니
다. 복음 사역을 대적하는 자는 단순히 인간을 대적하는 것이 아니라 하
나님을 대적하는 것이며, 따라서 당연히 하나님의 진노를 당하게 된다.
하나님께서는 복음을 전하는 자들을 핍박하고 교회를 핍박하는 자들을
결코 가만두지 않으실 것이다. 그러므로 복음으로 인하여 핍박을 당할
때 오히려 핍박하는 그들을 하나님이 불쌍히 여겨주시기를 기도하라.

데살로니가 교인들은 큰 영적인 축복을 받은 교회였지만, 그들은 많
은 핍박과 고난을 겪어야 했다. 그러나 말씀의 능력은 성도가 환난 중에
있을 때 더 큰 빛을 발한다. 하나님의 백성에게 있어서 고난은 오히려 하
나님의 능력을 피부로 경험할 수 있는 최고의 기회이다. 말씀은 고난을
이길 힘을 준다. 영적인 축복을 받았다는 것이 세상의 모든 고난으로부
터 열외된다는 것은 결코 아니다. 적극적인 믿음만 가지면 병도 낫고, 직
장도 생기고, 모든 문제가 싹 해결되면 좋겠지만, 결코 그렇지 않다.

미국의 릭 워렌 목사의 인터뷰 내용이다. 그는 미국에서 가장 성공적
인 대형교회 새들백교회의 담임이자 해리포터에 이어 금세기 최고의 베스
트셀러라고 할 수 있는 《목적이 이끄는 삶》의 저자이기도 하다. 그러나
그는 선천적 뇌질환으로 고등학생 때까지 간질 치료제를 복용했으며 언
제 쓰러질지 모르는 연약한 육체의 소유자이며, 《목적이 이끄는 삶》이
세계적 블록버스터로 등극한 그해, 사랑하는 아내가 암 선고를 받고 말

할 수 없이 고통스런 시간을 보내야 했다. 그는 담담히 말한다. 하나님의 사람에게 있어 인생이란 언덕과 계곡이라기보다 기찻길 위에 있는 두 개의 레일과 같다고. 한쪽은 기쁘고 좋은 일, 한쪽은 힘들고 어려운 일이 함께 일어난다. 따라서 우리는 항상 하나님을 바라보며 교만하거나 좌절하지 않고 신실하게 하루하루를 살아야 한다.

당신이 정말 신실한 믿음을 가지고 있는데도 환난 속에 있는가? 좌절하지 말라. 하나님이 결코 당신을 버렸다고 생각지도 말라. 은혜와 환난을 함께 겪었던 데살로니가교회처럼, 당신도 의연하게 하나님만 바라보며 가면 반드시 모든 것이 합력하여 선을 이루게 될 것이다.

주님 다시 오실 때가 정말 가까웠다. 하나님의 교회를 핍박하는 마귀의 세력은 점점 드세질 것이고, 믿음의 사람으로 사는 것이 정말 쉽지 않을 것이다. 그러나 이럴 때일수록 말씀과 기도로 무장하고 일어나 주를 위해 서라. 하나님이 우리를 강한 용사로 세우셔서 이 어둠 속에 젖어 있는 세상을 살리실 것이다.

chapter 11

거룩이 하나님의 뜻이다

데살로니가전서 4장 1-8절

1 그러므로 형제들아 우리가 끝으로 주 예수 안에서 너희에게 구하고 권면하노니 너희가 마땅히 어떻게 행하며 하나님을 기쁘시게 할 수 있는지를 우리에게 배웠으니 곧 너희가 행하는 바라 더욱 많이 힘쓰라 2 우리가 주 예수로 말미암아 너희에게 무슨 명령으로 준 것을 너희가 아느니라 3 하나님의 뜻은 이것이니 너희의 거룩함이라 곧 음란을 버리고 4 각각 거룩함과 존귀함으로 자기의 아내 대할 줄을 알고 5 하나님을 모르는 이방인과 같이 색욕을 따르지 말고 6 이 일에 분수를 넘어서 형제를 해하지 말라 이는 우리가 너희에게 미리 말하고 증언한 것과 같이 이 모든 일에 주께서 신원하여주심이라 7 하나님이 우리를 부르심은 부정하게 하심이 아니요 거룩하게 하심이니 8 그러므로 저버리는 자는 사람을 저버림이 아니요 너희에게 그의 성령을 주신 하나님을 저버림이니라

디모데를 통해 데살로니가교회가 많은 핍박 속에서도 너무나 훌륭한 믿음의 본을 보이며 성장해가고 있다는 소식을 들은 바울은 하나님께 감사하며 그들을 위해 기도한다. 데살로니전서 3장 9절 이하를 보면 바울은 그들의 믿음의 부족한 부분이 더 채워지고 업그레이드되기를 위해 기도했으며, 그들의 사랑이 더욱 충만해지기를 위해 기도했고, 또한 그들의 삶이 거룩하게 되기를 하나님께 간절히 기도했다.

그리고 여기서 살펴볼 데살로니가전서 4장에서는 거룩한 삶에 대해 구체적으로 설명하면서 그들이 거룩한 삶을 살도록 격려하며 중보한다. 거룩한 삶이 하나님을 기쁘시게 하는 삶이기 때문이다.

자, 그럼 도대체 거룩이란 무엇일까?

하나님 명령에 순종하는 것

거룩은 하나님의 명령에 순종하는 것이다.

그러므로 형제들아 우리가 끝으로 주 예수 안에서 너희에게 구하고 권면하노니 너희가 마땅히 어떻게 행하며 하나님을 기쁘시게 할 수 있는지를 우리에게 배웠으니 곧 너희가 행하는 바라 더욱 많이 힘쓰라 **살전 4:1**

여기서 "우리에게 배웠으니 곧 너희가 행하는 바라"란 말을 원어 그대로 직역하면, '우리가 명령한 것을 너희가 잘 지키고 있다'는 뜻이다. 물론 바울과 디모데가 개인으로 명령한 것이 아니고, 교회의 머리이신 예수님의 명령을 전달한 것이다. 교회는 그리스도의 군대라고 했다. 군대에서 명령은 절대적이다. 오늘날 기독교 신앙의 위기는 지나친 신앙의 지성화요, 종교의식화다. 믿음은 따지고 분석하고 토론하는 것이 아니고, '이 눈엔 아무 증거 아니 보여도 믿음으로 순종하는 것'이다.

찰스 콜슨의 《러빙 갓》이란 책에 보면 호텔 중개인 오르브 크리거의 이야기가 나온다. 어느 날 그는 워싱턴주 스포케인에 140동짜리 홀리데이 인 호텔이 매물로 나왔으니 매입할 의향이 없냐는 전화를 받았다. 가 보니 공항에서 아주 가까운데다 시내 전체가 내려다보이는 기가 막힌 장소에 자리한 좋은 호텔이었다. 문제는 한 가지였다. 1층에 있는 술집과 레스토랑이 호텔의 큰 수입원이었는데, 특히 술집은 그 당시 돈으로 한 달 평균 약 1만 달러의 수입을 올리고 있었으니(요즘 한국 돈으로 환산하면 10억이 넘을 것이다) 그야말로 황금알을 낳는 오리와 같았다.

그러나 신실한 크리스천이었던 크리거는 이 술집을 닫기로 했다. 간부들의 거센 항의가 있었으나 크리거는 고집을 굽히지 않았다. 대신 호텔 로비를 리모델링하고 멋진 커피숍을 그 자리에 만들었다. 그 결과 술집을 운영하지 않았음에도 불구하고 처음 5년 동안은 음식 판매량이 20퍼센트, 객실 예약률이 30퍼센트 증가함으로써 호텔은 적자를 면하고 성장할 수 있었다. 술을 팔지 않으니 그렇게 큰 이익이 순식간에 나올수는 없었다. 그러나 크리거는 그 정도의 손해는 감당할 각오를 하고 있었으므로 담담했다. 그는 훗날 이렇게 회고했다.

"당신이 믿음대로 살 각오가 되어 있지 않다면 당신이 가진 믿음은 별 가치가 없는 것이 아닌가?"

거룩은 현실이 어려운 상황에서도 하나님께 순종하는 것이다.

하나님의 마음을 기쁘시게 하려는 마음

왜 거룩하게 살려고 하는가? 1절에 보면 분명한 답이 나온다. 그건 "하나님을 기쁘시게" 하기 위해서다. 사람들은 모두 다 누군가를 기쁘게 해주기 위해서 산다. 대부분의 사람들은 자기 자신을 기쁘게 하기 위해 산다. 그러나 하나님의 자녀 된 우리는 하나님을 기쁘시게 해드리기 위해 사는 사람들이다. 평생 하나님과 함께 걸었던 까닭에 죽음을 보지 않고 고이 하늘나라로 옮겨간 사람 에녹, 그를 가리켜 히브리서 기자는 그가 평소에 "하나님을 기쁘시게 하는 자"(히 11:5)였다고 했다. 예수님도 말씀하시기를 "나를 보내신 이가 나와 함께하시도다 나는 항상 그가 기뻐하시는 일을 행하므로 나를 혼자 두지 아니하셨느니라"(요 8:29)라고 하셨다.

거룩은 괜히 폼 잡고 무게 잡고 목에 힘주는 딱딱한 종교적 위선이 아니다. 그것은 사랑하는 남편을 기쁘게 해주기 위해 집안을 늘 단장하고, 자신을 아름답게 가꾸고, 창조적인 생각을 하는 신부의 마음과 같은 것이다. 하나님이 내게 베풀어주신 사랑이 너무 좋아서, 그 은혜에 너무 감격해서 하나님을 기쁘시게 하는 말과 행동만 하고 살겠다는 적극적인 결심인 것이다. 하나님께 벼락 맞을까봐 두려워서 거룩한 삶을 사는 게 아니라, 하나님을 너무 사랑해서 하나님을 기쁘게 해드리기 위해서 거룩한 삶을 택하는 것이다.

거룩은 순결함이다

3절에서 바울은 "하나님의 뜻은 이것이니 너희의 거룩함이라 곧 음란을 버리고"라고 하고는 8절까지 쭉 그리스도인의 성적인 순결함을 계속 강조한다. 하나님의 말씀은 두루뭉술한 이론이 아니라 항상 구체적이고 실제적이다. 이 땅에 발을 딛고 살아가야 하는 크리스천들이 직면한 가장 어렵고 예민한 문제를 가식하지 않고 정면으로 짚어낸다. 당시 헬라-로마 문화권은 알다시피 대단히 음란한 사회였다. 올림포스의 신들도 성적(性的)으로 대단히 음탕해서, 당시 신전의 여사제들은 공인된 창녀들과 같았다. 그런 신전들이 많은 데살로니가나 고린도 같은 도시들은 말할 수 없이 성적으로 문란한 것이 일반 사회 분위기였다. 중상류층, 하류층 할 것 없이 성적인 타락이 극에 달해 있었기 때문에, 성경적인 가치관으로 성(性) 문제를 바라본다는 것 자체가 이상할 정도였다.

오래전 이태리의 폼페이에 다녀온 적이 있는데, 발굴되어 있는 도시 건물들을 보니 엄청난 규모의 공중목욕탕과 그 앞에 술집, 사창가들이 즐비했고 벽마다 음란한 낙서와 그림들이 가득했다. 문밖으로 나가기만 하면 이런 환경이 펼쳐졌으니 예수를 믿고 나서도 당시 많은 크리스천이 이 문제에서 완전히 자유롭지 못했다. 디모데는 데살로니가교회를 방문하고 나서 이 문제가 생각보다 심각하다는 것을 알고 바울에게 보고한 것이다. 고린도교회도 그랬고, 데살로니가교회도 이 문제를 확실히 해둘 필요가 있었다.

　오늘날 우리가 살고 있는 이 한국 사회도 그 당시 고린도나 데살로니가 못지않은 것 같다. 성적인 타락이 이젠 위험 수위를 훨씬 넘었다. 최근에는 수많은 젊은 여성의 성 착취 영상물을 제작, 유포한 텔레그램 단체방 N번방의 실체가 만천하에 공개되어 우리에게 충격을 주었다. 소위 '박사'로 불렸던 운영자 조주빈은 여성들을 협박하고 신상정보를 파악해 가학적인 사진과 영상을 찍고 올리게 했다. 피해자들은 대부분이 십 대 여성들인데 처음엔 고액 아르바이트를 미끼로 접근해서 포섭한다고 했다. IT 정보기술 발달로 개인정보는 곳곳에 모인다. 이를 악용하여 범인은 주민센터 행정 전산망을 통해 여성들의 개인정보를 빼냈다고 하니 충격이다. 수위에 따라서 1-8번방까지 가입하는 데 수십, 수백만 원이 드는데 가입 회원들이 30만 명 가까이 된다니 기가 막힌다. 지난번 강남의 버닝썬 사건 때도 그랬는데, 스마트폰 채팅방이라는 IT 기술을 악용한 한국 남자들의 추악한 실체는 충격적이다.

　시대에 따라 모양새만 바뀔 뿐이지, 이런 일들은 항상 있었다. 스마트폰이나 SNS가 활성화되기 전에도 인터넷을 기반으로 한 이런 일들이 비일비재하게 일어났다. 한국은 세계에서 인터넷 환경 구축과 사용이 가장 빨리 확산된 곳인데, 음란 사이트의 확산 역시 정말 빠르게 일어났다. 더 안타까운 것은 이런 음란 사이트들의 주 고객이 십 대들이란 것이다.

　그렇다고 십 대들만 문제인 것은 아니다. 중년 이상의 어른들의 타락역시 심각하다. 오래전에 옛 초등학교 동창을 찾아주는 사이트가 유행한 적이 있었다. 그 무렵 그렇게 만난 동창들끼리 불륜 관계를 가진 경우가 기하급수적으로 늘어났다고 한다.

중년 남자들과 십 대 소녀들의 원조교제가 사회문제가 된 것은 오래 전 일이다. 경치 좋은 곳이면 어김없이 들어서는 러브호텔들은 사회적 지탄을 받기 전까지만 해도 대낮에 주차할 자리가 없을 정도로 성황이었다. 한국은 아시아에서 손꼽힐 정도로 음란물을 많이 제작하는 나라이며, 러시아나 동유럽, 중국 등의 여성들을 국내로 데려와 매춘업을 일삼는 조직들이 가장 극성을 떠는 나라 중 하나이기도 하다.

몇 년 전, 〈타임〉지는 '아시아의 섹스'란 특집 기사에서 아시아 각국의 성적인 타락을 집중적으로 다루었다. 각 나라 사람들의 최근 설문조사와 각종 연구자료 분석 결과 한국이 홍콩이나 태국, 필리핀보다 오히려 성적 타락의 정도가 더 심한 것으로 확인됐다. 순결은 결혼하기 전 청년들만 엄수해야 할 문제가 아니다. 한국의 결혼한 남성들의 65퍼센트, 여성의 41퍼센트가 배우자가 아닌 다른 사람과 관계를 가진 일이 있다고 한다. 전 세계를 휩쓴 미투 운동이 한국에도 상륙하여 한창 회오리바람을 일으키며 지나갔을 때도 보면, 성적 문란함은 나이나 직업에 상관 없이 정치, 교육, 문화, 종교, 체육 등 사회 각 분야의 수많은 지도층이라는 사람들 사이에 만연해 있다는 것이 여실히 드러났다.

특히 음란 문화는 음주 문화와 꼭 함께 간다. 우리 사회는 음주 문화에 대해서 아직도 너무나 관대한 경향이 있는데, 미투 운동의 피해자들이나 음란 영상 유포 피해자들의 이야기를 들어보면 이런 일들은 대부분 술자리에서 많이 일어난다. 우리나라의 음주 문화, 음란 문화의 부적절한 조합이 만드는 병폐는 너무나 심각하다.

삶 속에 아직도 음주 문화, 음란 문화의 사슬을 끊지 못한 사람이 있다면 오늘, 지금, 이 순간부터 결단하기 바란다. 하나님께서 힘주실 것이다.

이 모든 현실은 지금 한국 사회의 성적 윤리가 얼마나 땅에 떨어져버렸는지를 입증하고 있다. 문제는 하나님을 믿는 크리스천들도 이런 타락한 시대의 영향을 받았다는 사실이다. 당시 데살로니가교회도 그랬다. 바울은 지금 그런 데살로니가교회 성도들에게 음란 문화를 버리고 거룩하라고 말하고 있는 것이다. 믿음의 열정도 있었고, 환난을 견뎌내는 의지도 있었지만, 아직 데살로니가교회 성도들 안에는 음란한 옛 사람이 살아서 꿈틀거렸고 그것이 마귀가 공동체를 흔들 수 있는 교두보를 제공했던 것이다. 그래서 바울은 이 문제를 정면으로 강하게 다루었다.

성적인 타락은 공동체를 파괴한다

하나님을 모르는 이방인과 같이 색욕을 따르지 말고 이 일에 분수를 넘어서 형제를 해하지 말라 **살전 4:5,6**

성적인 죄는 다른 성도들을 해하는 일이다. 한 명의 신실한 크리스천이 성적인 죄를 지으면 주위 사람들에게 얼마나 큰 충격을 주고, 신앙을 흔들어놓는지 이루 다 말할 수가 없다. 사생활을 중시하는 요즘 같은 개인주의 사회에서는 "성은 당사자 둘만의 문제니까, 남들이 무슨 상관이냐?"고 하는데, 결코 그렇지 않다. 성적인 죄는 개인을 넘어서 가정을 파괴시킨다.

미국을 비롯한 구미 선진국들의 이혼율이 30, 40퍼센트를 웃돌고 있음은 이미 다 알고 있는 사실이지만, 놀랍게도 한국도 요즘 만만찮은 기세로 선진국들의 흐름을 따라가고 있다. 서울의 이혼율이 30퍼센트를 넘어가고 있으며, 이혼 사유의 1, 2위를 다투는 것이 배우자의 불륜이다. 떳떳지 못한 관계로 인해 생겨난 아이들이 지금 이 순간에도 수없이 낙태되고 있는데, 한국의 낙태율은 미국, 호주에 이어 세계 3위라고 한다.

또 태어난다 해도 떳떳지 못한 관계의 결과로 이 세상에 나온 아이들의 성장이 순탄치가 못하다. 미국의 경우 매년 120만의 아버지 없는 아이들이 태어나는데, 그중에 대부분이 정부의 보조를 받으며 열악한 환경 속에서 성장하며, 후에는 여러 범죄를 저질러 감옥 생활을 하게 된다고 한다. 성적인 타락은 가정을 망가뜨리고, 사회를 병들게 한다. 이래도 성적 방종이 두 사람만의 사적인 문제라고 할 텐가?

사탄은 처음 우리를 유혹할 때 성적 타락을 아주 달콤하고 낭만적이고 멋있는 것으로 미화시킨다. 유혹의 달콤함만을 강조하지, 그로 인해 우리가 치러야 할 대가는 철저히 숨긴다. 그러나 이것이 사탄의 속임수다. 현실의 세계로 돌아오면 성적인 방종으로 인해 치러야 하는 대가는 너무나 혹독하다.

특히 영향력 있는 지도자, 교회의 영적 리더들이 성적으로 범죄할 경우, 하나님의 몸 된 교회에 치명적인 타격이 온다. 이것을 잘 아는 사탄은 이 분야에서 얼마나 집요한 공격을 가해오는지 모른다. 미국의 사탄의 교회 멤버들은 한 달에 두 번씩, 미국 전역 목회자들의 성적 범죄와 가정의 타락을 위해 금식 기도한다고 한다. 현재 미국에선 성적인 타락으로 목회를 떠나거나 사역에 치명적인 타격을 입은 사람들이 전체의 3분의 1에 달하며, 평신도 지도자들의 경우에는 그 비율이 더 심각하다고 한다. 한국교회도 이 문제가 벌써 심각한 수위에 있다. 그래서 바울은 목회서신에서 목사, 장로, 집사의 자격을 논할 때 거의 최우선순위에 한 아내의 남편이며, 좋은 부모로서 건실한 가정을 다스리는 사람일 것을 강조했다.

본문 4절 말씀에 "각각 거룩함과 존귀함으로 자기의 아내를 대하라"고 했다. 하나님 외에 다른 우상을 두지 않듯이, 결혼했으면 배우자 외에 다른 어떤 사람과도 부적절한 관계를 해서는 안 된다는 것이다. 순결 서약은 결혼하기 전 청년들만 할 것이 아니다. 결혼한 사람들도 해야 한다. 결혼했으면 평생 침상을 더럽혀선 안 된다. 우리가 평생 한 배우자를 사랑하고 귀하게 여기면 자자손손 우리의 가문을 하나님이 복 주시고 지켜주실 것이다.

성적인 타락은 성령을 거스르는 일이다

하나님이 우리를 부르심은 부정하게 하심이 아니요 거룩하게 하심이니 그러므로 저 버리는 자는 사람을 저버림이 아니요 너희에게 그의 성령을 주신 하나님을 저버림이 니라 **살전 4:7,8**

성적인 타락은 "성령을 주신 하나님을 저버리는 일"(거역하는 일)이 된다. 하나님의 성령을 거역하는 일은 하나님을 슬프시게 하고 진노하시게 하는 일이다. 그리고 그 결과는 너무나 혹독할 것이다.

성적 타락에는 항상 영적인 배경이 있다. 구약성경에서도 우상숭배와 성적 타락은 마치 필연적인 동반자처럼 함께 가는 것을 볼 수 있다. 가나안 땅의 우상인 바알과 아세라는 극히 음란한 행위로 제사 드릴 것을 요구하는 성적 타락의 신들이었다. 사람이 성적인 죄를 지으면 반드시 그의 신앙이 병들게 되어 있다. 영적인 지도자의 경우는 영적인 능력, 영적인 판단력을 상실하게 된다. 또한 거꾸로 뒤집어서 생각하면, 영성이 병들면 성적으로 타락하기 쉽다.

그렇기 때문에 하나님은 하나님의 자녀의 성적인 타락을 방관하지 않으시고 심판하신다. 6절에 보면 "이 모든 일에 주께서 신원하여주심이라"라고 되어 있는데, 이 부분을 영어성경으로 보면 "The Lord will punish men for all such sins"이다. 즉, "그 어떠한 형태의 성적 타락이라도 하나님은 그냥 묵과하지 않으시고 반드시 심판하신다"는 뜻이다. 물론 한 번 구원받은 크리스천의 경우 구원을 잃지는 않지만, 성적인 죄를 짓고 회개하지 않는 경우 '구원의 기쁨'을 상실하게 된다. 그리고 회개하고 난 뒤에도 이 땅에서 자신이 지은 죄로 인한 대가를 치르게 된다.

다윗 왕의 경우가 그 좋은 예다. 밧세바와 간음한 이후 충직한 부하 우리야를 죽이면서까지 자신의 죄를 덮으려 했으나, 하나님은 나단을 보내 그의 죄를 준열하게 꾸짖으셨다. 다윗이 진심으로 회개하며 그 죄를 자백했을 때, 하나님은 그의 죄를 용서해주셨다.

그러나 다윗은 그가 이 땅에서 뿌린 죄의 씨를 거두는 고통에서 피해

갈 수 없었다. 간음한 결과로 밧세바 사이에서 낳은 아기가 태어나자마자 죽었다. 그리고 다윗의 아들들이 간음하고 죽이는 비극이 일어난다. 다윗은 아들 압살롬의 반란군이 쳐들어와 예루살렘에서 쫓겨나는 쿠데타까지 당하게 된다. 하나님의 도움으로 모든 것이 회복되긴 하지만, 다윗은 어쨌든 밧세바 사건 이후 한 번도 골리앗을 쓰러뜨리던 옛날과 같은 영적 지도자로서의 영향력을 발휘하지 못하고 쓸쓸히 늙어간다. 안타깝게도 성경만 봐도 음란의 죄로 인해 무너진 사람 중에 하나님의 백성들, 다윗이나 솔로몬 같은 영적 지도자급들이 아주 많다.

그래서인지 신명기나 레위기 등을 보면 하나님께서는 음란죄에 대해 아주 광범위하고 자세하게 다루셨고, 하나님의 백성들은 주변 세상으로부터 구별된 거룩한 삶을 살아야 한다고 하셨다. 거룩한 백성이 가장 강하고 안전하다는 것이다.

본문 7절에서 거룩은 "하나님이 우리를 부르심"이라고 했다. 땅끝까지 가서 복음을 전하는 것 이상의 사명이다. 우리가 거룩한 모습으로 존재하는 것만으로도 마귀에게 두려움을 심어주며, 세상에 하나님나라를 확장하는 힘이 된다. 3절에서도 보면 바울은 '음란을 버리는 거룩함이 성도를 향한 하나님의 뜻'이라고 분명히 전한다. 우리는 "하나님의 뜻이 무엇인지 모르겠다고"들 자주 말하는데, 바울은 성도가 거룩하게 사는 것이 하나님의 뜻 가운데 하나라고 강조한다.

데살로니가교회 성도들에게 주셨던 하나님의 말씀을 오늘날 우리의 가슴에 새겨야겠다. 이 땅 곳곳에 가득한 죄를 하나님께서 깨끗하게 씻어주실 수 있도록 교회가 새로워져야겠다.

chapter 12

사랑의 모델이 되는 교회

데살로니가전서 4장 9-12절

9 형제 사랑에 관하여는 너희에게 쓸 것이 없음은 너희들 자신이 하나님의 가르치심을 받아 서로 사랑함이라 10 너희가 온 마게도냐 모든 형제에 대하여 과연 이것을 행하도다 형제들아 권하노니 더욱 그렇게 행하고 11 또 너희에게 명한 것같이 조용히 자기 일을 하고 너희 손으로 일하기를 힘쓰라 12 이는 외인에 대하여 단정히 행하고 또한 아무 궁핍함이 없게 하려 함이라

데살로니가전서 4장 9-12절 역시 마지막 때를 살아가는 크리스천들에게 주는 실제적인 삶의 지침서다. 바울은 거룩과 순결에 이어 형제 사랑의 중요성을 강조한다.

마지막 때의 형제 사랑

형제 사랑에 관하여는 너희에게 쓸 것이 없음은 너희들 자신이 하나님의 가르치심을 받아 서로 사랑함이라 **살전 4:9**

여기서 바울이 말하는 '형제 사랑'은 헬라어로 '필라델피아'(Philadelphia) 인데, 이는 한 태에서 나온 형제들, 한 피를 나눈 형제들이 나누는 진한 사랑을 말한다. 예수 그리스도를 믿음으로 죽음에서 생명으로 옮긴 우리는 이제 한 아버지, 곧 하늘 아버지를 모신 새로운 형제가 되었다. 이것은 세상의 그 어떤 혈육보다 더 진한 사랑을 나누는 사이가 되었음을 의미한다.

미움과 증오로 가득 찬 삶을 살던 사람들이 어떻게 그렇게 변화될 수 있었을까? 사랑이신 하나님이 우리 속에 하나님의 사랑을 부어 넣어 주심으로 우리의 성품을 변화시키셨기 때문이다. 자신을 철저히 희생하는 거룩하고 아름다운 사랑, 자신의 아들을 십자가에서 죽게 하신 갈보리의 그 사랑이 바로 하나님의 아가페 사랑이다. 하나님은 그 사랑을 우리에게 주셨고, 이제 그 사랑이 우리로 하여금 형제들을 사랑할 수 있는 동기와 능력을 주었다.

사랑은 내가 하려고 해서 되는 것이 아니다. '사랑하기' 세미나를 백날 다녀봐도, 미운 사람을 사랑하긴 어렵다. 사랑은 흘러나와야 한다. 고기는 수영을 배우지 않았는데도 수영을 잘하고, 매는 사냥법을 배운 적이 없는데도 자기가 알아서 사냥을 잘한다. 왜? 고기에겐 본능적으로 수영할 수 있는 기질(성품)이, 매에겐 본능적으로 사냥하는 기질이 있기 때문이다.

마찬가지로 크리스천은 이제 새로운 피조물이 됨으로써 사랑이신 하나님의 성품을 받았다. 그래서 이제 하늘의 사랑을 실천할 수 있는 능력이 생긴 것이다. 사랑은 능력이다. 하늘의 사랑, 아가페 사랑을 하려면 먼저 나의 옛 사람이 죽고, 새사람으로 다시 태어나는 중생의 경험이 있어야 하는 것이다.

우리는 형제를 사랑함으로 사망에서 옮겨 생명으로 들어간 줄을 알거니와 사랑하지 아니하는 자는 사망에 머물러 있느니라 **요일 3:14**

데살로니가 교인들은 바울로부터 칭찬받을 만한 믿음을 가진 사람들답게 이미 대단한 수준의 형제 사랑을 실천하고 있었다.

너희가 온 마게도냐 모든 형제에 대하여 과연 이것을 행하도다 형제들아 권하노니 더욱 그렇게 행하고 **살전 4:10**

데살로니가교회 성도들은 자기들끼리만 사랑한 것이 아니라 마게도니아 지역의 모든 형제를 향해 차별 없는 아가페 사랑을 베풀었다. 자기와 다른 사람, 자기와 의견이 대립되는 사람들도 다 품고 사랑해주었다. 아마도 데살로니가가 당시 육로와 해상로 모두 교통의 요충지였기 때문에 오가는 다른 지역 형제자매들이 많았을 것인데, 그들 모두를 아가페 사랑으로 정성껏 섬겨주어서 소문이 자자했던 것 같다.

그러나 "달리는 말에 채찍"이라고 바울은 이들에게 더욱더 적극적이고 깊이 있게 사랑을 실천할 것을 권하고 있다. "더욱 그렇게 행하고"(do so more and more)를 조금 더 정확히 표현하자면 "계속 하고 또 하라"는 뜻이다. 잘하고 있긴 하지만, 하나님의 무한한 사랑을 흘려보내는 통로가 되려면 더 가슴을 활짝 열고 열심히 사랑을 실천할 여지가 아직도 많다는 얘기다.

우리가 아무리 잘하고 있다 한들 예수님만치 하겠는가? 아직 우리는 스스로 너무 사랑 없음을 회개하고 각성하며 열심을 내야 한다. 하나님께서는 우리가 사랑을 실천할 수 있도록 실제적으로 우리 주위에 사랑을 행할 수 있는 기회들을 끊임없이 주고 계신다. 조금만 영적인 눈을 예민하게 뜨고 주위를 둘러보면 우리 주위에 우리의 작은 사랑이나마 필요로 하는 사람들을 어렵잖게 발견할 수 있다.

1982년 12월의 차가운 겨울밤, 미국 조지타운대학병원 11호 병실에

한 남자가 누워서 죽음을 기다리고 있었다. 그의 이름은 잭 스위거트. 1970년, 달에 착륙했던 아폴로 13호를 조종한 파일럿 잭 스위거트는 말기 암의 고통과 싸우고 있었다. 그런데 누워 있는 이 남자의 곁에 항상 앉아 있던 방문객이 있었다. 그는 잭과 함께 아폴로 13호에 탔던 닐 암스트롱으로, 콜로라도 출신의 미 연방 상원의원이 되어 있었다.

그는 상원에서도 당시 가장 뜨거운 감자로 매스컴의 주목을 받았던 사회복지 문제를 다루는 상원사회복지위원회의 의장이었다. 따라서 정말 눈코 뜰 새 없을 정도로 바빴음에도 불구하고, 거의 매일 밤 죽어가는 친구요 형제인 잭 스위거트를 찾아와 함께 밤을 보내면서 성경을 읽어주며 위로와 힘을 주었다. 잭 스위거트는 닐 암스트롱이 시편 23편을 읽어주는 것을 들으면서 조용히 이 땅에서 마지막 숨을 내쉬었다. 진정한 형제 사랑은 우리의 가장 바쁘고 힘든 시간을 쪼개서 형제를 돌봐주는 일이다.

사랑은 주님의 몸이라고 하는 교회를 교회 되게 하는 혈액 순환 시스템과 같다. 피가 제대로 돌지 않으면 몸에 이상이 오듯이, 사랑이 활발하게 흐르지 않는 교회는 병들게 된다. 서로 성격과 스타일이 다른 사람들끼리 모여 함께 살아가는 까닭에 여러 가지 충돌이 있고, 오해가 있고, 어려운 일들이 많지만, 바로 이것이 우리가 사랑 안에서 더 성장할 수 있는 기회가 되는 것이다. 고민할 것이 아니라 감사해야 할 사랑의 기회가 많다. 관계의 어려움, 막힘이 있을 때 우리는 예수님께 기도하며 지혜를 구하며, 더 적극적으로 하나님의 사랑을 실천하며 느껴보도록 하자.

마지막 때의 절제된 삶, 절제된 사랑

또 너희에게 명한 것같이 조용히 자기 일을 하고 너희 손으로 일하기를 힘쓰라 **살전 4:11**

크리스천들은 서로를 깊이 사랑해야 하지만, 또 이것이 도가 지나쳐서 남의 일에 지나치게 참견하느라 정작 자기 자신은 제대로 관리하지 못하는 경우가 있다. 그래서 바울은 사랑의 균형을 잡기 위해서 절제된 삶의 중요성을 세 가지 포인트로 나눠서 당부한다.

첫째, 조용한 묵상의 삶을 갈구하라

"또 너희에게 명한 것 같이 조용히 자기 일을 하고." 영어성경으로 보면 이 부분이 "Make it your ambition to lead a quiet life"라고 표현되어 있다. 즉, '조용한 삶을 사는 것을 너의 야망으로 삼으라'는 뜻이다. 상당히 역설적이지 않은가? 어떻게 '야망'과 '조용한 삶'이 함께 언급될 수 있단 말인가? 우리는 "젊은이여 야망을 가져라"라는 세상의 구호를 굉장히 많이 들었다. 세상이 말하는 야망의 목표는 무엇인가? 권력과 재력, 명예와 인기가 아닌가? 남보다 좀 더 높아지고, 좀 더 많은 박수갈채를 받고, 좀 더 화려한 자리에 서기 위해서 다들 이를 악물고 노력한다. 또한 이런 정신을 불어넣는 것을 교육이라고 생각한다.

그런데 바울은 지금 정반대의 말을 하고 있지 않은가? 크리스천이라면 세상의 화려한 무대의 주인공이 되려고 너무 그렇게 바둥거리지 말라는 얘기다. 인기와 권력과 시끄러운 소음 속에서 스포트라이트를 받으려고 피 흘리며 싸우는 것을 삶의 목표로 삼지 말라는 얘기다.

그런데 정말 우리는 '조용한 삶을 야망으로 삼는' 이런 삶을 생의 목표로 삼고 추구할 수 있을까? 현실적으로 가능한 얘기일까?

이것은 세상으로부터 도피해서 은둔 생활을 하란 얘기는 아니다. 다만, 자신의 내면세계가 호수처럼 고요하고 맑아야 한다는 얘기다. 이것은 늘 하나님을 바라보는 삶을 의미한다. 켄 가이어는 그의 걸작 《묵상하는 삶》(A Reflective Life)에서 음악가가 박자와 리듬 감각을 정확하게 가지는 것이 중요하듯이, 하나님의 사람은 우주의 리듬, 하나님의 리듬에 자신을 정확히 맞추는 것이 중요하다고 했다.

묵상하는 삶이란 자신의 소리를 죽이고 하나님의 소리를 듣기 위해 침묵할 줄 아는 삶을 말한다. 사람들의 평가와 칭찬이 아닌 하나님의 말씀에 나의 말과 행동, 생각을 비춰보는 겸허한 자세를 말하는 것이다. 많은 사역을 감당하고 있는 사람일수록 켄 가이어의 말처럼 "남에게 더 맑은 물을 퍼주기 위해서 자신의 내면 속으로 더 깊이 파고 들어가야 한다." 우리 자신을 묵상하는 게 아니라 우리의 내면세계 속에 계시는 하나님을 더욱 깊이 생각하라는 말이다. 유능한 인간이 되는 것보다 깊이 있는 사람이 되기를 힘써야 한다. 검색만 잘하면 다 되는 줄 아는 세상에서 우리는 영적 사색을 더욱 힘써야 한다.

이 거룩한 침묵, 묵상의 시간은 우리로 하여금 현실에서 도피하는 것이 아니라 오히려 현실에서 감당하고 있는 일들을 훨씬 더 섬세하고 분명하게 잘 감당할 수 있게 해준다. 타인을 위하겠다는 마음이 극으로 치닫는 자기희생 증후군. 좋은 의도로 시작했지만, 사람들의 고통에 너무 예민하게 반응하다 보니 자기가 감당할 수 있는 한계를 넘어버려 결국은 살리려는 사람도, 물에 빠진 사람도 함께 침몰하는 비극으로 간다. 이것이 바로 구세주 콤플렉스의 아픔이다. 그러나 정작 구세주이신 예수님은 이런 콤플렉스가 없으셨다. 군중들이 몰려오자 예수님은 아예 배를 빌려 제자들과 함께 달아나셨다. 한적한 곳을 찾으셨고, 하나님과 늘 아침엔 고고히 조용한 묵상과 교제를 하셨다. 간청하는 사람들을 불쌍히 여기고 치유해주셨지만, 만나는 사람들을 모두 치유해주진 않으셨다. 예수님 생애에 온 세상을 회개시키겠다고 나서지도 않으셨다.

구세주 콤플렉스에 빠진 우리들은 모두 예수님의 이런 삶에서 배워야 하리라. 자기 자신의 몸과 영혼을 충분히 쉬게 하라. 자신이 먼저 가서 배우고 생각하고 묵상하고 기도하여 건강한 육체와 마음, 영혼을 가진 사람이 되라. 그래야 진정한 의미에서 남을 도울 수가 있다.

둘째, 자신의 일에 집중하라

"조용히 자기 일을 하고"(mind your own business). 예나 지금이나 교회가 사람들이 모이는 곳이다 보니까 말들이 많았다. 특히 남의 일들에 대해서 모여 앉기만 하면 "어느 집사네는 그렇게 좋은 집에 산다"느니 "어느 장로님네는 아이들이 문제가 많다"느니 이러쿵저러쿵 말들이 너무 많았다. 별생각 없이 가담한 이런 가십들이 또 은근히 교회에서 시험거리가 되었던 것 같다. 그래서 바울은 쓸데없이 남의 일에 간섭하지 말고 자기 자신의 일이나 잘하라는 따끔한 일침을 놓은 것이다.

이것은 형제의 아픔에 무관심하라는 얘기가 아니다. 남의 일들에 대해

진정한 사랑과 도울 의욕도 없으면서 무책임하게 가십을 퍼뜨리지 말라는 얘기다. 남의 일에 그렇게 신경 쓰다 보면, 자신의 모습이 얼마나 추한지를 모르게 된다. 어렸을 때, 말 더듬는 친구를 흉내 내며 놀리다가 자기 자신도 말을 더듬게 된 아이를 나는 알고 있다. 남의 집 아이들 욕하는 부모들이 자기 집 아이들이 더한 것을 모른다. 남의 교회 욕하는 교인들이 자기 교회는 더 문제 많은 줄을 모른다. 우리는 먼저 스스로 늘 돌아보고 겸허히 자기 자신부터 잘 관리해나갈 필요가 있는 것이다.

셋째, 건강한 노동을 하라

"너희 손으로 일하기를 힘쓰라"(work with your hands). 당시 헬라-로마 문화권에서는 옛날 우리나라 양반들처럼 육체노동을 천시하는 풍조가 있었다. 그래서 대부분의 일을 다 노예들이 했고, 귀족들은 몸을 움직여서 땀 흘려 일하는 것이 자신의 신분에 어울리지 않는다고 여겼다. 그러나 교회의 최고 지도자인 바울 자신부터 텐트를 깁는 일을 직접 하는 모범을 보이면서 "자기 손을 움직여 부지런히 일할 것"을 가르쳤다. 당시 문화적 풍토로 볼 때 아주 파격적인 가르침이었다. 왜 그랬을까?

당시 데살로니가 교인 중에는 예수님이 곧 다시 오실 것이니까, 우리가 세상에서 직업을 갖고 일하는 것이 무슨 의미가 있느냐며 교회만 나오면서 놀고먹는 거룩한 백수들이 꽤 있었던 것 같다. 잘못된 종말신앙을 갖고 무위도식하는 이들을 먹여 살리기 위해선 다른 형제자매들이 일을 더 하는 부담을 져야 했다. 12절에 보면, "아무 궁핍함이 없게 하려함이라"라고 했는데, 보다 정확한 번역은 "아무에게도 짐이 되지 않도록 하라"의 의미이다. 즉, 다른 성도들에게 경제적 부담을 지우는 게으른 성도들을 준엄하게 꾸짖고 있는 것이다.

현재 아프리카를 비롯한 제3세계 많은 나라가 한국의 60,70년대, 한국 농촌을 일으켰던 새마을운동 시스템을 도입해가서 열심히 배우고 있다. 박정희 전 대통령이 새마을운동을 일으키는 데 큰 영향을 준 가나안 농군학교의 김용기 장로님이란 분이 계셨다. 한국 기독교인들이 역사를 변화시키려면 먼저 부지런하고 열심히 일해야 한다고 가르치셨는데, 이분이 어느 정도로 게으름을 싫어했느냐면 길에 있는 돌들도 누워 있는 것들은 다 세워놓았다고 한다.

이 정도까진 아니더라도 우리 한국교회는 초창기 복음이 들어올 때와 같이 건강한 노동 철학을 다시금 회복할 필요가 있다. 직장이 없으면 놀 때 집안일이라도 돕고, 교회 와서 자원봉사, 사회에서 자원봉사라도 하면서 때를 기다리도록 하라. 임꺽정 신드롬처럼 하는 일 없이 술 먹고 시대 타령만 하며 허송세월하는 사람이 교회 안에는 한 명도 없기를 바란다. 모두 부지런히, 하나님을 대하듯 자기 몸을 움직여 일하도록 하라. 지금 코로나 사태로 인하여 재택근무를 하는 분들도 많고 집에 온종일 박혀 있느라 힘드신 분들도 많을 줄 안다. 그러나 그럴수록 집안 청소도 깔끔히 하고 몸을 움직여서 자기가 할 수 있는 일을 해야 한다.

세상에 거룩한 영향력을 끼치기 위해

바울이 이렇게 크리스천들에게 실제적인 삶의 지침을 준 이유는 크리스천들이 세상에 거룩한 영향력을 미쳐야 하기 때문이다.

이는 외인에 대하여 단정히 행하고 또한 아무 궁핍함이 없게 하려 함이라 **살전 4:12**

여기서 '외인'이란 교회 밖의 사람들, 즉 불신자들을 가리킨다. 그러므로 보다 정확히 직역하면 이 모든 것들은 "예수 안 믿는 사람들이 우리를 존경하게 하기 위해서"라는 뜻이다. 예수 안 믿는 사람들이 단번에 신앙을 가질 수는 없어도, 적어도 교회를 볼 때, 예수 믿는 사람들의 살아가는 모습을 볼 때 존경하는 마음을 가질 정도가 돼야 한다는 말이다. 예수 안 믿는 세상의 존경을 받으려면 그야말로 세상과 뭔가 달라야 한다.

나는 보디발과 그 집안 사람들이 요셉을 보면서 세상 사람들과 뭔가 다른 것을 느꼈다고 믿는다. 요셉은 겸손하고 정직하고 탁월했다. 말과 행동에서 뭔가 범접하기 어려운 거룩한 아우라가 느껴졌다. 그래서 그들도 '하나님이 함께하는 사람'임을 인정했다. 나는 느부갓네살 왕을 비롯한 바벨론 궁정 사람들이 다니엘을 보면서 뭔가 다른 것을 느꼈다고 믿는다. 그 고결한 인품과 뜨거운 신앙, 그러면서도 남들보다 열 배 뛰어난 탁월함을 보면서, 세상 사람들이 하나님과 함께하는 사람임을 인정했다. 우리의 하나님은 요셉의 하나님, 다니엘의 하나님이시다. 그러므로 우리도 세상 사람들에게 그런 선한 영향력을 끼칠 수 있다.

그래서 바울은 구체적으로 우리가 어떻게 그렇게 할 수 있는지를 본문에서 제시한 것이다. 뜨거운 형제 사랑, 조용한 묵상, 자신의 일에 집중하고 남의 일에 대한 가십 퍼뜨리지 않기, 건강한 노동을 실천하라고 한 것이다. 생각해보면 지키기 어려운 것도 아닌데 오늘날도 크리스천들이 이것을 제대로 실천하지 못하고 있는 경우가 많다. 우리 모두 스스로를 돌아보아야 한다고 믿는다.

한참 코로나19 사태가 심각할 때 나는 한국의 이름 있는 중대형교회 목회를 은퇴하시고 아프리카에 선교사로 가 계시는 선배 목사님의 카톡 메시지를 받았다. 주제는 "하나님께서 왜 코로나 사태를 통해 우리 모두를 멈춰 세우셨을까"였다. 그 분의 글의 요지는, "우리 모두 그동안 너무나 달려오느라고 지쳐 있고, 자기 내면세계를 들여다볼 틈이 없었다. 그래서 하나님께서 우리 모두 조용히 주님의 임재 앞으로 겸손히 나와서 더 많이 기도하고, 더 많이 예배하며 자신의 내면세계를 재충전할 시간을 주셨다"는 것이었다.

그것이 지금 살피고 있는 데살로니가전서 본문의 맥락과 일맥상통하기도 한 것 같다. 폭풍과 같이 우리를 엄습한 이 힘든 시간을 주님의 임재 앞으로 더 깊이 나아가는 기회로 삼자. 우리는 우리가 서 있는 곳 어디서나 주님을 예배할 수 있다.

GRACE IN THE STORM

3
PART

그 속에
하나님의
뜻이 있다

chapter 13

우리를 향하신 하나님의 뜻

데살로니가전서 5장 16-18절

16 항상 기뻐하라 17 쉬지 말고 기도하라 18 범사에 감사하라 이것이 그리스도 예수 안에서 너희를 향하신 하나님의 뜻이니라

데살로니가전서 5장 16-18절 말씀은 아마도 기독교인들 사이에서 가장 널리 알려진 유명한 성경 말씀 중 하나가 아닐까 싶다. "항상 기뻐하라", "쉬지 말고 기도하라", "범사에 감사하라" 세 가지 모두 명령어로 되어 있다는 게 중요하다. 이제 이 세 가지 명령을 하나하나 살펴보자.

항상 기뻐하라(Be joyful always)

사실 "기뻐하라"는 것은 자발적으로 감정이 일어나야 하는 것이지, 억지로 한다고 되는 것은 아니다. 웃기지도 않는데 "너 웃어!"라고 명령한다면 얼마나 난처한 일인가? 여기서 중요한 것은 "항상"이라는 말이다. 예수님 안 믿는 사람들도 좋은 일이 생기면 기뻐한다. 그런데 "항상"이라는 말은 좋은 날이건 힘든 날이건 상관없이 상황을 초월해서 기뻐하라는 것이다. 보통 힘든 일이 아니다.

그러고 보면 하나님은 쉬운 것은 명령하지 않으신다. 예를 들어 "밥 많이 먹어라" 같은 것들 말이다. 하나님이 명령하시는 것은 우리가 본능적으로 하기 힘든 것들이다. "서로 사랑하라, 원수도 사랑하라"같이 말이다. "항상 기뻐하라"도 그 반열에 들어간다. 잘나갈 때 기뻐하기는 쉬워도, 실패하고 가난하고 병들었을 때, 인생이 외롭고 힘들 때 기뻐하기는 참으로 어렵다.

그런데 주님은 "항상 기뻐하라"고 명령하신다. 잘될 때나 못 될 때나 항상 기뻐하는 것은 인간의 힘으로는 어렵다. 믿음의 힘으로, 성령의 능력으로 해야만 한다. 항상 기뻐하라는 말은 억지로 위선으로 가식으로 쇼하라는 말이 아니다. "항상 기뻐하라"는 것은 모든 상황 속에 숨겨진, 우리가 모르는 하나님의 축복을 보라는 뜻이다. '모든 상황'에는 당장 우리 눈으로 보기에는 안 좋은 상황들도 다 포함된다.

하나님은 우리를 사랑하시고 실수가 없으시다. 그러므로 힘든 상황 속에서도 믿음의 눈으로 하나님의 선한 뜻이 있음을 믿으라는 얘기다. 항상 기뻐하기 위해서는 우리가 인생을 보는 시각을 바꿔야 한다. 조금만 다른 시각에서 보면 우리가 당연시하고 있는 것들이 실은 너무나 감사한 것들이 많다.

요즘 나라에 대한 실망과 불만을 토로하는 사람들이 많다. 그러나 한국은 아직도 하나님이 주신 엄청난 잠재력이 있는 나라다. 이 짧은 시간에 산업화와 민주화 두 가지를 동시에 이뤄낸 대단한 나라다. 미국, 영국 같은 서구 선진국들의 민주주의가 정착하기까지 수백 년이 걸렸음을 감안할 때, 이 정도 해낸 것만도 대단한 것이다. 하나님이 함께하지 않으셨으면 우리는 결코 여기까지 오지 못했다. 지금 여러 가지 어려움이 있지만, 하나님께서 이 나라를 더 정결하고 더 건강하게 만들어가시는 과정이다. 아픈 만큼 더 성숙해질 것이다.

믿음의 눈으로 보면 기뻐할 수 있다

모든 상황을 믿음의 눈으로 보면 우리는 기뻐할 수 있다. 당신이 힘들어하는 그 문제를 오히려 부러워하는 사람들도 많다는 것을 아는가? 군인교회에서 목회하는 한 목사님이 잊지 못할 이야기를 들려주었다. 신병 교육대에 어느 교회 찬양팀이 왔을 때의 일이다. 신병 교육대는 알다시피 군대 갈 나이가 돼서 억지로 군대에 끌려와 강한 훈련을 받다가 지치고 힘들어서 불만이 많을 때다. 그런데 찬양팀 멤버 중에 뇌성마비 청년이 있었다. 그런 신병들 앞에서 땀을 뻘뻘 흘리며 찬양한 그 청년은 마이크를 잡고 어렵게 한마디를 했다.

"여러분… 히…힘드시죠? 하…하지만 잘… 참으세요. 저는 여러분처럼 군대 가고 싶어요. 그런데 갈 수가 없어요."

순간, 신병 교육대 위문장이 숙연해졌다고 한다. 왜 군대에 와서 고생을 해야 하는지, 왜 나는 좀 편한 데로 배치받지 못했는지 인생이 참으로 불공평하다고 생각하던 청년들에게, 군대에 가고 싶어도 가지 못하는 뇌성마비 청년이 있다는 사실이 찡하게 가슴을 때렸던 것이다. 많고 적음으로, 강함과 약함으로 공평과 불공평을 논하면 안 된다.

아이들이 말 안 듣는다고 고민할 때, 그 말 안 듣는 자녀라도 좋으니 아이가 생겼으면 하고 바라는 불임 가족들이 얼마나 많은가를 기억하라. 당신이 그토록 때려치우고 싶어 하는 그 직장, 그 직장 잡아 취직하는 것이 소원인 사람들이 얼마나 많은지 아는가? 헬조선, 흙수저 하면서 욕하는 이 나라에 와서 사는 것이 소원인 탈북자, 제3세계 난민들이 얼마나 많은지 아는가? 우리나라로 붙잡혀 와서 감옥살이하는 소말리아

해적들은 형기가 끝나도 가난과 폭력만 가득한 본국으로 돌아가느니 계속 여기서 살고 싶다고 한다.

어떤 상황에서건 하나님을 믿고 기뻐하는 것이 하나님의 뜻을 이 땅에 풀어놓는 길이다. 고난과 시련의 역사를 거쳐온 탓에 한국교회 성도들의 신앙에는 강인함과 처절함이 있는데, 기쁨이 많이 부족하다. 거룩한 기쁨, 건강한 유머가 넘쳤으면 좋겠다.

우리가 힘들 때도 기뻐할 수 있는 것은 우리 안에 성령이 계시기 때문이다. 그 성령의 능력으로 기뻐할 수 있는 것이다. 세상은 항상 현실이 진흙탕처럼 힘들다고 생각하게 만들지만, 우리 안에 계신 성령께서는 그 흙 속에 숨겨놓으신 하나님의 진주를 보게 한다. 그러니까 항상 기뻐할 수 있다. 우리에게 아들 예수 그리스도를 내어주셨고, 또 영원한 생명을 주신 하나님께서는 이미 천국 백성 된 우리에게 세상의 힘든 일쯤은 넉넉히 이기라고 말하고 계신다. 기쁨은 환경이 주는 것이 아니라 가슴속에서 우러나는 것이다.

"구원받은 너희 안에는 이미 세상이 줄 수 없는 평안, 세상이 줄 수 없는 기쁨의 샘이 있다. 그것을 항상 떠서 먹으라."

"항상 기뻐하라"는 바로 그 뜻이다.

쉬지 말고 기도하라(Pray continually)

어떤 상황 속에서도 항상 기뻐할 수 있는 유일한 비결은 쉬지 말고 기도하는 것이다. 걱정과 근심으로부터 자유할 수 있는 길도 쉬지 말고 기도하는 것이다. 기도하는 시간을 부담으로 생각할 필요가 없는 것이,

어차피 기도 안 하면 우린 그 시간에 걱정하고 염려하기 때문이다. 기도 시간과 걱정 시간은 반비례한다.

쉬지 말고 기도하는 사람은 모든 것을 하나님의 손에 맡겨드린다. 우리가 쉬지 말고 기도하면 하나님께서 우릴 위해 쉬지 않고 일하신다. 반대로, 우리가 기도를 멈추면 마귀가 활기차게 일하기 시작한다. 마귀를 묶어버리는 길은 기도뿐이다.

왜 성경은 "열심히 기도하라"고 하지 않고 "쉬지 말고 기도하라"고 했을까? 운동 경기에도 보면 흐름이라는 것이 있다. 이기고 있을 때는 어떻게든 그 흐름을 놓치지 말고 끝까지 몰아붙여야 하고, 지고 있을 때는 어떻게든 상대 쪽의 흐름을 끊어야 한다. 그래서 감독들이 작전타임을 자주 부르는 것이다. 상대의 흐름은 끊어버리고 우리 팀의 전열을 재정비할 틈을 주기 위해서다. 혹은 승기를 잡았다고 지나치게 흥분하는 것을 막고 냉정하고 확실하게 마무리 짓기 위해서다.

영적인 세계도 마찬가지다. 기도를 멈추면 안 되는 것이 영적 흐름이 끊어지고 나면 다시 끌어올리기가 너무 힘들기 때문이다. 어제의 부흥에 취해서 오늘 잠깐 기도의 끈을 놓으면 순식간에 영적으로 무너질 수 있다. 강대한 여리고성을 무너뜨려놓고 미약한 아이성에서 참담하게 패배한 이스라엘 백성이 되는 것이다. 100년의 영광을 가진 교회라도 1년 기도하지 않으면 순식간에 무너질 수 있다.

운동선수들은 오프 시즌에도 부지런히 훈련하여 몸을 만들어놓는다. 안 그러면 시즌이 시작되었을 때 제대로 실력 발휘를 할 수 없다. 기도도 마찬가지다. 인생에 큰일이 있을 때 갑자기 몰아치듯 해서는 안 되고,

꾸준히 기도해서 영적 내공을 구축해놓아야 한다. 그래야 비상상황이 터졌을 때 어둠의 권세의 공격으로부터 자신과 가정과 교회를 지킬 수 있다.

올해 초 우리 교회는 "이 나라를 새롭게"라는 주제를 가지고 신년 40일 특새를 35일째 이어가다가 코로나19 사태로 인해 건물이 폐쇄되고 모든 예배를 온라인으로 전환할 수밖에 없는 급박한 상황으로 내몰렸다(그다음 주부터는 대부분의 한국교회가 그렇게 되었다). 그러나 우리는 계속 나라를 위해 새벽기도를 해오던 관성이 있었기에 흔들리지 않고 온라인상으로나마 예배의 열기를, 교회의 하나 됨을 이어갈 수 있었다.

기도는 하나님과 나 사이의 쌍방향 커뮤니케이션이다. 나의 일방적인 독백이 아니다. 내가 말하면 하나님이 들으시고, 하나님 말씀하시면 내가 답하고…. 이렇게 끝없이 오가는 대화이다. 그러니까 하루에 몇 시간 기도하고 말고가 없다. 항상 기도 모드에 걸려 있는 것이다. 연인들이 서로 늘 대화하기 위해서 컴퓨터에 항상 띄워놓는 채팅 팝업 창과 같다. 형식적이 아닌, 가식적이 아닌 살아 있는 대화를 항상 하는 것이다.

"쉬지 않고 기도하라"는 말은 기도에 충분한 시간을 투자해야 함을 뜻한다. 우리는 기도하면서 기도하는 법을 배워야 한다. 기도에 관한 책도 읽고, 기도에 관한 세미나도 듣는 게 도움이 되지만, 기도의 용사가 되려면 직접 기도하는 수밖에 없다. 그리고 넉넉한 시간을 기도에 투자해야 한다. 기도를 잘하려면 시간을 갖고 천천히 차분하게 해야 한다. 그러지 않으면 기도는 가장 작고 약한 일로 변질되고 만다.

예수님과 잠깐 얘기하는 것으로는 안 된다. 굳게 결심하고 하루의 가장 좋은 시간을, 가장 맑은 정신으로 깨어 있고 가장 방해받지 않는 시간을 충분히 하나님께 드려야 한다. 하나님의 성령이 우리의 영 안으로 충만히 흘러들어 오시려면 시간이 필요하다. 기도 시간을 중간에 잘라 버리는 것은 하나님의 영이 흘러들어 오시는 파이프를 잘라버리는 것과 같다. 하나님이 우리에게 충만한 은혜를 채워주시게 하려면 은밀한 장소에서 충분히 기도 시간을 가져야 한다.

기도의 골방을 찾았다가 서둘러 빠져나가는 것은 하나님께 무례를 범하는 일이며 우리 자신을 속이는 일이다. 그런 식으로 경건의 시간을 서둘러 끝내면 경건을 망치게 될 것이다. 우리가 영적으로 누더기를 걸치고 사는 것은 기도가 너무 미약하기 때문이며, 너무 쉽게 영적으로 지치는 것은 기도가 충분하지 않기 때문이다. 기도의 자리에 엎드리면 충분히 거기에 머물러야 한다. 우리는 기도의 골방에서 더 많은 시간을 보내며 더 뜨겁게 기도하며 하나님과 교제해야 한다.

우리가 항상 불안해하고 걱정이 많은 것은 우리의 문제들을 너무 열심히 생각하고 있기 때문이다. 그러나 우리가 쉬지 말고 기도하면 하나님을 많이 생각하게 된다. 문제를 아예 생각 안 할 수는 없겠지만, 기도의 사람은 하나님을 문제보다 더 많이 생각하게 된다. 그러면 하나님 안에서 문제를 보게 되니 문제 때문에 마음이 압박받지 않는다. 그래서 기도의 사람은 인생을 보고 세상을 보는 눈이 달라지고, 사람을 대하는 태도가 달라진다. 모든 상황 속에서 기뻐하고 감사하는 마음이 생길 것이다.

범사에 감사하라(Give thanks in all circumstances)

하나님을 안 믿는 세상 사람도 감사는 한다. 정말 고마우면 한다. 뭔가를 베풀어주면 감사한다. 그러나 하나님의 사람은 범사에, 모든 상황 속에서 감사한다. 그 말은 좌천되었을 때에도, 사업이 안 될 때에도, 건강이 안 좋아졌을 때에도 감사한다는 것이다. 모든 사건이 우연히 일어나는 것이 아님을, 역사의 주관자이신 하나님이 절대 실수하지 않으신다는 것을 믿는 것이다. 그러니까 범사에 감사할 수 있는 것이다.

감사는 현재 진행형이다. 범사에 감사한다는 것은 지금 내게 일어나고 있는 모든 일 속에서 하나님이 역사하고 계심을 인정하는 것이다. 지금 내가 보고 있는 하늘, 만나고 있는 사람, 읽고 있는 책, 마시고 있는 커피, 하고 있는 일들 하나하나로 인해 감사한다. 감사는 나의 현재, 이 순간순간을 하나님의 선물로 알아, 진심으로 "고마워요, 하나님" 하는 것이다.

감사는 또한 과거를 은혜로 해석하는 감사이다. 범사에 감사한다는 것은 우리의 과거에 일어난 모든 사건으로 인해 감사하는 것이다. 감사하는 사람은 과거를 은혜의 시각으로 해석한다. 모든 사람에게는 과거에 실패한 기억, 상처받은 기억들이 다 있다. 어떤 사람은 과거의 상처를 계속해서 되씹는 바람에 현재도 불행하게 산다. 그러나 하나님의 사람은 과거에 일어났던 모든 상처와 실패들도 하나님의 섭리가 있었음을 인정하고 감사한다.

요셉은 청소년 시절에 노예로 팔렸던 아픈 과거가 있었다. 그러나 그는 하나님께서 그 사건을 통해 자신을 애굽으로 인도하시고 총리의 자리에 앉히셔서 온 세계의 기근을 해결하도록 하셨다고 말한다. 모든 일이 하나님의 섭리였음을 선포한다. 그러면서 자기를 노예로 팔아넘긴 형들을 용서한다.

당신의 아픈 과거의 기억들도 지금 이 순간 하나님의 섭리가 이뤄질 도구들임을 믿고 감사를 선포하라. 그러면 당신은 영적으로 자유하며, 새로운 미래를 열 수 있을 것이다.

감사는 또한 미래지향적이다. 성경에서 감사를 이야기할 때는 의외로 아직 이뤄지지 않은 미래에 대한 감사가 많다. 그런 의미에서 감사는 믿음의 선포이다. 아직 다가오지 않은 축복의 미래를 미리 선포하는 것이다. 이미 다 된 다음에 감사하는 것은 과학이지, 믿음이 아니다. 오천 명을 먹이는 기적이 일어나기 전에 미리 감사하신 예수님을 본받아야 한다. 특히 자녀를 위해서 기도할 때 우리는 이 아이가 장차 하나님의 놀라운 그릇으로 쓰임 받을 것을 미리 믿음으로 선포하며 감사해야 한다. 그러면 하나님이 실제로 그렇게 하실 것이다.

"범사에 감사하라"고 할 때, 우리는 마음으로 감사하고 또 말로 감사를 선포해야 한다. 어려울 때에 감사를 선포하라. 오래전 갑자기 매서운 한파가 몰려와 미국 남부 지역의 농산물을 초토화시켰던 때가 있었다. 그때 미국 남부의 한 신실한 크리스천 농부는 수만 평이 되는 자기 농지 주위를 걸어다니면서 하나님께 감사했다. 사람들은 비웃었다. 그러나 매서운 서리가 내린 뒤, 다른 지역 농작물은 다 얼어붙어서 못 쓰게 되었는데, 기적같이 그 농지의 곡물들만 건강하게 잘 버텨내고 있었다. 누가 보이지 않는 거대한 비닐하우스를 씌운 것 같았다고 했다. 어려운 상황 속에서 믿음으로 먼저 감사하는 사람은 하나님의 보호막을 끌어 낸다.

항상 기뻐하고 쉬지 말고 기도할 때 범사에 감사할 수 있다

항상 기뻐하고, 쉬지 말고 기도하고, 범사에 감사하는 것, 이 세 가지 는 한 패키지로 묶어서 생각해야 한다. 왜냐하면 하나를 하면 다른 두 개도 하게 되고, 하나가 안 되면 다른 두 개도 다 무너지기 때문이다.

특히 항상 기뻐하고 쉬지 말고 기도하는 것 다음에 범사에 감사하라 는 명령이 나온 것이 의미가 있다고 생각한다. 마치 본 게임을 위해 점점 오프닝을 준비해나가는 것처럼 항상 기뻐하고 쉬지 말고 기도하는 것이 바로 범사에 감사하는 영성 아닐까?

어떤 상황 속에서도 하나님은 실수가 없으심을 믿고 늘 믿음으로 기 뻐하며 항상 숨 쉬는 것처럼 기도 모드에 걸려 있는 사람은, 범사에 감 사하는 것이 자연스럽다.

나는 감사에 대한 설교를 하면서 "감사는 하늘 문을 여는 암호"라고 한 적이 있다. 상황이 힘들다고 해서 불평과 원망과 걱정만 하면 아무 소용이 없다. 그건 하늘 문을 여는 암호가 아니기 때문이다. 오히려 힘 들수록 믿음으로 기뻐하고 감사하면 마귀가 떠나고 성령께서 기뻐하신 다. 그리고 하늘의 위로와 축복과 능력을 마음껏 우리에게 부어주신다. 그러면 황무지가 변하여 옥토가 되는 역사도 일어난다.

이것이 하나님의 뜻이다

이것이 그리스도 예수 안에서 너희를 향하신 하나님의 뜻이니라(for this is God's will for you in Christ Jesus) 살전 5:18

"항상 기뻐하고, 쉬지 말고 기도하고, 범사에 감사하는" 이 세 가지가 하나님의 뜻이다. 하나님의 뜻은 삶의 태도를 바꾸는 것이다. 우리는 보통 하나님의 뜻 하면 우리 미래에 대한 그림을 생각한다. '내가 누구와 결혼하는 것이 하나님의 뜻일까?', '내가 어디 가서 사역하는 것이 하나님의 뜻일까?', '내가 무슨 사업을 하는 것이 하나님의 뜻일까?' 같은 것들이다. 그런데 본문이 말하는 하나님의 뜻은 '무엇'이 아니라 '어떤 자세'로 사는가이다.

역사의 미래는 오직 하나님만이 주관하신다. 그러나 어떤 미래가 다가오든 우리는 하나님께서 자녀 된 우리를 위해 축복된 계획을 펼치실 것임을 믿어야 한다. 그리고 그 축복의 계획이 우리를 통해서 이뤄지기 위해서는 오늘 우리 마음의 그릇이 준비되어야 한다.

"항상 기뻐하고, 쉬지 말고 기도하고, 범사에 감사하는 것"은 우리 마음의 그릇을 오늘 준비하는 것이다. "너희를 향하신"(for you), 즉 그것이 '너희를 위한' 하나님의 뜻이란 것이다.

당시 이 권면을 받는 데살로니가 교인들은 믿음의 열정도 있고 순수했지만, 아직 믿음이 어렸다. 게다가 여러 가지 핍박과 어려움도 많았다. 그들은 어떻게든 주님을 붙들고 이 어려운 현실을 극복해보려 했다.

그때 많은 사람이 성급한 재림론에 빠졌다.

당시는 주님이 십자가에서 돌아가신 지 30년 정도밖에 안 되었던 때였는데, "주님이 언제 어떻게 다시 오실 것인가"가 그들의 지대한 관심사였다. 주님이 다시 오시면 이 모든 어려움에서 자유하게 되기 때문이었다. 그들이 생각하는 하나님의 뜻이란 대부분 주님의 재림과 지구의 종말에 관련된 것들이었다. 그들은 매일매일 직면해야 하는 현실의 어려움에서 어떻게든 도망가고 싶었다. 재림 신앙은 현실도피형 신앙으로 변질될 수 있었다.

그러나 하나님께서는 미래가 어떻게 될 것인지를 자꾸 묻지 말고, 오늘 하루하루를 하나님의 코드대로 살라고 하신다. 그것이 승리하는 인생을 사는 비결이다. 내가 중학교에 다닐 때 매스 게임에 참여해본 적이 있다. 수백, 수천 명이 늘어서서 서로 다른 색깔의 곤봉을 여러 각도로 돌리는데, 나는 내게 주어진 자리에서 시키는 대로 박자에 맞춰 곤봉을 돌리기만 하면 됐다. 그랬는데도 멀리서 보면 기가 막힌 형형색색의 그림이 펼쳐지며 움직였다. 하나님께서는 그렇게 우리 각자의 삶을 조화시키셔서 너무나 멋진 큰 그림을 그려가실 것이다.

중요한 것은 우리가 '그리스도 예수 안'에 있는 것이다. 우리는 혼자처절하게 세상을 살아가는 사람들이 아니다. 세상이 아무리 험악해져도 우리는 그리스도 예수 안에 있는 사람들이다. '그리스도 안에 있다'는 말은 그리스도 예수 안에 '거한다'는 뜻이다. 그것은 주님을 찾고, 바라며, 목말라하고, 기다리며, 보고, 알고, 사랑하고, 들으며, 느끼고, 반응하는 것이다. 예수님을 위해 일하는 것을 잠시 멈추고, 예수님과 함께하는 것을 단순히 즐거워하는 것이다.

기도하는 시간이 그런 시간이다. 말씀 읽는 시간이 그런 시간이다. 예배하는 시간이 그런 시간이다. 주님은 변함없는 사랑으로 우리를 품어 주시지만, 우리가 그 사랑 안에 있기로 결단해야 한다. 그 사랑 안에 거해야 한다. 시간을 내어 항상 주님과 충분히 교제하라. 그러면 주님께서 큰 품에 우리를 품으시고 절대 놓지 않으신다.

우리 인생은 나 홀로 가는 것이 아니다. 최고의 인도자 예수님이 이끌고 가신다. 걱정할 것 없다. 주님 안에 있으면 어떤 상황 속에서도 기뻐하고 감사할 수 있다.

chapter 14

고난 속에서 이뤄진
믿음의 업그레이드

데살로니가후서 1장 1-4절

1 바울과 실루아노와 디모데는 하나님 우리 아버지와 주 예수 그리스도 안에 있는 데살로니가인의 교회에 편지하노니 2 하나님 아버지와 주 예수 그리스도로부터 은 혜와 평강이 너희에게 있을지어다 3 형제들아 우리가 너희를 위하여 항상 하나님께 감사할지니 이것이 당연함은 너희의 믿음이 더욱 자라고 너희가 다 각기 서로 사랑함이 풍성함이니 4 그러므로 너희가 견디고 있는 모든 박해와 환난 중에서 너희 인내와 믿음으로 말미암아 하나님의 여러 교회에서 우리가 친히 자랑하노라

학자들은 바울이 데살로니가전서를 기록한 지 2,3개월 뒤에 데살로니가후서를 써서 보냈다고 추정한다. 데살로니가후서의 내용도 그리스도의 재림에 대한 내용들을 다루고 있는데, 이는 데살로니가전서 편지를 받아본 성도들이 "그리스도께서 도둑같이 오시리라"(살전 5:2 참조)라고 한 바울의 말을 그리스도의 재림이 자기 세대에 곧 임할 것처럼 오해했기 때문이다. 그래서 일부 성도들은 생업을 포기하고 무위도식하는 폐단도 생겨났고, 일부 몰지각한 사람들은 자신들이 성령의 계시를 받았다고도 하고, 또 바울의 다른 편지를 받았다는 허위 사실도 유포했다.

이렇게 데살로니가교회 성도들이 규모 없는 삶을 산다는 이야기를 전해 듣고 바울이 얼마나 황당했을까. 데살로니가교회 성도들은 아직 믿음이 너무 어렸다. 그래서 바울은 첫 번째 편지에 자신이 언급한 그리스도의 재림에 관한 내용을 다시금 보완하려고 데살로니가후서를 쓴 것이다.

나는 바울이 데살로니가로 첫 번째 편지를 보낸 지 겨우 세 달 만에 또 두 번째 편지를 보냈다는 사실에 느끼는 것이 몇 가지 있다.

첫째, 바울이 정말 데살로니가교회 성도들을 사랑했다는 사실이다. "사랑의 반대는 미움이 아니라 무관심"이라는 말이 있다. 사랑하는 마음이 없으면 상대가 잘못된 길을 가서 망하든 말든 별 관심이 없다. 그러나 정말 사랑하면 사랑하는 자가 잘못되어가는 것을 결코 참지 못한다. 바울은 데살로니가교회 성도들을 향한 사랑과 열정이 뜨거웠다. 그래서 첫 번째 편지를 보낸 뒤 거우 세 달만에 첫 번째 편지에 이어 두 번째 편지를 보낸 것이다.

둘째, 세 달만에 두 번째 편지를 써서 첫 번째 편지에서 미흡했던 점을 보완하는 것을 보면, 바울은 영적 지도자로서 애프터서비스 정신이 뛰어났다는 것이다. 한 번의 가르침으로 모든 것을 깨우치는 제자는 거의 없다. 대게 두 번, 세 번, 몇 번이나 반복하면서 이리 고치고 저리 고치면서 잡아줘야 온전한 신앙인으로 서게 된다. 그래서 진짜 아비의 마음, 어미의 마음을 품은 영적 스승은 결코 대충대충 하지 않는다.

바울은 데살로니가교회 성도들을 영적 자녀처럼 사랑하고 품었기 때문에 결코 그들을 세워가는 일을 대충대충 하지 않았다. 그들이 처음 가르쳐준 교리를 잘못 이해했다면 이건 결코 그들만의 잘못이 아니라고 생각하고, 바울은 인내심을 가지고 두 번째 편지에서 다시 찬찬히 설명한다. 제자가 이해할 때까지 끝까지 가르치고 보완하는 바울의 정성을 본받아, 우리도 한 영혼을 가르치고 세울 때 그렇게 끝까지 정성을 다해야 함을 배운다.

셋째, 바울은 데살로니가 성도들이 마게도냐와 아가야 전체에 소문난 교회임을 알았기에 이것이 자칫 잘못하면 위기가 될 수도 있다는 것을 알았다는 사실이다. 데살로니가는 유럽과 아시아를 어우르는 교통의 요충지였다. 그래서 데살로니가교회가 은혜롭게 잘 부흥하면 그 영성이 주변 모든 교회에 선한 영향력을 미칠 수 있었지만, 반대로 데살로니가교회가 잘못된 재림 신학에 휩쓸리면 나쁜 영향력이 사방으로 번져 나가서 많은 교회가 잘못된 재림 신앙을 가지고 표류할 수 있었다. 그래서 바울은 문제가 더 커지기 전에 빨리 조치해야 한다고 판단한 것이다.

영적인 지도자가 이렇게 지체 없이 개입해야 할 때가 있다. 영적 타이밍을 놓치면 두고두고 후회하게 되는 경우가 많다. 마귀는 주님의 교회 안의 작은 허점도 크게 악화시키는 데 천재다. 그래서 데살로니가교회 일부 성도들의 재림 신앙에 대한 오해가 더 큰 문제로 확대되기 전에 바울이 오해를 바로잡아주어야 했던 것이다.

이처럼 데살로니가후서는 데살로니가 성도들을 사랑하는 바울의 뜨거운 열정과 교회를 잘못된 진리로부터 보호하려는 사명의식이 결합되어 쓰인 편지다. 특히, 주님의 재림에 관해 우리가 어떻게 이해하고 어떻게 준비해야 하는지를 정확하게 알려주는 서신서이기도 하다. 그래서 데살로니가전서보다 초반부의 칭찬과 격려가 짧고, 전체적으로 단호하면서도 강경한 어조로 쓰여 있다. 그럼에도 불구하고 바울은 데살로니가 성도들을 칭찬하는 것으로 시작하며 그것으로 인해 감사하고 있다.

형제들아 우리가 너희를 위하여 항상 하나님께 감사할지니 이것이 당연함은 너희의 믿음이 더욱 자라고 너희가 다 각기 서로 사랑함이 풍성함이니 **살후 1:3**

믿음이 자라고 있음을 칭찬하다

첫 번째로 바울은 그들의 "믿음이 더욱 자라고" 있는 것을 칭찬했다. 영어성경에 보니까 "growing more and more" 즉, 믿음이 점점, 조금씩, 계속해서 자란다고 표현했다.

믿음은 생명력이 있다. 처음에는 하나의 작은 겨자씨와도 같다. 그러나 겸손한 마음밭에 심겨 말씀과 기도로 계속해서 물을 주고 거름을 주면 믿음이 점점 자란다. 어떤 사람은 믿음이 약해지는 경우가 있다. 세상에서 시달려 마음이 위축되었거나, 기도 응답이 안 되어서 시험 들었거나, 세상 성공에 취해서 마음이 강퍅해졌거나 차가워졌을 때 그렇게 된다. 약해진 믿음은 반드시 깨워서 다시 강하게 해야 한다.

어떤 사람은 믿음이 그냥 그대로 머물러 있다. 영적 매너리즘에 빠져서 차지도 덥지도 않다. 그냥 종교적 요식 행위로써 형식적인 예배를 드리고, 최소한의 헌신과 사역만 하는 미니멈 크리스천이다. 그야말로 차지도 않고 덥지도 않은 믿음인데, 이 또한 하나님이 기뻐하시는 믿음이 아니다. 그런데 데살로니가교회 성도들은 믿음이 날마다 성장하고 있었다. 생명력 있는 믿음이었다. 여러 가지 실수와 부족한 부분들이 있긴 했지만, 아이들이 한창 자랄 때 수없이 많이 실패하고 넘어지면서 배워가듯이 그들도 많은 시행착오를 거치면서도 믿음이 계속 성장하고 있었다.

우리는 자주 "모태 신앙이다, 예수 믿은 지 10년 됐다, 집사 된 지, 장로 된 지 몇 년이다" 하는 식으로 신앙 연수를 많이 따지는데, 신앙 연수보다 더 중요한 것은 믿음이 계속 성장하고 있느냐이다. 작년보다 올해 더 기도 시간이 깊고 뜨거운가? 어제보다 오늘 나의 예배는 더욱 감격적인가? 지난번보다 이번에 나의 헌신과 섬김이 더 뛰어난가? 나는 목사지만 날마다 내 믿음이 주님 앞에서 자라고 있는지 항상 스스로를 돌아본다.

사랑이 풍성함을 칭찬하다

두 번째로 바울은 데살로니가교회 성도들이 "각기 서로 사랑함이 풍성함"을 칭찬했다. 영어성경에 보면 "the love that every one of you has for each other is increasing" 즉, 너희 한 사람 한 사람이 서로를 향해 가진 사랑이 늘어나고 있다, 성장하고 있다고 했다. 사랑은 영성의 최종 시험지다. 믿음이 깊어질수록 하나님을 사랑하고 형제를 사랑해야 한다.

아무리 은사가 많아도, 아무리 성경 공부를 많이 해도, 아무리 교회 직분을 많이 맡아도, 아무리 훈련을 많이 받고, 기도를 많이 하고, 사역을 많이 해도 교회 안에 서로를 향한 사랑이 없고 항상 싸우고 분열되어 있다면 그건 의미가 없다. 주님도 "너희가 서로 사랑하면(오직 서로 사랑할 때) 이로써 모든 사람이 너희가 내 제자인 줄 알리라"(요 13:35)라고 하셨다. 일부만 사랑해서는 안 되고 우리 한 사람 한 사람이 다 사랑해야 한다. 목회자가 성도를 사랑하고, 성도가 목회자를 사랑하고, 또 성도들끼리 서로를 깊이 사랑해야 한다.

살면서 느끼는 것은, 가장 쉬운 것 같으면서도 가장 어려운 일이 사랑하는 일이라는 것이다. 내게 좋게 하는 사람 사랑하기는 쉽지만 내게 상처 준 사람, 나를 배신한 사람, 내게 무관심한 사람들을 다 사랑하기는 정말 어렵다. 하나님께서 힘주시지 않으면 사랑하는 게 쉽지 않다. 그래서 믿음과 사랑이 함께 간다. 하나님을 믿는 믿음이 깊어지면 우리가 서로 사랑할 수 있는 힘이 생긴다. 데살로니가 성도들은 날마다 믿음이 커가면서 사랑도 함께 커갔다. 바울은 그 점을 칭찬한 것이다.

그래도 감사

바울은 "형제들아 우리가 너희를 위하여 항상 하나님께 감사할지니"라고 하는데, 이 부분을 영어성경으로 보면 "we ought to thank God for you"이다. 이는 의무감을 표현하는 말로, 우리가 "하나님께 감사해야겠다"고 말하는 것이다.

바울은 사실 데살로니가 성도들의 재림 신앙의 미성숙한 부분을 꾸짖고 바로잡아주기 위해서 이 편지를 쓴 것이다.

그런데 편지를 쓰려고 앉아서 기도하다 보니 성령께서 먼저 바울의 가슴에 감사의 마음을 일깨워주신 것 같다. 무엇이 감사하냐 하면 데살로니가 성도들이 그래도 믿음이 더욱 자라고 있고, 사랑이 더욱 풍성해져가고 있다는 사실이었다. 마치 성령께서 바울에게 "그래도 데살로니가 성도들의 믿음과 사랑이 더욱 자라가고 있으니 감사하지 않니? 넌 그것으로 인해 항상 하나님께 감사해야 해"라고 일깨워주신 것 같다. 그래서 바울도 성도들을 훈계하기 전에 그들이 잘하고 있는 현재의 모습을 칭찬하고 격려해준 것이다.

인내와 믿음을 자랑하다

그러므로 너희가 견디고 있는 모든 박해와 환난 중에서 너희 인내와 믿음으로 말미암아 하나님의 여러 교회에서 우리가 친히 자랑하노라 **살후 1:4**

바울은 데살로니가에 교회를 개척하다가 극심한 반대자들의 핍박에 못 이겨 이 도시를 3주 만에 떠나왔는데, 바울이 떠난 후에도 데살로니가교회 성도들은 그들의 믿음으로 인해 그곳 사람들에게 계속 박해와 환난을 당하고 있었다. 그럼에도 불구하고 그들은 인내와 믿음을 잃지 않고 잘 견디고 있었기에 바울은 주변의 모든 교회 앞에서 데살로니가 교인들의 의연한 믿음을 자랑한다고 했다.

데살로니가교회가 수적으로 확 성장해서 자랑하는 것도 아니요, 많은 사역을 감당해서 자랑하는 것도 아니며, 큰 건물을 건축해서 자랑하는 것도 아니다. 믿음을 지키기 위해 핍박을 당했고, 그 핍박을 또 믿음과 인내로 잘 견뎌낸 것을 자랑한다는 것이다. 참 그러고 보면 하늘나라의 교회 평가 기준은 세상의 시각과는 전혀 다른 것 같다.

우리 생각에는 외형적 성장을 하는 것이 복이고, 박해와 환난을 당하는 것은 마치 하나님이 버리신 것 같다고 생각하는데 그게 아니다. 축구에서 스타 플레이어에게 상대 수비의 집중 마크가 붙듯이, 박해와 환난이 강하다는 것은 그만큼 그 교회의 영적 수준이 마귀에게 위협을 가할 정도로 커졌다는 뜻이니 오히려 감사할 일이라는 것이다.

우리도 그렇게 생각해야 한다. 우리는 우리가 잘못해서 고난 당한 적은 많지만 순전히 주를 위해 핍박과 환난을 당해본 경험이 적다. 그러나 마지막 때이기 때문에 우리는 이제 믿음 가진 자들이 핍박 당할 것을 각오하고 준비해야 한다. 우리가 그렇게 '믿음과 인내'를 지킬 때 우리 주님도 우리를 친히 자랑하실 것이다.

chapter 15

영적 중심을 잡으라

데살로니가후서 2장 1-7절

1 형제들아 우리가 너희에게 구하는 것은 우리 주 예수 그리스도의 강림하심과 우리가 그 앞에 모임에 관하여 2 영으로나 또는 말로나 또는 우리에게서 받았다 하는 편지로나 주의 날이 이르렀다고 해서 쉽게 마음이 흔들리거나 두려워하거나 하지 말아야 한다는 것이라 3 누가 어떻게 하여도 너희가 미혹되지 말라 먼저 배교하는 일이 있고 저 불법의 사람 곧 멸망의 아들이 나타나기 전에는 그날이 이르지 아니하리니 4 그는 대적하는 자라 신이라고 불리는 모든 것과 숭배함을 받는 것에 대항하여 그 위에 자기를 높이고 하나님의 성전에 앉아 자기를 하나님이라고 내세우느니라 5 내가 너희와 함께 있을 때에 이 일을 너희에게 말한 것을 기억하지 못하느냐 6 너희는 지금 그로 하여금 그의 때에 나타나게 하려 하여 막는 것이 있는 것을 아나니 7 불법의 비밀이 이미 활동하였으나 지금은 그것을 막는 자가 있어 그중에서 옮겨질 때까지 하리라

데살로니가후서 2장에서 바울은 본격적으로 데살로니가교회 성도들에게 올바른 재림 신앙을 가르쳐주기 시작한다.

형제들아 우리가 너희에게 구하는 것은 우리 주 예수 그리스도의 강림하심과 우리가 그 앞에 모임에 관하여 **살후 2:1**

바울은 데살로니가교회를 창립한 목사요, 그들에게 있어서 절대적 영적 권위를 가진 영적 아비와 같은 스승이었다. 그러나 바울은 데살로니가교회 성도들을 향해 부드럽게 "형제들아 우리가 너희에게 구한다"라고 한다. 바울은 "너희들은 아직 믿음이 어려서 잘 모르니까 우리가 가르쳐주는 대로 따르기만 하면 된다"는 식의 강압적인 권위주의로 데살로니가 성도들을 대하지 않았다. 바울은 데살로니가 성도들이 스스로 판단하고 결정할 수 있는 성숙하고 실력 있는 성도들이기를 기대하고, 또 그렇게 대하고 있다.

1절만 읽어봐도, 데살로니가 성도들을 어렵게 하고 있는 문제가 무엇인지 대충 짐작할 수 있다. 예수님의 다시 오심과 우리가 그분 앞에 다시 모이는 것에 대해 잘못된 사상이 데살로니가교회 안에 번지고 있었다. 주님이 다시 오시는 그날에 모든 성도가 예수 그리스도 앞에 함께 모이게 된다. 그런데 이미 예수 그리스도께서 이 땅에 재림하셨다는 주장이 퍼진 것이다. 이 주장은 바울이나 실라, 디모데가 없는 상황에서 데살로니가 교인들의 마음을 아주 힘들게 했을 것이다.

"야, 예수님이 벌써 재림하셨대! 그래? 와 이제 환난과 핍박 다 끝났네! 할렐루야! 당장 직장 때려치우고 주님 맞으러 달려가보자!" 하는 사람들도 있었을 것이고, "뭐 벌써 재림하셨어? 큰일 났네. 난 아직 주님 위해서 별로 한 일이 없는데, 심판대에서 꾸중 들으면 어떡하지?" 하는 사람도 있었을 것이며, "주님이 이미 재림하셨다고? 그런데 왜 우린 몰랐지? 우리는 구원받는 백성 중에 포함된 것이 아닌가? 큰일 났네? 이거 어떡하지? 지금이라도 포함될 수 없나? 누구를 찾아가야 도움을 받을 수 있지?" 하는 사람도 있었을 것이다. 이런 말들이 성도들 사이에서 번져나가면서 교회 분위기가 얼마나 혼란스러워졌겠는가?

예수님의 재림이 이미 임했다는 거짓 소문을 퍼뜨린 자들은 이런 혼란에 더욱 부채질을 했을 것이다. 그들은 어떤 방법으로 성도들을 미혹했는가?

미혹의 방법

영으로나 또는 말로나 또는 우리에게서 받았다 하는 편지로나 주의 날이 이르렀다고 해서 쉽게 마음이 흔들리거나 두려워하거나 하지 말아야 한다는 것이라 **살후 2:2**

2절 말씀에 따르면 거짓된 자들은 첫째, 영으로 미혹한다. 본문에서 "영으로"라는 것은 '영을 통하여'라는 뜻으로, 이는 성령을 빙자하거나 거짓된 영을 통하여 거짓된 가르침을 유포해서 사람들을 속이는 것을 의미한다. 사실 성령을 빙자하여 사람들을 속이려면 그만큼 영에 대하여 많이 알아야 하는데, 바울 당시에는 영적으로 많은 지식과 또 표적을 행하는 교활하고 강력한 이단 세력들이 많았다. 오늘날도 보면 많은 종말론 이단은 성령의 계시를 받았다고 주장하면서 마치 자신들이 재림의 날과 때를 아는 것처럼, 그래서 기존 기독교는 다 가짜고 자신들의 가르침을 믿어야 재림 예수에게 구원받을 수 있는 것처럼 미혹한다. 그래서 마지막 때에 우리는 영적 분별력을 가져야 한다.

"사랑하는 자들아 영을 다 믿지 말고 오직 영들이 하나님께 속하였나 분별하라 많은 거짓 선지자가 세상에 나왔음이라"(요일 4:1).

영적 분별력은 그냥 기계적으로 교회 다닌다고 생기지 않는다. 말씀과 기도로 깨어 있어야 영적 분별력이 생겨서 거짓된 영적 가르침들을 분별할 수 있다.

거짓된 자들은 둘째, 말로 미혹한다. 본문의 "말로"라는 것은 "영으로"와 마찬가지로 '말을 사용해서' 미혹했다는 뜻으로, 당시 이단 세력들이 아주 능수능란하게 말을 잘했음을 알 수 있다.

초대교회 당시 유명했던 마르시온이나 아리우스 같은 이단들의 지도자는 매너도 너무나 좋고 말재간이 워낙 뛰어난 사람들이었다고 한다. 이들은 현란한 말솜씨로 진리를 약간 비틀어 왜곡시켜서 사람들을 교묘하게 설득했다. 에덴동산에서 하와를 유혹했던 마귀도 얼마나 교묘하게 말을 잘했는가.

그래서 사도 요한은 "우리가 말과 혀로만 사랑하지 말고 행함과 진실함으로 하자"(요일 3:18)라고 했다. 진실한 삶이 뒷받침되지 않는 말재주는 경계해야 한다는 것이다. 사도 바울도 말 잘하는 사람들이 많은 고린도교회에 편지하면서 "내가 설득력 있는 지혜의 말로 하지 아니하고 다만 성령의 나타나심과 능력으로" 복음을 전한다고 했다(고전 2:4). 말이 서툴러도 성령의 능력이 나타나느냐 나타나지 않느냐가 중요하다는 것이다. 우리는 말재주에 현혹되지 말아야 한다.

거짓된 자들은 셋째, 성경 말씀으로 미혹한다. 2절에서 "우리에게서 받았다 하는 편지"는 바울이 데살로니가교회에 사도의 권위로 보낸 목회서신을 말하는데, 오늘날 성경과 같은 의미를 지니고 있다. 당시 데살로니가교회를 창립하고 초기에 지도자들을 양육한 바울의 편지는 절대적 권위를 가지고 있었다. 그래서 이단 세력들은 자신들이 바울의 다른 편지를 가지고 있는 것처럼 속여서 그리스도의 재림이 이미 이르렀다고 주장하며 성도들을 미혹했다. 오늘날로 치면 성경 공부 한다고 하면서, 성경 말씀을 자기들 마음대로 편집해서 성도들을 기만하는 이단들과 같다. 기독교의 이름을 걸고 성경을 내세우며 가르친다고 다 진짜가 아니다.

에베소서에 보면 하나님의 전신갑주에 "말씀의 검"이 나올 정도로, 말씀은 영적 전쟁의 없어서는 안 될 공격용 무기다. 그런데 마귀가 얼마나 간교한가 하면 이 성경 말씀까지도 성도들을 교란하는 무기로 사용한다는 사실이다. 성도들이 성경 말씀이라고 하면 자연스럽게 경계심을 풀어버리기 때문이다. 그래서 대부분의 이단이 처음 성도들에게 접근할 때

"재미있고 유익한 성경 공부가 있는데 가보지 않겠습니까? 기존 교회에서 잘 가르쳐주지 않는 새로운 방식으로 말씀을 풀어주기 때문에, 평소 성경에 대해서 가졌던 궁금증이 싹 해소됩니다"라는 식으로 유혹한다.

실제로 신천지 같은 이단 집단들에 있다가 빠져나온 분들의 말을 들어보면 성경을 줄줄 외면서 무섭게 스파르타식으로 성경 공부를 시키는데, 처음에는 충격을 받는다고 한다. 특히 기존 정통 교회에서 잘 다루지 않은 요한계시록 같은 성경을 비유적으로 막 풀어주니까 성도들이 어이없이 빠져든다고 한다.

기가 막힌 것은 이렇게 이단으로 넘어가는 성도 중에는 교육을 많이 받았다는 고학력자 엘리트들도 많다는 사실이다. 세상적으로 똑똑한 것과 영적 분별력이 있는 것은 다르다.

진리를 알아야 거짓을 분별할 수 있다

마지막 때가 가까워올수록 마귀는 때와 장소, 수단 방법을 가리지 않고 성도들을 공격해올 것이다. 특히, 마귀는 주님 다시 오심을 갈망하는 건강한 재림 신앙이 얼마나 중요한지 알고 있다. 성도가 제대로 된 재림 신앙을 갖게 되면 혼신의 힘을 다해 전도하고 선교할 것이며, 거룩한 삶을 살기 위해 노력할 것이며, 항상 기도하고 서로 사랑하는 교회가 될 것이다. 그렇게 되면 하나님의 나라가 거침없이 확장될 것이며, 이것은 마귀에게 있어서 최악의 시나리오다. 그래서 마귀는 거짓된 종말론을 가르쳐 성도들을 미혹하여 교회를 흔들려고 했다.

그것은 2천 년 전 데살로니가에서나 지금 한국에서나 마찬가지다. 오늘날도 보면 그리스도의 재림에 관한 그릇된 소문을 퍼뜨리는 이단 세력들로 인하여 한국교회 성도들이 얼마나 많이 시험 들었는지 모른다. 예수님께서는 재림의 때를 하늘 아버지밖에 모른다고 분명히 말씀하셨는데, 이단들은 자신들이 때를 안다면서 자신들의 가르침을 믿어야 구원받는 무리 속에 속할 수 있다고 사람들을 기만한다.

우리는 이런 가짜들에 속지 않기 위해서 진짜 복음을 정확하게 알고 있어야 한다. 미국 재무국 직원들이 수많은 형태의 위조지폐를 정확히 가려낼 수 있는 까닭은 먼저 진짜 지폐들을 수없이 많이 살피고 만져보면서 훈련받기 때문이라고 한다. 우리는 올바른 신학을 바탕으로 한 바른 복음을 철저히 제대로 배워놓아야 한다. 진짜를 제대로 모르니까 가짜가 교활한 가면을 쓰고 미혹하면 흔들리는 것이다. 애매모호한 성경 지식과 영적 훈련으로는 결코 마지막 시대에 설쳐대는 무서운 이단 세력들의 공격을 당해낼 도리가 없다.

나는 예전에 한때 이단에 몸담았다가 돌아온 분으로부터 그들이 일주일 내내 하루에 몇 시간씩 미동도 않고 얼마나 철저하게 그들의 거짓 교리에 의거한 성경 공부를 하는지를 듣고 말문이 막혔었다. 사람이 완전히 세뇌 당할 때까지 무섭게 훈련한다고 한다. 그 이야기를 들려주던 분이 이렇게 말했다.

"그들은 거짓된 교리를 진짜처럼 목숨 걸고 배우는데, 제가 정통 교회로 돌아와보니 여기는 진짜 교리를 가짜처럼 너무 설렁설렁 배우고 있어서 놀랐습니다."

목회하면서 나는 교회를 오래 다닌 성도들도 기독교의 기본 진리인 원죄에 대해서, 구원에 대해서, 영적 전쟁에 대해서, 종말론에 대해서, 말씀과 성령의 균형에 대해서 정확하게 모르는 분들이 많다는 것을 알았다. 모르기 때문에 알고 싶은 욕구도 있고, 질문들도 많은데 여기에 대해 정통 교회가 친절하고 적극적으로 가르쳐주지 않기 때문에 이단들에게 미혹되는 경우가 많다는 것도 알게 되었다.

그래서 몇 년간에 걸친 연구와 준비 끝에 6년 전에 《기독교 에센스》란 책을 내게 되었고, 멘토와 멘티가 일대일로 공부할 수 있는 교재까지 세상에 나오게 된 것이다. 우리 교회에서는 이제 '기독교 에센스 일대일 과정'이 언젠가는 반드시 이수해야 하는 필수 교육 과정으로 자리잡게 되었다. 정확한 영적 프레임을 가져야 성경을 볼 때 올바른 해석을 할 수 있고, 거짓 교사들의 잘못된 성경 가르침에 미혹되지 않는다.

나는 성도 한 사람, 한 사람이 진리로 제대로 무장해야 이 마지막 시대에 그리스도의 이름을 빙자하여 성도들을 미혹하는 악한 자들로부터 스스로를 지킬 수 있다고 믿는다.

재림 직전에 일어날 분명한 징조

누가 어떻게 하여도 너희가 미혹되지 말라 먼저 배교하는 일이 있고 저 불법의 사람 곧 멸망의 아들이 나타나기 전에는 그날이 이르지 아니하리니 그는 대적하는 자라 신이라고 불리는 모든 것과 숭배함을 받는 것에 대항하여 그 위에 자기를 높이고 하나님의 성전에 앉아 자기를 하나님이라고 내세우느니라 **살후 2:3,4**

3절에 "누가 어떻게 하여도 너희가 미혹되지 말라"는 말은 그리스도의 재림에 관하여 잘못된 가르침을 퍼뜨리는 거짓 교사들이 아무리 교활하게 접근해도 너희들은 영적 중심을 잡고 흔들려선 안 된다는 뜻이다. 여기서 "미혹하다"라는 말은 주도면밀하게 철저히 준비하여 속이는 행위를 말한다. 특히, 가짜 교사들의 가르침과는 달리 예수님의 재림이 아직 임하지 않았다는 사실을 확인시켜주기 위해서 바울은 재림 직전에 있을 중요한 두 가지 징조를 예로 든다. "먼저 배교하는 일이 일어나고", 그러고 나서 "불법의 사람 곧 멸망의 아들이 나타날 것"이라고 했다.

배교는 불신이 아니다. 불신은 아예 처음부터 기독교 복음을 거부하는 것이고, 배교는 한때 교회에 속했던 사람이 신앙을 버리는 것이다. 이것은 잘못된 가르침에 미혹되어 넘어간 결과이다. 이단들은 불신자 전도를 주목표로 하는 것이 아니라, 기성 교회 신자를 미혹하여 빼앗아오는 것을 주목표로 한다. 그들은 살그머니 교회로 들어와 양 떼를 빼앗아가는 도둑들이다.

나는 신천지 이단이 짧은 시간 안에 그토록 빨리 성장하여 회원이 20,30만 명에 달한다는 뉴스를 접하고 너무 충격을 받았다. 특히, 지난 10년간 대학, 청년층들을 집중 공략 대상으로 정하고, 이들의 필요와 특성을 집중적으로 연구하여 온갖 다양한 전략으로 접근하여 포섭하고 있다고 하니 얼마나 무서운 일인지 모른다. 이번 코로나19 사태를 통해 그래도 전 국민이 신천지의 폐쇄적이고 거짓된 모습을 확인하게 되어 다행이다.

두 번째 징조는 "불법의 사람, 멸망의 아들"이 나타날 것인데, 그는 거짓 기적을 행하며 사람들을 잘못된 길로 인도할 존재이다. 예수 그리스도를 대적하고 스스로 그리스도의 자리에 앉으려 하는 적그리스도가 바로 그이다. 이 불법의 사람, 멸망의 아들은 거짓 복음을 가지고 성도들을 미혹하는 일에 사활을 걸고 있다. "자기를 높이고 하나님의 성전에 앉아 자기를 하나님이라고 내세운다"는 말은 거짓된 영적 권위를 주장함으로써 교회를 타락시킨다는 뜻이다. 이들은 교만하여 스스로를 신격화하며 하나님의 질서에 저항한다. 이단 교주들 같은 거짓 영적 지도자들이 다 이 부류에 포함되는데, 이들은 말씀을 자기들 마음대로 가르쳐서 성도들의 영적 혼란을 극대화시킨다.

이미 배운 진리로 돌아가라

내가 너희와 함께 있을 때에 이 일을 너희에게 말한 것을 기억하지 못하느냐 **살후 2:5**

말세의 징조를 구체적으로 알려준 바울은 전에 자신이 데살로니가 성도들에게 복음을 가르칠 때, 예수 그리스도의 재림에 관해서도 분명히 자세하게 가르쳤음을 상기시킨다. 바울은 재림의 시기는 하늘 아버지 외에는 아무도 모르고 그날이 도둑같이 임할 것이니, 언제 그날이 와도 부끄럽지 않도록 영적으로 깨어 있으라고 분명히 가르쳤었다. 그런데도 바울과 목회자들이 얼마간 그들과 떨어져 있는 기간을 노리고 거짓 교사들이 설쳐대니까, 성도들이 그들의 말에 너무 흔들려버린 것이다.

바울은 혼란에 빠져 있는 성도들에게 새로운 진리를 가르치는 것이 아니라 전에 그들에게 이미 가르쳐준 변함없는 진리를 다시 기억하라고 한다. 믿음이 흔들릴 때는 과거에 배웠던 진리의 말씀으로 되돌아가야 한다. 거짓 교사들은 자꾸 뭔가 성경이 가르치지 않은 새로운 진리가 있는 것처럼 속여도, 예수 그리스도의 십자가 복음은 오리지널 그대로 불변한 진리다. 성경으로 돌아가자(Back to the Bible)! 다시 말씀으로 돌아가 그 위에 우리 신앙의 중심을 세워야 한다.

또한, 여기서 우리는 영적 진리란 과거에 한두 번 배운 것으로는 지킬 수가 없고, 계속해서 공부하고 또 공부해야 하는 것임을 배운다. 운동선수가 경기가 없는 오프 시즌에도 몸을 만들기 위해 운동을 계속해야 하는 것처럼, 영성도 그렇다. 말씀은 듣고 또 들어야 하고, 기도도 쉬지 말고 해야 한다. 아무리 화려한 영성의 소유자도 잠깐만 기도를 게을리하면 순식간에 무너질 수 있다. 그러니 정신 바짝 차리고 있어야 한다.

그리스도를 더욱 붙들라

너희는 지금 그로 하여금 그의 때에 나타나게 하려 하여 막는 것이 있는 것을 아나니 불법의 비밀이 이미 활동하였으나 지금은 그것을 막는 자가 있어 그중에서 옮겨질 때까지 하리라 **살후 2:6,7**

7절에서 바울은 "불법의 비밀이 이미 활동하였으나"라고 했다. 영어성경에 보니 "the secret power of lawlessness is already at work" 즉, "불법의 비밀한 권세가 이미 움직이기 시작했다"는 뜻이다. 교회를 미혹하는 거짓 교사들 뒤에 숨어서 은밀하게 그들을 조종하는 것은 마귀의 권세다. 이미 바울의 때에 그 세력이 나타나 활동을 시작했고, 지난 2천 년 교회의 역사 내내 교회를 끊임없이 그렇게 공격해왔다. 그들의 최종 목표는 성도들과 하나님 사이를 이간하는 것이다. 성도들이 진리의 말씀을 떠나 세상의 정욕을 따라 살면서 타락하도록 만들 것이다. 이들은 교활하고 집요하기 때문에 보통 영적 실력으로는 잘 파악하기 어렵고, 물리치기도 힘들다.

그러나 우리에게는 반석같이 든든한 주님이 계신다.

"그로 하여금 그의 때에 나타나게 하려 하여 막는 것이 있는 것을 아나니"(6절).

즉, 어떤 분이 그 악한 마귀의 권세를 제압하여 하나님의 때가 이르기 전에는 함부로 설치지 못하게 하신다. 적그리스도라고 자기 마음대로 역사 속에 등장할 수 있는 것이 아니라, 하나님이 허락하시는 시점이 되어야 나타날 수 있다는 것이다. 눈에 보기에는 이들이 세상 전권을 다 장악한 듯 보이나, 실상은 하나님께서 모든 상황을 조정하고 계신다.

영적 전쟁의 핵심은 마귀를 증오하는 게 아니라 하나님을 사랑하는 데 있다. 거짓된 어둠의 세력들이 교회를 혼란스럽게 하려 하면 할수록, 우리는 진리의 예수 그리스도를 더욱 간절히 붙들어야 한다. 우리의 예배와 기도가 결코 이단 세력들의 것보다 약해선 안 된다. 이 힘든 시기에 계속해서 기도와 말씀으로 함께 나아가고 있는 우리 한국교회 성도들은 다 더욱 예수 그리스도의 은혜로 충만해지고 있다고 믿는다. 두려워하지 말라. 우리 안에 계신 이가 세상에 있는 자보다 크시다.

chapter 16

낙심하지 않는 삶

데살로니가후서 3장 13-18절

13 형제들아 너희는 선을 행하다가 낙심하지 말라 14 누가 이 편지에 한 우리 말을 순종하지 아니하거든 그 사람을 지목하여 사귀지 말고 그로 하여금 부끄럽게 하라 15 그러나 원수와 같이 생각하지 말고 형제같이 권면하라 16 평강의 주께서 친히 때마다 일마다 너희에게 평강을 주시고 주께서 너희 모든 사람과 함께하시기를 원하노라 17 나 바울은 친필로 문안하노니 이는 편지마다 표시로서 이렇게 쓰노라 18 우리 주 예수 그리스도의 은혜가 너희 무리에게 있을지어다

데살로니가후서를 마무리하면서 사도 바울은 몇 가지 말로 데살로니가 교회 성도들에게 마지막 권면을 한다.

낙심하지 말라

형제들아 너희는 선을 행하다가 낙심하지 말라 **살후 3:13**

나는 "선을 행하다가 낙심하지 말라"는 말이 참 가슴 찡하다. '낙심한다'는 말은 속이 상해서 온 맘에 힘이 쭉 빠지듯 주저앉고 싶은 힘든 마음 상태를 말한다. 실망하고 지쳐서 그만두고 싶을 정도로 괴로운 것이 낙심하는 것이다.

하나님을 알지 못하는 세상 사람들만 낙심하는 게 아니다. 믿음 좋은 성도들도 험한 세상 속에서 하나님의 사람으로 살면서 낙심하는 경우가 많다. 언제인가? 오래 기도했는데 응답이 되지 않을 때 낙심이 된다. 우리는 각자 간절한 마음의 소원, 처절한 기도 제목이 있을 것이다. 금식하며 기도하고, 쉬지 않고 오래 기도했는데 그게 응답이 안 될 때 낙심이 된다.

결혼을 위해 그렇게 오래 기도했는데 결혼 상대를 찾지 못한 청년, 결혼한 지 십수 년이 지났는데 온갖 노력에도 불구하고 아이가 안 생겨 낙담하고 있는 부부, 힘들게 개척하고 몇 년이 지났는데도 아직 미자립교회 처지를 벗어나지 못하여 낙담하고 있는 목사님 부부. 오랜 기도가 응답 되지 않을 때 낙심되는 것은 당연하다.

우리는 또 언제 낙심하게 되는가? 성실하게 착하게 최선을 다했는데도 길이 열리지 않을 때 낙심하게 된다. 밤잠 안 자고 열심히 공부했는데 시험에 계속 떨어질 때, 부부 관계를 개선해보려고 그렇게 참고 노력했는데 예수 안 믿는 배우자와의 관계는 오히려 점점 악화되어갈 때 낙심이 된다. "노력하면 안 되는 일 없다"는 말도 다 거짓말 같고, 나의 최선도 아무 소용 없다는 느낌이 들 때 기운이 쫙 빠진다.

또 언제 낙심이 되는가? 기대했던 곳에서 기대했던 결과가 나오지 않을 때 낙심이 된다. 광야를 행군하던 이스라엘 백성들이 르비딤이란 곳에 이르렀을 때 그랬다.

르비딤은 당시 시나이 반도에서 가장 큰 오아시스로 알려져 있어서 모두 거기만 가면 실컷 물을 마시고 편안히 쉴 수 있을 것이라 기대했다. 그런데 도착해보니 기근으로 물이 바짝 말라 있었다. 물이 있어야 하는 오아시스에 물이 없는 것이다. 아예 기대도 안 했으면 모르겠는데 기대를 많이 하고 왔기 때문에 실망도 그만큼 컸다.

예를 들어, 어떤 사람이 조기 은퇴하고 나서 가진 돈을 모두 털어 넣어 창업을 했다고 생각해보라. 유망 업종, 좋은 자리, 틀림없는 장사라 하여 가게를 차렸는데, 막상 뚜껑을 열고 보니 장사가 너무 안 된다. 직원 월급과 장소 임대료도 나오지 않는다. 점점 바닥을 보이는 은행 잔고를 바라보며 그는 속으로 피가 마르지 않을까? 물이 있으리라 기대했던 르비딤에 물이 없는 충격과 실망이 그런 것이다.

우리가 또 언제 낙심이 되는가? 내 옆의 친한 사람들이 나보다 더 잘 나가기 시작할 때 낙심이 된다. 같은 시기에 입사했는데 동료는 나보다 더 빨리 승진한다. 나는 예수 믿고 그는 예수 믿지 않는다. 동료는 정치적으로 능수능란하여 때에 따라서는 거짓말도 잘하는데, 나는 그렇게는 못 하지만 정직하고 성실하게 일했다. 그런데 어떻게 하나님이 내가 아닌 동료를 더 빨리 승진하도록 허락하실 수 있는가? 힘이 빠진다.

우리가 또 언제 낙심이 되는가? 함께 믿고 일했던 사람이 내게 등을 돌리고 떠날 때, 혹은 내가 믿고 곁을 주었던 사람들이 어느 날 갑자기 돌아서서 나를 공격하고 비판할 때 분한 마음이 들기보다 맥이 빠진다. 인생무상 삶의 회의가 느껴진다.

하나님의 사람 다윗도 친했던 벗들이 어느 날 적의 편에 서서 다윗을 비판하고 공격할 때 너무나 낙심되어 하나님께 울부짖었던 모습이 시편에 담겨 있다.

비슷한 맥락에서, 우리가 다른 사람에게 최선을 다해주었는데도 감사보다는 원망과 불평을 들을 때 참으로 속이 상하고 낙심이 된다. 목회자들이나 주일학교 선생님들이 이런 경우를 종종 겪는다. 백 가지 잘하더라도 한 가지 놓치면 원망과 불평을 듣기 일쑤이다. 그럴 때면 아무리 주님의 일을 하는 것이라도 사람인지라 섭섭하고 낙심이 된다.

지금 데살로니가교회 성도들은 안팎으로 어려움을 겪고 있었다. 밖으로는 교회를 핍박하는 세상 권력과 유대인 반대자들이 있었고, 안에서는 예수님 재림에 관한 거짓 교리로 성도들을 미혹하는 사람들이 있었다.

17절에서 바울이 "나 바울은 친필로 문안하노니 이는 편지마다 표시로서 이렇게 쓰노라"라고 한 까닭이 무엇이겠는가? 당시 바울의 편지를 위조하고 바울의 이름으로 가짜 가르침을 퍼뜨리는 이들이 많았기 때문에, '이것은 진짜 바울의 편지'라고 증명하기 위해서 그렇게 한 것이다. 이 정도니 당시 데살로니가교회가 거짓 교사들의 준동으로 인해 얼마나 힘든 상황이었는지 짐작할 수 있지 않은가?

또 데살로니가교회 안에는 잘못된 재림 신앙으로 현실의 일에 충실하지 않고 무위도식하며 규모 없이 살아가는 사람들도 있어서 교회 공동체를 힘들게 하고 있었다.

그러다 보니 바른 신앙을 가지고 제대로 잘 살아보려는 순수한 성도들이 많이 지치고 낙심되었나 보다. 혹자는 "괜히 말씀대로 너무 고지식하게 사는 게 아닐까? 하나님이 나의 수고를 알아주시긴 할까?"라는 생각을 하기도 했고, 마귀가 그 틈을 놓치지 않고 그들의 마음을 더욱 낙심하게 하는 경우도 있었다.

그래서 바울은 "형제들아 너희는 선을 행하다가 낙심하지 말라"라고 한 것이다. 성실한 자들이 게으른 자들로 인해 지쳐선 안 되고, 바른 신앙을 가진 사람들이 거짓된 교리를 가진 사람들 때문에 흔들려선 안 된다. 충성스럽게 일하다 오해받고 어려움을 당한다 해도 낙심하지 말자. 하나님께서는 다 알고 계시고, 다 보고 계시니 억울한 마음과 분한 마음도 갖지 말자. 때가 되면 반드시 하나님이 이루실 것이다.

지금 눈에 보이는 상황이 꽉꽉 풀리지 않아서 마음이 슬프고 답답해도 낙심하지 말라. 우리가 잘못 산 게 아니다. 오히려 우리가 말씀대로 제대로 순종하며 살기 때문에 힘든 것이다. 예수님도 하나님의 뜻에 순종하는 과정에서 얼마나 외롭고, 얼마나 말도 안 되는 억울한 거짓 공격을 겪으셨는가? 그러나 예수님은 그 모든 일들을 다 겪으시며 인내하시고 승리하셨다.

혹 지금 하나님의 사람으로 살면서 낙심하고 있는가? 일이 잘 진행되지 않거나, 일이 이뤄지는 시간이 너무 길어져서 지쳐 있지는 않은가? 사람들이 당신을 알아주지 않아서, 혹은 당신을 오해하고 떠나가서 낙심하고 있지는 않은가?

막혀 있는 환경을 바라보지 말고, 사람을 바라보지 말고, 우리를 불러주신 하나님을 바라보라. 아무리 힘들어도 하나님이 우리 편이심을 믿고 그분의 얼굴을 바라보자.

내 영혼아 네가 어찌하여 낙심하며 어찌하여 내 속에서 불안해하는가 너는 하나님께 소망을 두라 나는 그가 나타나 도우심으로 말미암아 내 하나님을 여전히 찬송하리로다 시 42:11

영적 교제를 정리하라

또한 우리가 낙심한 마음을 제대로 추스르기 위해서 할 일이 있는데, 그것은 우리의 영적 교제권을 정리하는 것이다.

> 누가 이 편지에 한 우리 말을 순종하지 아니하거든 그 사람을 지목하여 사귀지 말고 그로 하여금 부끄럽게 하라 그러나 원수와 같이 생각하지 말고 형제같이 권면하라
> **살후 3:14,15**

영성은 전염성이 있다. 하나님의 말씀에 순종하지 않는 사람, 게으르고 불평불만이 많은 사람과 계속 사귀면서 우리 영혼이 건강하기를 바란다면 오히려 그게 이상할 것이다. 시편 1편에도 시냇가의 푸르른 나무와 같은 의인이 되려면 먼저 악한 자의 길을 따르지 않아야 한다고 했다. 교회 공동체를 건강하게 지키려면 말씀에 불순종하고 제멋대로 행하는 사람들을 멀리해야 한다. 그들이 우리의 영혼을 소리 소문 없이 힘들고 지치게 하기 때문이다.

다만 그들을 원수 대하듯 완전히 끊어내지는 말고 형제의 사랑으로 품으면서 계속해서 바른 말씀으로 가르쳐야 한다. 그러나 이것은 그들과 지속적으로 마음을 열고 교제하는 것과는 엄연히 다르다.

하나님의 평강을 누리라

바울은 이제 기도로 마지막 인사를 대신한다.

성도들이 어느 때 어느 상황에서도 하나님의 평강을 누릴 수 있도록 바울은 간절히 중보한다. 바울은 데살로니가 성도들이 현재 처한 상황의 큰 맥은 대충 짚어 알고 있었지만, 그들 한 사람 한 사람이 처한 상황과 어려움을 일일이 다 알 수는 없었다. 그래서 모든 것을 아시는 하나님께서, 지금 그들을 힘들게 하는 모든 크고 작은 문제 가운데서도 그들에게 평안(평강)을 주시기를 기도한 것이다.

평안은 상황이 다 좋아져야 누릴 수 있는 것이 아니다. 평안은 평강의 하나님이 내 안에 계시기 때문에 누릴 수 있는 것이다. 성도가 성도로서 살면서 정말 재미있고 짜릿한 게 무엇인지 아는가? 하늘의 평안을 현실 속에서 구체적으로 체험하며 사는 것이다.

하나님의 간섭하심과 하나님의 임재를 날마다 느끼며 사는 사람들은 어떤 상황 속에서도 하나님의 평안을 느낀다. 내 영혼이 그리스도의 십자가 안에서 깨어졌기 때문에, 내 안에 이제 내가 사는 것이 아니라 나를 위하여 십자가에서 돌아가신 그리스도께서 사시기 때문에 나는 흔들리지 않는다.

내 삶의 조종간은 일찌감치 주님의 손에 맡겨 드렸기 때문에 나는 공황 상태에 빠지지 않는다. 언제나 나와 함께하시는 임마누엘 하나님께서 우리에게 세상이 알 수 없는 평안을 주시는 줄 믿는다.

그리스도의 은혜가 우리를 일으켜주신다

바울은 데살로니가교회 성도들에게 평강을 빌어주면서 한 가지를 더 빌어준다.

우리 주 예수 그리스도의 은혜가 너희 무리에게 있을지어다 **살후 3:18**

어느 시대, 어느 장소에 있든 모든 교회와 모든 성도에게 가장 절실하게 필요한 것은 그리스도의 은혜이다. 주님의 은혜 아니면 살아갈 수가 없다. 정말 은혜가 아니면 우리가 어찌 잠시라도 소용돌이처럼 휘몰아치는 이 불안한 세상에서 버티겠는가? 은혜가 머무는 곳에 소망이 있다. 우리 인생이 그리스도의 은혜에 달려 있다.

예수님의 십자가에서 그 은혜가 흘러나온다. 예수님이 생명을 내어주실 만큼 큰 은혜를 우리에게 주셨기 때문에 우리 삶에 일어나는 모든 일 속에도 주님의 은혜가 임할 것이다. 은혜는 자격 없는 자에게 부어주시는 하나님의 축복이고 보호하심이고 도우심이다. 우리는 자격이 없지만 하나님이 은혜 베푸심으로 우리가 노력한 것 이상의 축복을 체험하고, 우리가 노력한 것 이상의 보호하심과 도우심을 체험할 것이다.

은혜가 아니면 우리가 할 수 있는 것은 아무것도 없다. 은혜가 아니면 이 험한 세상에서 어떻게 우리 자녀를 안전하게 키우겠는가? 은혜가 아니면 한 치 앞을 볼 수 없는 상황 속에서 우리가 어떻게 일을 하고, 어떻게 사업을 하고, 어떻게 공부를 하겠는가?

주님의 은혜로 다시 힘을 내자. 코로나19 사태가 생각보다 장기화되면서 다들 지쳐 있다. 요즘 안 힘든 사람이 어디 있겠는가? 앞날이 불안하지 않은 사람이 어디 있겠는가?

그러나 우리에게는 만유의 주재이신 예수 그리스도가 계신다. 오늘 그분께 함께 기도하며 손을 내밀어보자. 그분의 손이 우리의 눈물을 닦아주실 것이다. 더 이상 못 가겠다 쓰러지고 싶을 때 그분의 손이 우리를 붙들어 일으켜주실 것이다.

chapter 17

인생의 밤에 부르는 찬양

사도행전 16장 19-40절

19 여종의 주인들은 자기 수익의 소망이 끊어진 것을 보고 바울과 실라를 붙잡아 장터로 관리들에게 끌어갔다가 20 상관들 앞에 데리고 가서 말하되 이 사람들이 유대인인데 우리 성을 심히 요란하게 하여 21 로마 사람인 우리가 받지도 못하고 행하지도 못할 풍속을 전한다 하거늘 … 25 한밤중에 바울과 실라가 기도하고 하나님을 찬송하매 죄수들이 듣더라 26 이에 갑자기 큰 지진이 나서 옥터가 움직이고 문이 곧 다 열리며 모든 사람의 매인 것이 다 벗어진지라 27 간수가 자다가 깨어 옥문들이 열린 것을 보고 죄수들이 도망한 줄 생각하고 칼을 빼어 자결하려 하거늘 28 바울이 크게 소리 질러 이르되 네 몸을 상하지 말라 우리가 다 여기 있노라 하니 29 간수가 등불을 달라고 하며 뛰어 들어가 무서워 떨며 바울과 실라 앞에 엎드리고 30 그들을 데리고 나가 이르되 선생들이여 내가 어떻게 하여야 구원을 받으리이까 하거늘 31 이르되 주 예수를 믿으라 그리하면 너와 네 집이 구원을 받으리라 하고 32 주의 말씀을 그 사람과 그 집에 있는 모든 사람에게 전하더라 … 40 두 사람이 옥에서 나와 루디아의 집에 들어가서 형제들을 만나 보고 위로하고 가니라

코로나로 인해 많은 사람이 재택근무를 하고 아이들은 학교에 못 가는 우울한 시간이 계속될 때, 선풍적인 인기를 끌며 사람들의 마음을 어루만져준 예능 프로그램이 있었다. 지상파 프로그램이 아닌데도 분당 38퍼센트가 넘는 경이로운 시청률을 기록하며 장안의 화제가 된 이 프로그램은 TV조선에서 방영된 〈내일은 미스터트롯〉이다. 마지막 결승 우승자를 뽑기 위한 대국민 문자투표 참여수는 무효표까지 포함해서 거의 천만 명에 육박했다. 워낙 매스컴에서 집중 조명한 프로그램이라 나도 관심을 갖고 유튜브에서 찾아보게 되었는데, 정말 무릎을 칠 정도로 재미있고 감동도 있었다.

사실 트로트라는 장르는 서양의 춤 형식인 '폭스트롯'에서 유래된 것으로, 여우가 걷듯 4분의 4박자에 맞춰 사뿐사뿐 추는 리듬이 일본을 거쳐 우리나라에 들어오게 되면서 우리가 아는 트로트가 되었다는 것이 정설이다. 일본의 엔카와 닮았다고 논란이 되기도 했지만, 4분의 4박자 리듬에 우리 민족 특유의 흥과 한이 스며들면서 어디서도 볼 수 없는 우리나라 고유의 음악으로 굳어진 것이 트로트라고 한다.

잘하든 못하든 우리가 가장 쉽고 자연스럽게 부를 수 있는 노래로서, 흥이 넘칠 때라든지 분위기를 살릴 때 편하게 부르는 것이 트로트다. 하지만 이때까지 트로트는 대중음악계에서도 비주류로 높이 평가받지 못하던 장르이기도 했는데, 그것을 완전히 뒤바꿔버린 것이 〈미스터트롯〉이었다.

트로트는 나이 든 기성세대의 전유물이라는 선입관을 깨고, 성악, 국악, 아이돌 스타, 록밴드 출신의 젊고 세련된 참가자들이 각자 특유의 다양한 방식으로 기존의 트로트 곡들을 부른다는 것이 놀라웠다. 이로 인해 아주 어린 아이들부터 청장년층과 어른들에 이르기까지 모든 세대가 함께 모여 즐길 수 있는 가족 예능 프로그램이 될 수 있었다. 코로나로 인해 사람들이 바깥 출입을 못 하고 대부분 집안에만 갇혀 있던 우울한 상황에서 〈미스터트롯〉이 재미와 감동으로 세대를 아우르며 가슴 깊이 파고든 것이다.

출연자들이 부른 노래의 상당수는 가족, 부부, 어머니를 다룬 것이었는데, 어쩌면 요즘은 촌스럽고 민망한 감정으로 여겨지는 진한 그리움과 사랑이 담긴 노래가 지친 시청자들의 마음을 위로해주지 않았나 싶다. 나만 해도 최종 우승자인 임영웅이 고(故) 김광석의 〈어느 60대 노부부의 이야기〉를 담담히 부르면서 중간에 휘파람 간주를 넣을 때, 가슴이 찡해서 울컥할 뻔했다.

노래의 힘

우리나라처럼 고통이 많았던 민족들은 그 아픔이 노래 속에 배어 있다. 영화 〈타이타닉〉(Titanic)의 OST로 유명한 셀린 디온의 〈마이 하트 윌 고 온〉(My Heart Will Go On) 같은 곡도 전통 아일랜드 민요 가락의 노래인데, 마치 슬픔의 빗자루로 고통의 파도를 쓰는 듯한 애절함이 느껴진다. 유달리 고난이 많았던 아일랜드의 아픔이 담긴 노랫가락이다. 이스라엘 민족의 민요도 고통스러웠던 유대인들의 역사의 아픔이 그대로 담겨 있어 대단히 애절하다. 트로트도 우리나라의 한과 정서를 잘 표현하고 있다. 〈이별의 부산정거장〉이나 〈홍남부두〉는 한국전쟁의 아픔을 담고 있으며, 〈희망가〉나 〈아침의 나라에서〉 등 여타 트로트도 그 시대상을 대변하고 있다.

〈미스터트롯〉 참가자들을 보면 9살 어린이부터 40대 초반 무명 가수까지 배경이 다양하다. 태권도 세계 챔피언, 성형외과 의사, 유명 수학 강사, 아이돌 가수 출신, 성악가, 판소리꾼까지, 나이와 직업이 저마다 달랐다. 이들의 사연은 하나같이 구구절절하다. 주목받지 못한 가수로 오래 지내다가 트로트 가수로 전향한 참가자, 가수 준비를 했지만 생계로 인해 트로트 행사장을 돌게 되며 트로트 가수가 된 사람, 할아버지 병원비를 위해 참석한 아이, 홀어머니 밑에서 힘들게 자란 사람 등. 그들은 지방 군소도시들의 크고 작은 이벤트에서 어디든 불러주기만 하면 달려가서 터무니없이 적은 사례비를 받고도 노래했다. 생계가 어려워 군고구마를 구워 팔면서도 가수의 꿈을 접지 않았다. 그래서 그런지 어려운 시대를 살아가는 시청자들과 공감대 형성이 쉬웠다.

이제는 모든 예능 프로그램 섭외 1순위가 된 〈미스터트롯〉 톱7 우승자들에 대한 시청자들의 반응을 들어보면, 이들은 노래 이상의 감동을 준 것 같다. "코로나 시대에 밖에 다니지 못하고 집에만 틀어박혀 있는데 미스터트롯의 노래들을 들으면서 힘을 얻었다", "우울증이 치료되었다", "코로나 사태로 직장을 잃어 상심하고 불안했는데 노래들을 들으면서 마음에 평안을 얻었다" 등등이었다. 가만 들어보니, 이건 교회가 해야 할 일이 아닌가 싶었다.

성경은 고난의 파도가 심할 때 그것을 이기는 방법 중 하나로 찬양을 이야기한다. 엄청난 고난을 평생 겪었던 다윗은 엄청난 찬양의 사람이었다. 교회가 코로나 시대의 아픔을 이겨낼 수 있는 중요한 방법은 이 힘든 마음을 진솔하게 담아 하나님을 찬양하기 시작하는 것이다.

진짜 찬양은 내 몸과 마음이 찬양할 수 없을 만큼 힘들 때 터져 나오는 것이다. 믿음으로, 성령의 도우심으로 찬양할 때 우리는 현실 너머로 솟아오르는 하나님의 역사를 체험할 것이다. 본문의 사도 바울과 실라가 그랬다.

바울과 실라가 빌립보에서 당한 고난

바울의 유럽 선교의 첫 번째 기착지는 빌립보라는 도시였다. 아무것도 없이 막막히 시작한 빌립보 사역이었지만 하나님께서 준비된 믿음의 여인 루디아를 보내주셔서 바울과 실라는 용기백배하여 빌립보 사역을 시작했다. 루디아와 그 가정은 말씀과 기도로 준비된 사람들이었고, 빌립보교회는 그렇게 말씀과 기도 위에 세워진 기본기가 탄탄한 교회였다.

하지만 동시에 영적인 전쟁도 있었다. 귀신 들려서 점을 치던 여종을 만난 것이다. 그 여종을 장악하고 있던 귀신이 소리 지르며 바울을 괴롭혔고, 바울은 예수의 이름으로 그 귀신을 내쫓았다. 교회가 세워질 때는 무서운 영적 전쟁을 치러야 하는데, 두려움 없이 예수님을 의지하고 나가면 반드시 승리한다. 그런데 그 뒤 사건은 전혀 예상치 못했던 방향으로 흐른다.

귀신 들렸기 때문에 아주 용하게 점을 잘 쳐서 주인들에게 많은 돈을 벌게 해주었던 여종. 그러나 귀신 들려서 온종일 점을 치면서 산 그녀의 인생은 얼마나 비참했겠는가? 그런데 바울이 나사렛 예수의 이름으로 귀신을 내쫓아줌으로써 그녀는 이제 자유인이 되었다. 새로운 인생을 살게 되었다. 축복도 이런 축복이 없다.

하지만 이 여종의 주인들은 여종이 새 삶을 얻은 것에 대해서는 전혀 관심이 없다. 탐욕에 눈이 어두웠던 그들은 그저 자신들의 엄청난 수입원이 끊어졌다는 사실만으로 화가 머리끝까지 치밀어 올랐다. 바울과 실라를 붙들고 관리들에게 끌고 갔다. 그런데 정작 관리 앞으로 간 그들은, 바울과 실라가 그들의 여종에게서 귀신을 쫓아서 수입원이 끊겨 화났다는 말을 차마 하지 못한다. 대신 정말 희한한 죄목을 말한다.

"이 사람들이 유대인인데 우리 성을 심히 요란하게 하여"(행 16:20).

당시 유대인들은 수차례 아주 격렬한 유혈 폭동과 반란을 일으킨 적이 있어서 로마 정부는 유대인들을 아주 경계했다. 바울과 실라를 끌고 간 사람들은 바로 이런 정치적인 분위기를 아주 잘 이용한 것이다. 또한 그들은 바울과 실라가 미풍양속을 해친다고 고발했다.

"로마 사람인 우리가 받지도 못하고 행하지도 못할 풍속을 전한다 하거늘"(행 16:21).

바울이 귀신을 쫓아내고 미신과 우상을 제거한 것을 이렇게 모함한 것이다. 세상 사람들은 항상 이런 식으로 말한다. 나라를 위하는 척, 국민을 위하는 척, 가난한 사람들을 위하는 척 정의와 윤리의 수호자처럼 말한다. 그러나 실은 자기 이익 때문에, 자기 손해 본 것 때문에 그러는 것이다. 명목상의 이유는 그럴듯하게 포장하지만, 실제 그 내면에는 탐욕이 있다.

그런데 그들의 말도 안 되는 모함을 관리들은 너무나 쉽게 수용하고, 즉시 바울과 실라의 옷을 벗기고 무섭게 매를 때렸다. 원래 관리들이 강해 보이지만 실은 비겁하다. 관리들은 아마 바울과 실라를 고소한 무리와 전부터 안면이 있었을 것이다. 그리고 "무리가 일제히 일어나 고발하니"(행 16:22)라는 말로 미루어보아 그들은 자신들의 추종자들을 많이 동원해왔을 것이다. 관리들은 어쨌든 군중의 의견을 두려워한다. 소동이 확산되면 자신들이 책임져야 하기 때문에 옳고 그르고를 떠나서 어떻게든 군중의 비위를 맞춰주는 것이다. 바울 일행을 고소한 사람들이 탐욕의 노예였다면, 이 관리들은 두려움의 노예들이었다.

로마군의 채찍질은 무섭고 잔인하다. 피가 튀고, 어떨 때는 뼈가 허옇게 드러날 정도다. '많이 쳤다'(행 16:23)고 했으니, 수십 대를 쳐서 기절할 정도였을 것이다. 그러고도 치료해주는 게 아니라 발에 쇠사슬까지 채워서 깊은 지하 감옥에 가둬버렸다. 터키 그리스 성지순례를 갔을 때 빌립보에 들러 그 당시 바울이 갇혔던 감옥과 흡사한 지하 감옥을 가본 적이 있다. 좁고 어둡고, 한여름에도 냉기가 느껴질 정도로 추웠다. 그런 곳에서 바울과 실라가 얼마나 끔찍한 고통을 겪었을지 상상이 간다.

자, 바울과 실라가 얼마나 기가 막히고 억울했겠는가? 아시아로 가려고 했지만 성령님이 굳이 방향을 바꾸게 하셔서 유럽으로 왔는데, 그렇게 온 빌립보에서 루디아라는 여인에게 복음을 전하고 활발히 사역을 시작하려는데 이런 일이 터진 것이다. 귀신의 노예가 되어 비참하게 사는 여종을 예수의 이름으로 낫게 해주었는데, 고맙다는 인사는커녕 이토록 끔찍한 고난을 당하고 만 것이다. 얼마나 억울하고 얼마나 분할까? 사람에게 화나고 하나님이 원망스러웠을 것이다.

우리의 인생살이에도 이렇게 뜻하지 않게 어둠이 닥치는 경우가 허다하다. 갑자기 건강이 나빠졌는가? 갑자기 직장을 잃었는가? 가정에 문제가 생겼는가? 그토록 믿고 의지하며 잘해준 사람에게 배신을 당했는가? 당신의 인생에 밤이 찾아온 것이다. 정말 억울하게 누명을 쓰고, 얻어맞고, 감옥에 갇히는 것같이 고통당하는 상황에 빠진다. 내 잘못 때문에 닥치는 어둠도 있지만, 전혀 이유도 모르고 들어가게 되는 어둠도 많다. 특히 바울과 실라처럼 하나님의 일을 열심히 하다가 억울하게 욕먹고 고난당할 때는 정말 마음이 어렵다. 내 인생에 이렇게 밤이 올 때, 보통 세상 사람들은 자신의 팔자를 탓하고 자신을 억울하게 핍박한 사람들을 저주하고 복수를 결심한다. 아니면 자포자기하여 땅이 꺼져라 한숨만 쉬고, 잠 못 이루며 이를 갈거나, 두려움에 덜덜 떤다.

하지만 여기서 우리가 흔들리지 말아야 한다. 마음을 지켜야 하고, 생각을 지켜야 한다. 우리 인생이 우리가 원하는 대로 풀리지 않을 때, 그래서 막힌 문 앞에서 털썩 주저앉아 있을 때 옆에서 위로하는 척 달콤하게 속삭이는 소리가 있기 때문이다.

'거봐, 내가 뭐라 그랬어? 네가 얼마나 하나님의 일을 열심히 했는데, 돌아오는 게 겨우 이거야? 하나님이 어떻게 너한테 이러실 수 있어? 하나님은 네 아픔에 대해 별 관심이 없어. 너도 네 나름대로 살길을 찾아.'

그것이 바로 하와에게 선악과를 먹으라고 유혹하던 사탄의 소리다. 하나님께서 동산의 모든 열매는 다 먹어도 좋지만 선악과 하나만 먹지 말라고 하셨는데, 사탄은 하나님이 주신 것들에는 하나도 감사하는 마음 없이 하나님이 금하신 그것 하나 때문에 속상하게 만든다.

사탄은 항상 하나님이 주신 축복은 축소시키고, 하나님이 주시지 않은 것은 확대시킨다. 인생의 닫힌 문 앞에서, 인생의 고난 앞에서 사탄은 우리로 하여금 하나님의 사랑을 의심하게 하고 하나님을 원망하게 한다. 이때 우리의 입술로 거기에 동조해서 불평하고 원망하면 순식간에 사탄의 마수에 휘말려 시험이 들고 침체가 된다.

감옥 생활에서 찬송 생활로

기도와 찬송으로 반격하라. 이 힘든 상황을 돌파하며 승리하는 방법은 기도와 찬송이다.

한밤중에 바울과 실라가 기도하고 하나님을 찬송하매 죄수들이 듣더라 **행 16:25**

거의 실신할 정도로 매를 맞고 차가운 감옥에 갇힌 바울과 실라는 한밤중에 깨어났다. 정신이 돌아오자마자 그들은 기도하기 시작했다. 하나님의 일을 하다가 이해할 수 없는 힘든 일을 겪었을 때, 사람들에게 억울한 욕을 먹고 고난에 떨어졌을 때 마음을 강하게 먹어야 한다. 충격 때문에 한동안 멍해졌을 때, 정신을 차리고 바로 기도할 수 있기를 바란다.

바울과 실라는 기도하는 중에 하나님의 임재를 느꼈다. 하나님의 위로와 능력이 그들과 함께하심을 느꼈다. 순간 나도 모르게 가슴에서부터 찬양이 흘러나오기 시작했다.

"내 영혼의 그윽히 깊은 데서 맑은 가락이 울려나네 하늘 곡조가 언제나 흘러나와 내 영혼을 고이싸네."

성경에 보면 그들의 찬송 소리가 밖으로 흘러나가 다른 죄수들도 들을 수 있었다고 했다. 짐승 같은 비명과 분노에 찬 고함 소리, 한 맺힌 눈물 소리로 가득했던 감옥이 완전히 다른 세상이 되어버렸다. 예수님은 최악의 상황을 최상의 환경으로 바꿔주신다. 억울하게 감옥에 갇혔어도 예수님이 계시면 천국으로 변하게 된다.

지금 당신의 상황이 바울과 실라처럼 매 맞고 감옥에 갇힌 것처럼 힘든가? 당신을 그렇게 만든 사람들이 밉고 분한가? 하나님이 원망스러운가? 바울과 실라처럼 기도와 찬송으로 그 상황을 바꾸기를 바란다. 예수 믿기 때문에 우리가 고난도 핍박도 안 받는 게 아니다. 오히려 예수 믿기 때문에, 하나님의 일을 하기 때문에 더 억울한 욕을 먹고 고난당할 수 있다. 그러나 예수님으로 인해 그 고난보다 더 큰 은혜로 고난을 이겨내는 것, 이것이 참된 크리스천이다. 그래서 우리는 이렇게 찬양할 수 있다.

"그 두려움이 변하여 내 기도 되었고 전날의 한숨 변하여 내 노래 되었네."

밤에 부르는 찬양

인간은 좋은 환경 속에 있으면, 풍성하게 많은 것을 누리고 있으면 하나님께 감사하고 찬양할 것 같은데 실은 그렇지 못하다. 오히려 그 반대다. 오늘날 우리는 너무나 많은 것을 누리고 있다. 그런데도 우리처럼 불평불만이 많은 사람들도 없다. 차가운 지하 감옥이 아니라 따뜻한 집에 사는데도, 매를 맞아 피투성이가 된 몸이 아니라 고급 크림으로 마사지를 하면서도, 발은 차꼬에 매여 있는 것이 아니라 여름엔 시원한 샌들, 겨울엔 따뜻한 부츠를 신으면서도 우린 불평불만이 많다.

아들을 사랑해서 아버지가 자전거를 사주었더니, 아들은 밤낮 그 자전거만 붙들고 있느라고 아버지가 아무리 불러도 들은 척도 않는다. 선물에 도취되어 선물을 주신 이를 완전히 망각한 것이다. 그러다가 어느 날 자전거를 누가 망가뜨려 놓았다. 부서진 자전거 앞에서 아들은 비로소 필요에 의해서 아버지의 얼굴을 바라본다. 우리도 하나님이 주신 것이 좀 없어져야 비로소 하나님께 찾아간다. 사업이 흔들리고, 가정에 불화가 생기고, 사랑하는 사람에게 차가운 거절을 당할 때, 즉 우리의 인생에 밤이 찾아올 때 우리의 생각은 달라지기 시작한다.

코로나19 사태 초창기에 유럽에서 가장 큰 피해를 입은 곳은 이태리였다. 그런데 이태리에서 자택 격리된 사람들이 창문을 열고 다 같이 〈위대하신 주〉를 합창하는 영상을 봤다. 워낙 음악을 좋아하는 사람들이긴 하지만, 그래도 코로나의 공포가 가득하던 그때 누가 시킨 것도 아닌데 발코니에 나와서 함께 찬양하던 이태리 사람들의 모습이 지금도 잊히지 않는다. 죽음 같은 고난이 그들의 가슴 속에 있는 찬양을 끌어낸 것이다.

우리는 본능적으로 인생의 밤을 피하려 한다. 그러나 지구의 낮과 밤을 만드신 하나님은 우리의 인생에도 낮과 밤을 주셨다. 거기에는 깊은 하나님의 지혜가 담겨 있다. 자연계에도 꽃이 아침에 아름답게 피어나기 위해서 봉오리가 밤새 이슬을 머금고 준비를 한다.

햇볕만 계속되면 그 인생은 사막이 되어버린다. 성공만 계속하면 그 인생은 교만해질 대로 교만해져서 감당 못 할 사악한 존재가 되어버린다. 그래서 하나님께서는 우리가 아무리 싫다고 해도 때론 불행의 밤도 주시고, 배신의 밤도 주시고, 좌절과 실패의 밤도 주셔서 우리의 영혼에서 독기를 빼시고 정화시키신다. 성경에서 하나님의 사람들은 다 이 어둡고 힘든 밤을 지나면서 변화된 사람들이다.

찬양을 뜻하는 히브리어 중에 '야다'가 있다. 이것은 '두 손을 펴서 무릎 꿇는 행위'를 의미한다. 군사적인 용어로도 쓰이는데, 자기보다 강한 상대 앞에 더 이상의 저항을 포기하고 항복한다는 뜻이다. 인생의 밤을 지나면서 우리는 하나님 앞에 항복하는 것을 배운다. 죽는 것을 배운다. 철저하게 실패한 내 인생 앞에서 나의 교만을 버리고 전능하신 하나님 앞에 완전히 백기를 드는 것, 이것이 바로 인생의 밤에 부르는 찬양의 의미이다.

인생의 밤에 찬양할 수 있는 힘

너무나 많은 것을 누리고 있는 까닭에 이 밤의 의미를 잘 모르는 우리는 진정한 찬양의 파워를 제대로 누리지 못하고 있는지도 모른다. 근

20년 전에 내가 미국에서 사역할 때 일이다. 성경 공부를 가르치던 대학생들 10여 명을 데리고 미국 샌디에이고에 있는 감옥에 방문한 적이 있다. 50여 명의 우람한 체격을 가진, 각종 인종이 섞인 죄수들을 보면서 우리는 솔직히 좀 겁이 났다. 죄수들로 가득 찬 주정부 감옥 안의 세미나룸에서 우리 학생들이 찬양을 하고, 내가 간단한 설교를 한 다음, 그들에게 좋아하는 찬양을 하나 하자고 했다. 그랬더니 다 〈나 같은 죄인 살리신〉(Amazing Grace)을 부르자고 했다.

그런데 나나 학생들이 놀란 것은, 교회를 오래 다닌 우리도 채 다 못 외는 가사를 이들은 4절까지 전부 외워서 눈을 감고 부르는데, 다들 울면서 부르고 있는 것이었다. 그 자리에 나는 말로 형언키 힘든 하늘의 감동이 있음을 느꼈다. 그때 난 너무 부끄러웠다. 어쩌면 우리가 죄인이라고 손가락질하는 사람들이 인생의 밤을 통해 하나님을 만나 정결케 된 영혼으로 더 진실한 찬양을 하고 있는지도 모른다.

밤은 고통스럽다. 숨쉬기도 힘든데 무슨 힘으로, 무슨 흥으로 노래한단 말인가? 밤을 만난 인간은 결코 자기 힘으로 노래할 수가 없다. 그렇다면 무슨 힘으로? 옛날에 수도가 발달하기 전에는 펌프를 사용하여 물을 길어 올렸다. 그런데 펌프질을 아무리 해도 물이 잘 올라오지 않을 때가 있다. 그것은 땅속에 물이 없기 때문이 아니라, 펌프에 물이 말랐기 때문이다.

이때는 어떻게 하면 되는가? 한 바가지의 마중물을 펌프에 붓고 펌프질을 하면 지하수가 올라온다. 어두운 밤의 고통에 짓눌려 도저히 자기 힘으로는 노래할 수 없는 인간에게 하나님은 한 바가지의 물을 부어주서서 노래하게 하신다. 이 한 바가지의 마중물이 바로 성령의 생수이다. 인생의 밤에 부르는 노래, 고통스런 광야 한가운데서 부르는 찬양은 인간의 힘으로 하는 게 아니다. 하나님의 힘으로 부르는 것이다.

밤에 부르는 노래는 처절한 심령의 메아리가 동반되기 때문에 아주 독특하다. 가볍게 들리지 않고 마음 깊은 곳까지 파고든다. 모든 것이 잘나갈 때 콧노래로 부르는 찬양은 입에서 나오는 노래일 뿐이다. 그러나 내 인생의 칠흑 같은 밤을 지날 때 부르는 찬양, 사랑하는 자를 잃어버렸을 때, 나의 앞길이 막막할 때, 실패했을 때, 건강이 좋지 않을 때 부르는 찬송은 영혼에서부터 터져나오는 노래, 하나님의 힘으로 부르는 노래다. 이 찬양은 부르는 이나 듣는 이로 하여금 눈물짓게 한다. 말할 수 없는 따뜻함과 위로, 기쁨과 평안을 주는 노래다. 여기에는 아무리 세계적인 성악가도 인위적으로 만들어낼 수 없는 감동과 위엄이 담겨 있다.

캄캄한 밤에 올려진 아름다운 고백

세월이 가도 변함없이 성도들의 사랑을 받고 있는 찬송가들도 대부분 인생의 어두운 밤을 지나던 믿음의 선배들의 간증이 담긴 것들이다. 예를 들어서 새찬송가 413장의 〈내 평생에 가는 길〉은 미국의 호레이쇼 게이츠 스패포드가 1873년에 쓴 시를 바탕으로 지어진 노래다. 그는 성실한 변호사이자 열심히 신앙생활을 하던 가장이었다. 그러다가 큰 화재로 어려움을 겪고 나자 위로의 의미로 오랜만에 가족이 다 함께 유럽 여행을 가기로 계획했다. 그러나 출발 직전 급한 용무가 생겨 함께 가지 못하게 된 그는, 아내와 네 명의 딸을 먼저 보내고 자신은 조금 있다가 뒤따라가기로 했다.

아내와 네 딸이 출발한 후 얼마 뒤 그에게 청천벽력 같은 소식이 날아들었다. 아내와 네 딸이 타고 가던 여객선이 대서양 한가운데서 사고를 만나 침몰했다는 소식이었다. 226명이 죽고 아내를 비롯해 46명만이 겨우 구조된 참사였다. 스패포드는 순식간에 네 명의 꽃 같은 딸들을 하늘나라로 떠나보내고 망연자실했다. 황급히 배를 타고 아내를 만나러 가던 중 배가 사고 해역을 지날 때 선장은 한 곳을 가리키며 "이곳이 사고 지점입니다"라고 했다. 스패포드는 그의 네 딸을 한꺼번에 삼켜버린 파도 앞에서 믿기지 않는 표정으로 몸을 떨며 울었다.

그는 선실로 내려가 울음을 터뜨렸다. "왜 내게 이런 일이 생긴 겁니까?" 그는 밤새 울부짖으며 하나님께 기도했다. 원망은 거친 파도보다 더 괴로웠다. 얼마나 지났을까. 폭풍 같은 슬픔이 지나고 마음에 알 수 없는 평안이 차올랐다. 하나님을 의지하는 영혼에게 부어주시는 깊은 평안. 스패포드는 그 자리에서 그 평안을 표현하는 시를 써서 하나님께 올려드렸다.

내 평생에 가는 길 순탄하여 늘 잔잔한 강 같든지
큰 풍파로 무섭고 어렵든지 나의 영혼은 늘 편하다
내 영혼 평안해 내 영혼 내 영혼 평안해

찬송가 하나하나는 이렇게 인생의 처절한 밤을 지나던 사람들이 고통 가운데서 주시는 하늘의 은혜를 쏟아놓은 고백들이다. 그래서 그런지, 그들의 노래는 오늘날까지도 수많은 사람들, 특히 인생의 밤을 지나고 있는 사람들의 가슴에 상상을 초월하는 감동과 기쁨을 주고 있다. 고난 가운데 우리도 찬양을 통해 그렇게 영혼이 맑아지기를 바란다.

찬송과 기도는 기적과 능력을 가져온다

바울과 실라가 기도하며 찬송할 때 아주 놀라운 일이 생겼다.

> 이에 갑자기 큰 지진이 나서 옥터가 움직이고 문이 곧 다 열리며 모든 사람의 매인 것이 다 벗어진지라 행 16:26

바울은 하나님께 옥문을 열어달라고 기도하지 않았다. 지진을 일으켜달라고 기도하지도 않았다. 그런데 지진이 일어나고 감옥 문이 열렸다. 그뿐 아니라 바울과 실라 외에 모든 죄수가 묶여 있던 차꼬에서 풀려났다. 고난 앞에서 기도하고 찬양하면 구하지 않은 기적도 하나님이 내려주신다. 오늘 우리를 묶고 있던 모든 어둠의 쇠사슬이 풀리기를 바란다.

그런데 더 희한한 일은 그렇게 감옥 문이 열렸는데도 바울과 실라가 도망가지 않은 것이다. 얼핏 생각하기에 "야, 할렐루야. 탈출하라는 하나님 뜻인가 보다" 하고 신나게 도망갈 수 있었을 것이다. 그러나 바울과 실라는 그렇게 하지 않았다. 가만히 기도하며 하나님의 뜻을 기다렸다. 그러자 그들을 바라보고 있던 다른 죄수들도 같이 움직이지 않고 조용히 기다렸다. 하나님의 사람은 이렇게 주위 사람들까지도 잠잠하게 다스리는 영향력을 지닌다.

하나님이 우리의 인생에 기적을 주시고 능력을 부어주실 때, 괜히 흥분해서 날뛰지 말고 잠잠히 하나님의 뜻을 헤아려야 한다. 빌립보 감옥의 이 기적은 바울과 실라를 탈출시키기 위한 것이 아니었다. 이 기적은 한 영혼을 구원하기 위한 하나님의 계획이었다. 그리고 그 영혼은 다름 아닌 그 감옥의 간수였다.

그 한 사람의 구원을 위하여

한밤중의 지진으로 잠에서 깨어난 간수는 옥문이 다 열린 것을 보고 눈앞에 캄캄했다. 죄수들이 다 탈출했음이 분명했다. 로마의 군율은 추상같이 엄하다. 이런 경우 감옥의 책임자인 자신은 물어볼 필요도 없이 사형이었다. 그는 이래 죽으나 저래 죽으나 마찬가지라는 심정으로 칼을 빼어 들고 자결하려고 했다. 그때 바울이 이를 말렸다. "우리가 다 도망 안 가고 여기 있으니 그러지 말라"고 했다.

간수는 그 말을 듣고 칼을 떨어뜨렸다. 그제야 등불을 들고 감옥 안으로 들어가보았다. 너무나 겁에 질린 그는 감옥 문이 열린 것만 보고 제대로 확인하기도 전에 죄수들이 탈출했을 것이라고 지레짐작했다. 그래서 자기 목숨마저 끊으려고 했던 것이다. 두려움에 사로잡힌 사람은 이렇게 조급하고 어리석어진다. 너무 겁나니까 정확한 확인도 없이 최악의 미래를 상상해버리는 것이다.

상황이 어렵고 두려움이 몰려올수록 마음을 담대히 먹기를 바란다. 하나님은 당신이 지레 절망하고 주저앉기를 원치 않으신다. 하나님은 우리에게 소망과 생명을 주시려는 새로운 계획이 있으시다. 그것을 믿어야 한다.

간수는 그동안 산전수전을 다 겪으면서 이 감옥으로 끌려온 수많은 죄수를 보았다. 모두 피곤과 분노, 두려움에 찌든 얼굴들뿐이었다. 그런데 자신이 낮에 그토록 무섭게 매질하고 가둬놓은 바울과 실라의 얼굴이 설명할 수 없는 평안함과 기쁨으로 환한 것이다. 열쇠 없인 도저히 열 수 없는 감옥 문도 다 열려 있었다. 그런데도 바울과 실라는 도망가지 않고 바위처럼 늠름하게 앉아 있었다. 감옥생활에서 탈출할 수 있는 절호의 기회를 스스로 차버린 것이었다.

다른 죄수들도 모두 바울과 실라만 바라보며 도망갈 생각을 못 하고 있었다. 설명하기 힘든 어떤 거룩한 권위와 영광이 두 사람을 둘러싸고 있었다. 순간, 간수는 이들이 보통 사람이 아님을 직감했다. 저도 모르게 털썩 무릎을 꿇고 말았다.

즉시 바울과 실라를 밖으로 데리고 나간 간수의 질문이 충격적이다.

선생들이여 내가 어떻게 하여야 구원을 받으리이까 행 16:30

그것은 간수 자신도 예상치 못했던 물음이었다. 그것은 하나님이 하게 하신 질문이었다. 처음에 죽으려고 할 정도의 두려움과 충격에 사로잡혔던 그가 드디어 하나님을 향하여 눈을 뜨게 된 것이다.

이처럼 세상을 살면서 우리가 겪는 힘들고 어려운 일들이 오히려 하나님나라를 볼 수 있는 결정적인 계기가 되기도 한다. 평생 하나님을 안 믿을 것처럼 살다가 갑자기 큰 병이 들어 마침내 믿음을 갖게 되는 사람도 보았고, 유학까지 보냈던 자식이 나쁜 친구들과 어울리다가 감옥까지 간 충격적인 사건 때문에 하나님 믿게 된 사람도 보았다. 사업이 망하면서 하나님을 만난 사람도 있다.

우리가 눈에 보이는 세상의 것을 잃으면서 하나님을 알게 되었다면 그 고난은 변장된 축복이다. 지금도 하나님께서는 우리를 둘러싼 많은 시련을 통해 우리가 하나님을 만나길 원하신다. 새롭게 하나님을 체험하길 원하신다.

주 예수를 믿으라

"내가 어떻게 하여야 구원을 받으리이까." 이 질문은 인간이 가진 모든 문제를 해결하는 열쇠가 된다. 그리고 그에 대한 답이 31절에 나와 있다.

주 예수를 믿으라 그리하면 너와 네 집이 구원을 받으리라 행 16:31

"주 예수를 믿으라!" 우리가 학원 폭력 문제, 왕따 문제를 비롯한 교육 문제를 어떻게 해결할 수 있나? 주 예수를 믿으면 된다. 어지러운 이 나라의 상황을 어떻게 해결할 수 있나? 주 예수를 믿으면 된다. 경제가 갈수록 어지러워지는데 어떻게 해결할 수 있나? 주 예수를 믿으면 된다. 북한 문제와 안보 문제는 어떻게 해결하나? 주 예수를 믿으면 된다. 예수 그리스도야말로 우리가 가진 모든 문제에 대한 근본적인 해결책이다.

더 나아가 바울은 간수에게 네가 예수님을 믿으면 너 자신뿐 아니라 '네 집 모두가', 즉 너의 가문 전체가 구원을 받게 될 것이라고 했다. 구원받는 것은 나 하나만 복 받는 게 아니다. 문중 전체로 그 구원의 축복이 번져나가게 될 것이다. 우리 사회, 우리 민족 전체가 구원받게 될 것이다. 유명한 CCM 찬양의 가사처럼 "작은 불꽃 하나가 큰불을 일으키어 곧 주위 사람들 그 불에 몸 녹이듯이" 말이다.

하나님이 아브라함에게 주신 "너로 말미암아 너와 네 자손에게 복을 주겠고, 네 민족 전체를 축복하겠다" 하신 말씀이 이루어질 것이다. 주 예수를 믿는 우리 가정과 이 나라에 그 축복이 그대로 임할 줄을 믿는다. 이런 자부심을 가져라.

"나 때문에 내 가족이, 이 민족이 구원받고 하나님의 복을 받을 것이다."

축복은 퍼져나간다

간수에게 임한 하늘의 축복은 그 밤으로 곧 가족 모두에게 번져나갔다.

주의 말씀을 그 사람과 그 집에 있는 모든 사람에게 전하더라 **행 16:32**

바울은 구원받은 간수와 가족, 그리고 그 집에 있는 모든 사람에게 말씀을 가르쳤다. 말씀은 구원의 기초가 되기 때문이다. 초신자에게 철저하게 복음의 기초를 가르쳐야 한다. 그래야 믿음이 성장하게 되고 성숙해진다. 그래야 어떤 세상 시험과 유혹이 와도 믿음이 흔들리지 않는다.

말씀을 배우고 나니 간수는 인격이 변하고 인생이 변했다. 33절을 보면, 바울과 실라를 데려다가 맞은 자리를 씻어주었다. 내가 상처 준 사람에게 용서를 구하고, 치유하고 회복시키는 것이다. 이제는 바울과 간수가 죄수와 간수가 아닌 믿음의 형제가 되었다. 가해자와 피해자가 아닌 하나님의 가족이 되었다.

기적 중에 가장 큰 기적은 사랑의 기적이다. 간수는 이때까지 항상 남을 때리고 가두는 사람이었지, 한 번도 남을 치유해주는 사람이 아니었다. 그런데 예수님을 믿고 말씀이 그 안에 들어가니 인격이 바뀐 것이다. 사랑의 사람, 섬김의 사람이 된 것이다. 예수님은 어떤 못된 사람도 바꾸어 선한 사람이 되게 하실 수 있다.

그리고 간수의 모든 가족이 다 세례를 받았다. 정말 온 가정이 구원을 받게 된 것이다. 바울이 한 말 "너와 네 집이 구원을 받으리라"라는 예언이 현실이 된 것이다. 하나님이 우리에게 주시는 말씀 중에 허투루 그냥 땅에 떨어지는 말씀은 하나도 없다. 믿음으로 받으면 반드시 이뤄진다. 오늘 당신의 가족 중에 아직 구원받지 않은 분이 있다면, 믿음으로 하나님이 그 분을 구원해주실 것을 선포하라. "주님, 제 믿음 보시고 온 가족이 구원받게 해주세요"라고 기도하라. 그러면 빌립보 간수 가족 전체를 구원하셨던 하나님의 구원의 축복이 당신의 가족에게도 충만히 임할 것이다.

그다음에는 잔치가 벌어졌다. 간수는 바울 일행을 집으로 데려다가 음식을 대접했다. 그리고 그와 온 집안이 "하나님을 믿으므로 크게 기뻐했다"(행 16:34). 이것은 세상의 기쁨이 아니었다. 구원에 대한 감격이었다. 하늘의 기쁨이 이 땅에 내려온 것이다. 하나님의 나라는 축제다. 거룩한 하늘의 기쁨으로 가득 찬 사람들이 춤을 추며 잔치를 벌이는 것이다. 예배는 축제고, 교회는 기쁜 곳이고, 주일날은 일주일 중에서 가장 신나는 날이다.

단 하루만에도 반전이 일어날 수 있다

이게 다 단 하룻밤 사이에 벌어진 일이다. 간수의 가정에는 하룻밤 사이에 천지가 개벽하는 일이 벌어진 것이다. 바울 일행이 억울하게 감옥에 갇힌 데는 이 간수의 가정을 구원하시려는 하나님의 계획이 있었던 것이다. 억울하게 고난당할 때도 슬퍼하지 말라. 오히려 고난 중에서 성령이 주시는 힘으로 찬양해보라. 하나님의 놀라운 반전의 역사가 일어날 것이다.

우리가 겪고 있는 고난은 누군가를 구원하시려는 하나님의 계획이다. 누군가를 구원하시고 그 옆에 있는 사람들까지 다 복 주시려는 하나님의 계획인 것이다. 2천 년 동안 세상 모든 민족을 어떻게든 구원하시려는 하나님의 손길은 한 번도 쉬신 적이 없다.

그리고 그 모든 일이 벌어지는 동안 하나님께서는 감옥 밖의 상황도 해결해놓으셨다. 35,36절을 보니, 날이 밝아오자 바울을 감옥에 가뒀던 고위 관리들이 바울 일행을 석방할 것을 명령했다. 사실 아무 죄도 없는 바울 일행을 가둔 것 자체가 문제의 소지가 많았다. 다만 워낙 바울을 고소한 무리의 기세가 등등하여 그들의 비위를 맞추느라고 일단 감옥에 넣은 것뿐이다. 하지만 하나님께서는 그날 밤 이 고위 관리들의 마음에 두려움을 주셨고, 그들은 날이 밝자마자 바울 일행을 석방시켰다.

초기 코로나 사태가 터졌을 때 이것을 멀리 아시아나 유럽의 일이라고만 생각하던 미국이 얼마 안 있어서 자국에서 기하급수적으로 확진자들이 나오기 시작하자 패닉에 빠졌다. 미국 교회들이 차례로 문을 닫고 온라인으로 전환하기 시작하면서 기나긴 어둠 속으로 들어갔다. 그런데 그때 온라인상에서 〈예수 안에 소망 있네〉(In Christ Alone)라는 찬양의 합창이 계속 올라오기 시작했다. 물론 각자가 배경음악 연주를 다운받아서 노래를 녹음한 다음 중앙 본부로 보내면 그것을 편집해서 온라인상으로 올리는 가상합창단(Virtual Choir) 형식이었다.

처음에는 전문가 집단이 올리더니, 그다음에는 내가 아는 작은 이민 2세 교회들까지 차례로 가상합창단 찬양을 자기들 나름대로 만들어서 올리기 시작했다. 시카고에 살고 있는 임신 10개월째인 우리 조카도 한 부분을 담당해서 영상을 올렸다. 이런 영상들 몇 개를 클릭해서 들어보았는데, 평소와는 비교도 할 수 없는 은혜가 밀려와 눈물이 계속 흘렀다. 미국 크리스천들이 이렇게 심금을 울리는 파워풀한 찬양을 했던 적이 언제였던가.

예수 안에 소망 있네 내 빛과 힘 나의 노래
환란 중에 도우시는 주 나의 견고한 반석
크신 사랑 크신 평화 두렴에서 날 건지네
내 위로자 내 모든 것 주 사랑 안에 서리라

그렇다. 이 힘들고 답답한 어려움의 시간 속에서 우리는 오직 예수님 안에 소망을 두고 성령이 주시는 힘으로 찬양을 올려드리자. 우리가 이해할 수 없는 고통의 시간이지만, 성령께서 반드시 우리에게 이길 힘을 주시고 기적 같은 소망의 새벽으로 이끌어주실 것이다.

말씀으로 위로하라

시편 119편 49-64절

⁴⁹ 주의 종에게 하신 말씀을 기억하소서 주께서 내게 소망을 가지게 하셨나이다 ⁵⁰ 이 말씀은 나의 고난 중의 위로라 주의 말씀이 나를 살리셨기 때문이니이다 ⁵¹ 교만한 자들이 나를 심히 조롱하였어도 나는 주의 법을 떠나지 아니하였나이다 ⁵² 여호와여 주의 옛 규례들을 내가 기억하고 스스로 위로하였나이다 ⁵³ 주의 율법을 버린 악인들로 말미암아 내가 맹렬한 분노에 사로잡혔나이다 ⁵⁴ 내가 나그네 된 집에서 주의 율례들이 나의 노래가 되었나이다 ⁵⁵ 여호와여 내가 밤에 주의 이름을 기억하고 주의 법을 지켰나이다 ⁵⁶ 내 소유는 이것이니 곧 주의 법도들을 지킨 것이니이다 ⁵⁷ 여호와는 나의 분깃이시니 나는 주의 말씀을 지키리라 하였나이다 ⁵⁸ 내가 전심으로 주께 간구하였사오니 주의 말씀대로 내게 은혜를 베푸소서 ⁵⁹ 내가 내 행위를 생각하고 주의 증거들을 향하여 내 발길을 돌이켰사오며 ⁶⁰ 주의 계명들을 지키기에 신속히 하고 지체하지 아니하였나이다 ⁶¹ 악인들의 줄이 내게 두루 얽혔을지라도 나는 주의 법을 잊지 아니하였나이다 ⁶² 내가 주의 의로운 규례들로 말미암아 밤중에 일어나 주께 감사하리이다 ⁶³ 나는 주를 경외하는 모든 자들과 주의 법도들을 지키는 자들의 친구라 ⁶⁴ 여호와여 주의 인자하심이 땅에 충만하였사오니 주의 율례들로 나를 가르치소서

코로나19 사태가 생각보다 길어지는 가운데, 특히 교회 예배가 여론의 타깃이 되어가는 것에 너무 속상하다. 우리 교회를 비롯한 한국교회 대부분은 희생을 무릅쓰고 그 어떤 기관들보다 더 선제적 대응을 빨리 그리고 철저히 했다. 몇 달이 넘게 예배당 문을 닫고 모든 교회 행사를 취소했다.

다시 재개한 교회들도 리더십 중심으로 소규모로 모이며 사회적 거리두기 원칙을 준수했고, 마스크 착용과 사전 열감지기 테스트, 손소독제 비치, 예배 시설 방역, QR코드 확인 및 예배 참석자 명단 작성을 철저히 했다. 그런데도 교회 예배를 향한 눈길이 따가운 것에 대해서 참으로 마음이 아팠다. 왠지 서러운 마음이 들기도 했다.

하루는 교인들이 너무 보고 싶기도 하고 교회가 언제쯤 재가동하게 될까 하는 마음에 한참 마음이 가라앉아 있다가, 우연히 내 방 책꽂이에 꽂혀 있던 《하나님이 내시는 길》이란 책을 집어 들어 읽게 되었다. 그것은 내가 3년 전 신년 40일 특별새벽기도 설교 원고를 가지고 펴낸 책이었다.

그 책의 중간 부분을 대충 잡고 읽기 시작하는데 가슴에 먹먹해질 정도로 감동이 왔다. 이해할 수 없는 고난의 시즌을 지날 때 하나님의 사람은 어떻게 해야 하는지에 대한 격려와 위로를 담은 내용이었는데, 마치 지금 내가 어떤 힘든 마음인지 미리 알고 과거의 나의 설교를 타임캡슐에 담아 하나님께서 보내주신 것 같았다. 그래서 주책맞게도 내가 이전에 했던 설교에 내가 은혜받아서 울고 있었다.

'아, 이래서 목사는 가끔씩 자기 설교를 자기가 들어야 한다고 하는 거구나.'

내가 설교를 즐겨듣는 미국 설교자 중에 젠티즌 프랭클린(Jentezen Franklin) 목사님이라는 분이 계신데, 한번은 이분이 기독교 TV 인터뷰에서 "나는 스스로에게 항상 설교한다"라는 말을 하셨다. 목회자도 사람인지라 살면서 너무나 힘들고 낙담할 때가 있는데, 그럴 때마다 몇 가지 성경 말씀을 가지고 스스로에게 설교하며 힘을 얻는다는 것이다. 목회자는 항상 남에게 설교하는 사람 같지만, 실은 하나님의 말씀이 먼저 목회자 자신의 심장에 선포되도록 한 뒤에야 남에게 설교할 수 있다는 것이다.

나는 그 말을 듣고 무릎을 치며 같은 목회자로서 격하게 공감했다. 특히 요즘같이 모두가 불안해하고 힘들어할 때면 교인들은 다 목사인 나를 통해 하나님의 음성을 듣고 위로를 받고 싶어 하는데, 솔직히 나 자신도 불안하고 힘들 때가 한두 번이 아니다. 그래서 나 자신부터 먼저 하나님의 말씀 앞으로 달려가서 그 말씀의 힘으로 살아나곤 한다. 시편 119편의 본문은 바로 그런 맥락에서 이해할 수 있다.

자기 연민에 빠지지 말고 말씀으로 위로하라

여호와여 주의 옛 규례들을 내가 기억하고 스스로 위로하였나이다 **시 119:52**

'말씀(규례)으로 스스로 위로하였다'는 말에 주목해야 한다. 이는 말씀을 붙잡고 자기 자신을 위로했다는 말이다. '위로하다'의 영어단어는 'comfort'인데, 이 단어의 어원이 되는 라틴어에는 '힘을 실어준다'는 의미가 있다. 하나님의 말씀을 붙잡고 하나님의 힘을 받은 것이다.

교회 안에 보면 항상 자기를 내적 치유의 대상으로 보는 사람들이 있다. 자기는 남보다 더 상처가 많고 더 힘드니까 다들 자기에겐 특별히 더 잘해줘야 한다는 것이다. 그렇지 않으면 삐지고 상처받는다. 완전히 영적인 아기다. 이렇게 상처받을 준비를 하고 사는 사람은 아무리 잘해줘도 상처받는다.

"난 상처 받았어. 난 문제가 많아. 난 지쳤어. 난 불쌍해."

이런 식의 자기 연민 파티를 열면, 그 파티에 오는 건 마귀뿐이다. 마귀는 우리의 자기 연민을 절망으로까지 발전시켜가는 데 천재다. 우리는 마귀에게 결코 틈을 주어선 안 된다.

하나님께서는 우리가 자기 연민의 패배주의를 끊고 영적으로 정신 차리고 서기를 원하신다. 이제 좀 더 강하고 성숙하길 원하신다. 아기 때가 지나면 스스로 밥을 떠먹을 수 있어야 하듯이, 처음 예수 믿었을 땐 할 수 없다 할지라도 조금 있으면 우리는 말씀으로 스스로를 위로할 수 있어야 한다.

미국의 저명한 어느 기독교 상담가는 이렇게 말했다.

"한 사람을 6주 이상 상담했는데도 별 진전이 보이지 않으면 상담을 멈추는 게 좋다. 그때부턴 상담하러 온 사람의 문제가 상담자인 당신의 영혼을 병들게 하기 쉽기 때문이다. 모든 상담이 추구하는 목표는 내담자가 자기 스스로 하나님과 직접 문제를 해결할 수 있도록 도와주는 데 있다."

하나님의 말씀은 마치 풍성한 뷔페 식사와 같다. 각양각색의 음식과 음료수들이 가득 놓인 테이블이다. 내게 가장 필요한 것을 갖다 먹는 것은 내 책임이다. 그 누가 대신해줄 수 없다. 그 누구에게 당신이 처한 상황을 100퍼센트 이해 가능하게 털어놓을 것이며, 그 누가 당신에게 꼭 맞는 말씀을 시시각각 당신에게 떠먹여줄 것인가? 목사가, 다른 형제자매가 도와줄 수는 있겠지만 그때도 책임은 역시 당신에게 있다. 당신의 영혼의 갈급한 필요는 스스로의 문제를 가장 잘 아는 당신 자신이 하나님의 말씀 앞에 엎드려 해결해야 한다.

과거의 은혜를 기억하라

그런 차원에서 우리는 본문에서 말씀으로 스스로를 위로하고 있는 성숙한 시인의 신앙을 볼 수 있다. 먼저 그는 과거의 은혜, 즉 구원 받은 경험을 기억한다.

말씀 안에서 스스로를 위로하는 길은 먼저 과거의 은혜를 기억하는 것이다. 현재의 고난 중에서 시편 기자는 말씀이 자기를 살렸던 과거를 기억하고 있다.

이 말씀은 나의 고난 중의 위로라 주의 말씀이 나를 살리셨기 때문이니이다 시 119:50

신구약성경을 읽다 보면 하나님께서 "기억하라"(Remember)라는 말을 자주 쓰신다. 무엇을 기억하란 것인가? 하나님과 함께했기 때문에 강하고 풍성했던 과거를 기억하라는 것이다. 말씀을 붙잡고 하나님께 매달렸기 때문에 하나님이 우리를 위기에서 건져주시고 복 주신 과거를 기억하라는 것이다. 과거에도 그랬기 때문에, 지금도 그럴 것이니 절망하지 말라는 것이다.

강팀일수록 위기에 강하다. 위기가 닥치면 감독은 항상 과거를 회상시킨다.

"전에도 이런 힘든 일이 있을 때, 우리가 훌륭히 이겨냈었다. 이번에도 할 수 있다."

수많은 위기를 돌파한 과거의 경험들이 오늘의 어려움을 극복하는 힘이 된 것이다.

영적 경험이 풍부한 사람, 신앙의 힘이 탄탄한 사람도 그렇다. 전에도 함께하셨던 하나님이 지금도 함께하셔서 반드시 우리를 살려주실 것을 믿는다.

홍해를 갈라주신 하나님을 기억하라. 애굽 병거들과 기병들을 몰살시키며 이스라엘 백성을 보호해주신 하나님을 기억하라. 만나와 메추라기로 광야에서도 먹여주신 하나님을 기억하라. 그 하나님이 당신의 하나님이시다. 오늘의 새로운 위기도 하나님께 의지하면 이겨낼 수 있다.

과거는 오늘을 위한 좋은 스승이다. 과거에 하나님을 의지하여 구원

3부 그 속에 하나님의 뜻이 있다 283

받은 경험은 오늘의 고난을 이겨내는 힘이 된다. 과거에 계속해서 말씀을 묵상하고 하나님께 의지했던 사람의 오늘은 부유하다. 그 영혼에 각인된 말씀과 경험은 과거에 겪어보지 않은 새로운 어려움에 부딪친 현재를 견딜 수 있게 한다.

하나님이 함께하셨던 과거의 역사를 묵상하며 우리의 상황이 어려워도 변치 않으시는 그분을 끝까지 의지하라. 그분의 충만하신 위로가 우리의 심령을 평안케 할 것이다. 말씀 안에서 자기 자신의 기운을 복돋워주라.

삶이 말씀의 테두리 안에 있게 하라

말씀 안에서 스스로를 위로하는 길은 자신을 함부로 굴리지 않는 것이다. 많은 사람이 고난을 받을 때 "될 대로 되라" 하고 함부로 살기 쉽다.

어떤 사람은 부부 관계에 트러블이 생기니까 한밤중에 무작정 차를 몰고 나가 해안고속도로를 시속 140킬로미터로 몇 시간씩 밟아댔다고 한다. 죽으면 죽지 하는 심정이었다는 것이다. 어떤 사람은 끊었던 술을 의식을 잃을 정도로 마시기 시작한다. 또 어떤 사람은 힘드니까 밤에 잠도 제대로 안 자고, 교회도 제대로 안 나오고, 밥도 제대로 안 먹으면서 완전히 삶의 균형을 깨버렸다.

어떤 자매는 부모에게 반항하기 위해서 아무하고나 결혼해버렸다. 결국 엄청난 고통 끝에 이혼해야 했는데, 얼마나 삶이 비참해졌는지 모른다. 힘들다고 해서 이렇게 함부로 살면 안 된다.

또한 어떤 사람은 못된 사람들에게 한참 시달림을 당하니까, 자신도 남을 대할 때 신경질적이고 함부로 욕을 하기 시작했다. 남들이 자기에게 못되게 군다고 불평하면서 자신도 똑같이 동화되어버린 것이다.

고난이 너무 심하면, 악한 사람들에게 너무 치이다 보면, 영적인 사람도 감정이 격해져서 욱하기 쉽다. 그러나 중요한 것은 그럴 때도 이를 악물고 말씀을 떠나지 않는 것이다. 말씀의 기준에 어긋난 삶을 살면 안 된다. 나중에 후회할 말을 해선 안 된다. 욱하는 심정에 함부로 행동해선 안 된다. 경솔한 결정을 내려선 안 된다. 쉽게 포기해선 안 된다.

교만한 자들이 나를 심히 조롱하였어도 나는 주의 법을 떠나지 아니하였나이다 … 내가 밤에 주의 이름을 기억하고 주의 법을 지켰나이다 … 악인들의 줄이 내게 두루 얽혔을지라도 나는 주의 법을 잊지 아니하였나이다 시 119:51,55,61

시편 기자의 이 처절한 고백을 보라. 그도 너무 힘들어서 함부로 제멋대로 살면서 스트레스를 풀고 싶은 마음이 굴뚝같았다. 하지만 그야말로 피눈물을 머금으면서 말씀 중심으로 사는 자신의 삶을 흐트러뜨리지 않으려고 했다. 그렇게 할 수 있도록 도와달라고 하나님께 부르짖고 있다.

힘들수록 우리는 반듯하게 말씀을 붙들고 살아야 한다. 자신을 아무렇게나 방치해선 안 된다. 우리의 몸과 마음은 주의 성령이 거하시는 성전이기 때문이다. 악을 악으로 갚지 않고 말씀 중심의 삶에서 흐트러지지 않으면 하나님이 당신을 반드시 일으켜세워주시고 축복하실 것이다.

자신의 삶을 돌아보라

말씀 안에서 스스로를 위로하는 길은 자신의 삶을 돌아보는 것이다. 평소에 느끼지 못했던 나의 잘못된 습관과 언행과 태도, 삶의 모습들을 반성하는 것이다.

내가 내 행위를 생각하고 주의 증거들을 향하여 내 발길을 돌이켰사오며 시 119:59

고난 속에서 보통 사람들은 남을 원망한다. 그러나 하나님의 사람은 스스로를 돌아본다. 아무리 신앙이 깊은 사람도 세상을 살아가면서 저도 모르게 세상의 때에 오염되기 쉽다. 자신도 모르게 세상적으로 변해버려 영혼이 병들었을 수 있다. 내 말과 행동이 경솔해지고 난폭해져서 남에게 상처를 줬는데, 나는 잘 모른 채 살아왔을 수 있다. 악한 사람들이 주는 고난을 통해서 하나님은 오히려 내 안의 못된 모습들을 깨닫게 하신다.

하나님 앞에서 완전한 사람은 없다. 시편 기자는 언제나 자신의 삶을 겸손히 돌아보았다. 자신을 그토록 괴롭히는 악한 자들의 핍박을 오히려 자신을 돌아보는 기회로 삼았다. 링컨 대통령이 이런 말을 했다.

"당신의 적들에게 감사해라. 당신이 뭐든지 잘못하면 가장 빨리 알려줄 테니까."

압살롬의 반역으로 예루살렘에서 쫓겨나 도망가던 다윗 왕에게 시므이가 갖은 저주와 욕설을 퍼붓는다. 그런데 화가 나서 시므이를 죽이려 하는 부하들을 다윗 왕이 말린다. 그 악한 언행도 하나님이 허락하신 것이니 놔두라는 것이다. 다윗은 악인의 공격 속에서도 자신의 영혼의 모습을 깊이 돌아보며 반성하고 있었던 것이다. 악인들을 통해서 오히려 자기 안의 더러움을 씻어가시는 하나님의 손길을 느끼고 있었다.

그렇다면 현재의 고난도 감사할 일이 아닌가? 이 고난이 없었으면 내가 얼마나 더 방자하고 경솔하고 함부로 살았을지 모르는 일인데, 하나님이 이만하게 나를 때리신 것이 얼마나 감사한가?

고난 중에서 자꾸 억울하다고만 하지 말고, 악인을 통해서 주시는 하나님의 메시지를 들어보라. 나는 내가 생각하는 것만큼 깨끗하고 완벽한 사람이 아니었음을 알게 될 것이다. 내가 알지 못했던 나 자신의 추한 모습을 발견할 것이다. 그러면 즉시로 회개하고 돌이키라. 회개하는 당신에게 하나님의 축복이 넘치기를 축원한다.

말씀대로 즉각 실천하라

말씀 안에서 스스로를 위로하는 길은 즉각적인 말씀 실천이다. 종이만 보면 계속 찢는 사람이 있었다. 그것이 책이든, 중요한 서류든 종류를 가리지 않았는데, 심지어는 돈까지 찢었다. 이 사람의 버릇을 고쳐보려고 가족들이 저명한 상담가들을 찾아 만나게 했다.

"자라면서 아버지가 종이 회사를 하다가 파산했느냐?"

"어려서 종이에 베어 상처받은 적이 있느냐?"

"종이가 아닌 다른 것을 부숴봐라."

여러 상담가가 다양한 상담 치유법을 써봤지만 다 허사였다. 그런데 마침내 한 상담가가 문제를 깨끗이 해결했다. 그 상담가는 증상을 듣더니 단호하게 딱 한 마디만 했다.

"찢지 마세요."

그렇다. 교육받은 엘리트들일수록 문제를 너무 미화시키고 복잡하게 만든다. 그러나 해결책은 의외로 심플하다. 말씀대로 실천하는 것이다. 사탄이 악인들을 이용해서 크리스천들을 공격하는 주목적 중 하나는 크리스천들이 말씀대로 행하는 것을 막기 위해서다. 말씀대로 전도하고, 선교하고, 서로 사랑하고, 사역하는 것을 마비시키기 위해서 크리스천들에게 핍박과 고난을 준다. 핍박이 오면 거기에 대응하고, 대책 회의를 열고, 세미나 하고, 자신을 방어하고 고민하느라 하나님의 일을 스톱해 버리기 때문이다.

최선의 방어는 공격이라고 했다. 그러므로 상황이 힘들수록 오히려 더 이를 악물고 하나님의 말씀을 실천해야 한다. 느헤미야는 적들의 갖은 위협과 방해 공작에도 불구하고 결코 성벽 공사를 도중에 중단하지 않았다. 만약의 경우를 대비해서 모두가 칼을 차고 계속 공사를 진행하게 했다.

오래전에 내가 부교역자로 사역하던 시절, 한 장로님의 공장에 두 번째 불이 나서 많은 재산 피해가 났다. 그런데 놀랍게도 그 장로님은 아무 내색하지 않으시고 낮에는 공장에 가서 화재 수습을 하시고, 저녁에는 교회에 와서 자신이 맡은 교회 가정사역 세미나 준비와 진행을 열심히 하시는 것이었다. 그래서 많은 사람이 이분에게 그런 힘든 일이 있었는 줄도 몰랐다.

어떻게 그러실 수 있었느냐고 나중에 물어보았더니 그 분은 웃으면서 이렇게 대답하셨다.

"목사님, 사실 폐허가 된 공장 현장에 있으니까 더 미칠 것 같더라고요. 그래서 기본적인 수습만 해놓고 교회에 와서 그때 맡겨진 사역을 열심히 하는 것이 오히려 제 마음을 평안하게 해주었습니다. 문제는 이미 터졌는데, 그 문제에 내가 함몰되면 아무것도 못 할 것 같더라고요."

정말 놀라운 깨달음 아닌가? 힘들고 어려울수록 말씀에 계속 순종하고 실천하라. 전도하라. 기도하라. 주어진 사역을 열심히 하라. 이웃에게 선을 행하라. 즉시 행하고, 계속 행하고, 포기하지 말라.

감사의 예배를 드리라

말씀 안에서 스스로를 위로함은 감사의 경배를 드리는 것이다. 그 힘든 인생의 어둠을 지나면서도 하나님의 말씀을 꼭 붙잡고 있던 시인의 심령에 어느 순간 하늘의 감동이 임한다.

내가 주의 의로운 규례들로 말미암아 밤중에 일어나 주께 감사하리이다 시 119:62

밤에 자다가 벌떡 일어날 정도로 엄청난 말씀의 감동이 그를 사로잡았다. 그가 경배하며 감사한 곳이 침상이었다는 사실을 주목하라. 당신은 아무도 보지 않는 곳에서도 이렇게 감격에 젖어 하나님께 경배하며 감사해본 적이 있는가?

또한 그가 경배하며 감사한 때가 한밤중이었음을 주목하라. 밤은 어떤 자들에게는 죄의 시간이다. 모든 나쁜 짓과 상상은 대개 밤에 이뤄진다. 밤은 신앙인들에게도 영적 긴장감이 풀어져서 나태해지기 쉬운 시간이다.

그러나 그런 시간에도 시인은 무의식적으로 하나님의 말씀을 묵상했다. 그 결과, 한밤중에 성령의 감동에 사로잡힐 수 있었다. 늘 야구장에 가는 사람이 만루홈런을 볼 확률이 높듯이, 늘 하나님의 말씀에 접속하는 자에게 영적 만루홈런을 터뜨려주신 것이다. 경험해보지 않고는 도저히 설명할 수 없는 하늘의 영광이, 감동이 그를 자리에서 벌떡 일어나게 할 정도로 사로잡았다.

그 감동의 결과는 감사였다. 말씀을 통해서 우리는 감사할 수 있는 능력을 받는다. 도저히 감사할 수 없는 힘든 상황 속에서도 우리는 감사를 터뜨릴 수 있다.

고(故) 김영길 한동대 초대총장님이 억울한 죄명을 뒤집어쓰고 재판 중에 법정구속되었던 적이 있다. 후에 그는 당시 심정을 이렇게 간증했다.

"저는 장로이면서도 예수님의 심정을 잘 몰랐었습니다. 그런데 재판 당하고, 포승에 묶이고, 좁은 감방에 갇혀서야 비로소 하늘 보좌를 버리고 땅에 내려오신 예수님의 심정을 조금이나마 이해하게 되어 감사하더라고요. 예수님은 군인들에게 온갖 조롱과 핍박을 당하시면서 골고다 언덕을 십자가를 지고 올라가셨는데, 저는 포승에 묶이긴 했지만 좋은 버스에 앉아 이동하니 죄송하고 감사했습니다. 그 감사 속에서 하나님은 하늘의 위로를 제게 주셨습니다."

성도와의 교제를 활발히 하라

말씀 안에서 스스로를 위로하는 길은 믿음의 사람들과 활발히 교제하는 것이다.

나는 주를 경외하는 모든 자들과 주의 법도들을 지키는 자들의 친구라 시 119:63

시편 기자가 더욱 감동하고 감사했던 것은 자신이 혼자가 아니라는 사실 때문이었다. 주위에 있는 믿음의 동무들이 얼마나 고마운가를 새삼 뜨겁게 느낀 것이다. 어려운 현실 속에서도 하나님을 사랑하는 사람들, 하나님의 말씀대로 살려고 발버둥치는 사람들이 주위에 있었다.

말씀으로 은혜를 받으면, 성령이 충만해지면, 이기적이던 나의 눈에 비로소 이웃들이 보이기 시작한다. 믿음의 형제자매들이 얼마나 귀한지를 느끼기 시작한다. 세상 사람들과는 전혀 다른 아름다운 영혼의 사람들임을 인식한다. 그들을 사랑하고 싶고 그들과 함께 기도하고 찬양하고 교제하고 싶다. 세상적인 사람들에게 입은 상처가 믿음의 사람들과의 교제에서 씻겨져나감을 느낀다. 아무리 바빠도 소그룹 예배에 절대 안 빠지는 한 집사님은 이렇게 말했다.

"거기 가면 내가 살 것 같아요. 나쁜 사람들한테 너무 치이니까, 좋은 사람들한테 위로받아야 살죠."

특히 시편 기자는 자신을 "주를 경외하는 모든 자들과 주의 법도들을 지키는 자들의 친구"라고 표현했다. 자신이 적극적으로 나서서 형제자매들의 동무가 되어주겠다는 것이다. 자신도 고난 중에 있지만, 나서서 남을 사랑하고 보살펴주겠다는 것이다.

힘이 드는가? 먼저 다른 형제자매들의 상처를 만져주고 사랑해줘보라. 그 와중에 당신의 상처가 위로받을 것이다.

나도 사람들에게서 오해 받고 공격 받아서 힘들 때가 있었다. 그런데 약속한 집회가 있어서 가지 않을 수가 없었다. 도저히 설교할 수 없을 만큼 마음이 지쳐 있었지만, 하나님이 주시는 힘으로 최선을 다해서 설교했다. 설교하고 나서 성도들을 보니 위로가 특히 필요한 것 같아서 순서에 없던 안수기도를 자청했다. 그러자 즉각적으로 백여 명이 넘는 성도들이 줄지어 서서 나도 깜짝 놀랐다.

하지만 안수기도를 하겠다고 선포한 이상 물러설 수는 없었다. 힘들었지만 그들을 위해 있는 힘을 다해 기도했다. 그런데 희한하게도 남을 위해 기도해주는 가운데 하나님께서 내 영혼의 독기를 뽑아주시며 큰 위로로 채워주셨다.

안수기도가 끝났을 때는 마치 날아갈 듯이 몸과 마음이 가벼워져 있었다. 다른 사람들의 아픔을 위해 중보하는 가운데 하나님께서 내 개인의 아픔도 걷어가주신 것이다.

하나님의 은혜는 항상 우리에게 임하고 있지만, 인생의 어두운 밤을 지날 때 유독 선명하게 다가온다. 어려운 때일수록 하나님의 은혜가 더 실감나는 법이다. 하나님은 고난 중에 있는 성도를 위로하길 원하신다.

그리고 그 위로를 말씀을 통해서 주길 원하신다. 우리는 하나님의 말씀을 통해 스스로를 위로해야 한다. 말씀을 통해 과거의 은혜를 기억하고, 자신을 반성하고, 삶을 반듯하게 하며, 말씀을 실천하고, 감사하고, 성도들을 사랑하는 것이다.

특히 요즘처럼 사람들을 많이 만나지 못 하고 격리된 채 살아야 하는 시대에 우리는 무엇보다 하나님의 말씀을 가지고 스스로를 위로할 줄 알아야 한다. 어쩌면 코로나라는 이 폭풍 속에서 우리가 가장 배워야 할 것이 이것 아닐까.

GRACE IN THE STORM

PART

4

폭풍 속에서
더 빛나는
은혜가 있다

chapter 19

폭풍 속으로

사도행전 27장 1-44절

1 우리가 배를 타고 이달리야에 가기로 작정되매 바울과 다른 죄수 몇 사람을 아구스도대의 백부장 율리오란 사람에게 맡기니 2 아시아 해변 각처로 가려 하는 아드라뭇데노 배에 우리가 올라 항해할새 마게도냐의 데살로니가 사람 아리스다고도 함께하니라 3 이튿날 시돈에 대니 율리오가 바울을 친절히 대하여 친구들에게 가서 대접 받기를 허락하더니 4 또 거기서 우리가 떠나가다가 맞바람을 피하여 구브로 해안을 의지하고 항해하여 5 길리기아와 밤빌리아 바다를 건너 루기아의 무라 시에 이르러 6 거기서 백부장이 이달리야로 가려 하는 알렉산드리아 배를 만나 우리를 오르게 하니 7 배가 더디 가 여러 날 만에 간신히 니도 맞은편에 이르러 풍세가 더 허락하지 아니하므로 살모네 앞을 지나 그레데 해안을 바람막이로 항해하여 8 간신히 그 연안을 지나 미항이라는 곳에 이르니 라새아 시에서 가깝더라 9 여러 날이 걸려 금식하는 절기가 이미 지났으므로 항해하기가 위태한지라 바울이 그들을 권하여 10 말하되 여러분이여 내가 보니 이번 항해가 하물과 배만 아니라 우리 생명에도 타격과 많은 손해를 끼치리라 하되 11 백부장이 선장과 선주의 말을 바울의 말보다 더 믿더라 12 그 항구가 겨울을 지내기에 불편하므로 거기서 떠나 아무쪼록 뵈닉스에 가서 겨울을 지내자 하는 자가 더 많으니 뵈닉스는 그레데 항구라 한쪽은 서남을, 한쪽은 서북을 향하였더라 13 남풍이 순하게 불매 그들이 뜻을 이룬 줄 알고 닻을 감아 그레데 해변을 끼고 항해하더니 14 얼마 안 되어 섬 가운데로부터 유라굴로라는 광풍이 크게 일어나니 … 44 그 남은 사람들은 널조각 혹은 배 물건에 의지하여 나가게 하니 마침내 사람들이 다 상륙하여 구조되니라

임진왜란이라는 위기가 국가적으로는 큰 재난이었지만 한편으로는 이순신 장군 같은 숨겨진 영웅을 드러내는 계기가 되었듯이, 큰 재앙 같은 폭풍이 숨겨진 리더를 표면으로 드러내기도 한다. 이번 코로나19 사태를 맞아 한국에도 그렇게 드러난 의외의 인물들이 몇 있었는데, 그중에 한 명이 드라이브 스루(Drive Through) 진단법을 착안한 김진용 인천의료원 감염내과 과장이다. 조선일보에서 특집으로 다룬 김진용 과장의 스토리를 정리하면 이렇다.

대구 코로나 확산세가 심상치 않았던 지난 2월 20일 밤 11시 30분, 이재갑 한림대 강남성심병원 감염내과 교수가 대한감염학회 신종감염병위원회 정책태스크포스(TF) 단톡방에 SOS를 쳤다.

"사태가 심상치 않아요. 빨리 대규모 진단 방안을 만들어야겠어요."

이 메시지를 보자마자 김진용 과장은 '밖에서 해야 해, 밖! 감염을 막으려면'이라는 생각이 들었다. 그는 피곤에 지친 몸을 일으켜 바로 컴퓨터 앞에 앉았다. 한시가 급했다. 그때부터 집중해서 자동차 아이콘을 하나씩 붙여 파워포인트로 만든 개념도를 새벽 3시 53분에 단톡방에 올렸다. 그렇게 약 4시간 반 만에 뚝딱 아이디어가 나왔고, 이틀 뒤에 경북대병원에 드라이브 스루 진료소가 개설됐다. 맥도널드 같은 햄버거 체인

점에서나 하던 드라이브 스루 판매 개념을 코로나 진단에 도입하는 기상천외한 발상이 실행에 옮겨지면서 CNN을 비롯한 전 세계 언론이 이 시스템을 격찬했다.

나는 이런 놀라운 시스템을 착안한 김진용 과장의 독특한 배경에 관심을 갖게 되었다. 의학 교과서만 파고드는 기존의 엘리트 의사에게서 나올 수 있는 아이디어가 아니었기 때문이다. 아니나 다를까 그는 학연, 지연 깊은 의료계에서 조선대 의대를 졸업한 비주류였다. 그래서 해외 학회에 가게 되면 세미나가 끝나고 명문대 의대 출신들은 학교별로 선후배들끼리 삼삼오오 나뉘어 고급 레스토랑으로 가버리는 바람에 그는 혼자 다녀야만 했다고 한다. 그러나 그는 그 시간에 오히려 생각할 여유가 생겨 좋았다고 했다. 그는 스스로를 불쌍하게 생각하는 것보다는 오히려 자신이 비주류였기 때문에 다른 사람들과는 다르게 생각하는 법도 기를 수 있었다고 했다. 명문대 출신들의 주류 라인에 속해 있으면 선배들 눈치 보느라 참신한 아이디어가 있어도 내기가 어렵다고 한다.

또한 그는 '다른 학교 교수님도 다 내 스승이다'라고 생각하고 좋은 것들은 다 배우자고 긍정적으로 생각했다고 한다. 의사들이 대체로 자기 영역을 침범받기 싫어해서 배타적인 편인데, 김 과장은 메르스나 코로나 같은 신종 감염병에 효과적으로 대응하기 위해선 열린 마음으로 모든 가능성을 열어두고 타분야 전문가와 협업해야 함을 강조한다. 그는 공중보건 의료 프로젝트(2013년 공중보건 위기 대응 사업단)를 하면서 수학, 예방의학, 통계학, 언론 등 다양한 분야에 계신 분들과 협업하며 많이 배웠다고 한다. 이번에 수훈을 세운 신종감염병위원회 TF팀도 의학계에서는 주니어에 해당하는 40대 초중반의 비교적 젊은 의사들이 주축이었다. 그래서 그들은 단톡방에서 빠르고 정확한 의견 교환을 통해 실시간 대응을 할 수 있었다.

김 과장이 일하는 인천의료원도 세브란스병원이나 삼성서울병원, 서울대병원 등과 같이 큰 병원은 아니다. 그의 표현에 따르면, 서울의 대형 병원은 환자 편식이 심한데, 이곳 인천의료원에서는 도시 환자와 시골 환자가 섞여 있어서 다양한 환자를 접하며 풍성한 경험을 쌓을 수 있다는 것이 의사로서 축복이라고 했다.

그는 평소 새 기기와 서비스에 호기심이 많았다. 병원과 집 근처에 스타벅스 드라이브 스루가 생겼을 때도 바로 가서 해봤다고 한다. 어릴 때부터 컴퓨터광이어서 고등학교 다닐 때는 컴퓨터 부품을 사서 조립하는 게 취미였다고 한다. 2014년 국내 첫 에볼라 의심 환자(나이지리아인)를 검진할 때 감염 위험 때문에 종이를 들고 갈 수 없자 그는 병실마다 아이패드를 배치하고 구글 드라이브로 연동해 병실 밖 의료진이 실시간으로 볼 수 있게 했다. IT 마니아의 잡스러운 취미를 진료 현장에 100퍼센트 활용하게 된 것이다. 앞으로는 이런 비주류의 영웅들이 주류가 되는 시대가 될 것 같다.

폭풍 속에서 하나님이 예비하신 영웅이 드러난다

성경에도 보면 무서운 재앙의 폭풍이 밀려올 때 하나님이 예비하신 영웅들이 있어서 자신과 다른 사람들을 살리는 장면이 수도 없이 많이 나온다. 살아 계신 하나님을 만난 스토리가 있는 사람, 하나님이 자신을 불렀다는 소명의식이 분명한 사람은 어떤 폭풍도 이겨낼 수 있는 능력을 갖게 된다. 세상 사람에게도, 하나님의 사람에게도 똑같이 시련은 온다. 그러나 하나님의 사람은 시련 속에서도 절망하거나 무너지지 않는다. 오히려 폭풍을 뚫고 나오는 리더십을 발휘한다. 본문의 스토리에 나오는 바울이 바로 그런 인물이었다.

본문인 사도행전 27장을 보면, 로마 황제 앞에서 재판받을 것을 요구한 바울은 바로 호송 부대와 함께 로마로 떠나는 대장정에 돌입한다. 여러 죄수와 한 배에 타고 로마로 가게 되었다. 그것도 죄수들만 호송하는 특수선이 아니라, 사람들과 짐을 함께 실어 나르는 보통 운항선이었다.

장사하는 사람들, 여행하는 사람들이 가득 타고 있었다. 최고 엘리트로 성장한 바울이 흉악범 죄수들과 함께 쇠사슬에 묶여서 탔으니, 얼마나 사람들 보기에 낯 뜨거웠을까? 하나님의 종이 된다는 것, 하나님의 부르심을 받는다는 것은 이렇게 때로는 원하지 않는 사람들 속에 섞여서 원하지 않는 일을 당하는 것이다. 창피하고 부끄러운 상황도 견뎌내는 것이다.

전에는 내 맘대로 인생을 막 살았어도, 이제 하나님의 사람이 된 우리, 하나님의 거룩한 사명을 위해 세워진 우리는 전혀 예기치 못한 고난과 어려움 속으로 끌려다니게 된다. 그러나 순종하고 우리 자신을 하나님의 손에 맡기면 고난 속에서도 형언할 수 없는 축복을 체험하게 될 것이다.

폭풍 속으로 들어가게 되는 까닭

왜 우리는 인생을 살면서 폭풍 같은 상황 속으로 들어가게 되는가? 어떤 사람은 자기 삶의 모든 고통에 대해서 하나님을 원망한다. 물론 우리의 잘못이나 실수가 아닌 하나님의 신비로운 섭리를 위해 우리 인생에 폭풍을 허락하시는 때도 있다. 욥의 경우처럼 말이다. 그러나 그것은 아주 드문 경우고, 대부분의 경우 우리가 폭풍 속으로 들어가는 것은 우리 자신의 실수 때문이거나 우리가 삶의 중요한 순간에 잘못된 결단을 내린 결과이다.

사실 바울이 탄 배가 출항하는 이때는 항해하기 어려운 계절이었다. 겨울바람과 폭풍으로 인해 항해가 거의 불가능한 늦가을이었다. 사도행전 27장 5-7절을 보면 강한 북서풍, 역풍 때문에 제대로 항해를 못 해 여러 번 항로를 조정해야 할 정도였음을 알 수 있다. 그런데도 백부장은 항해를 고집했다.

보다 못한 바울이 나서서 강력히 말렸다. 사실 바울이 탄 배는 바울의 충고만 들었어도 폭풍에 휩싸일 필요가 없었다. 이미 세 번이나 파선을 경험했을 정도로 바울은 나름대로 바다에 대한 경험이 많았다. 무엇보다 그는 기도하는 사람이었고 깊은 신앙적 통찰력을 가진 사람이었다. 그래서 아무리 봐도 이번 여행은 위태하다고 판단해서 성의껏 조언하지만, 죄수 신분이기에 그의 의견은 묵살당하고 만다. 그 결과, 배는 무서운 폭풍 속으로 들어가게 된다.

그렇다면 왜 백부장은 이런 잘못된 결정을 하게 되었을까? 몇 가지 이유가 있는데, 이것을 보면 우리가 앞으로 인생의 중요한 결정들을 내리는 데 큰 도움이 될 것이다.

전문가의 말을 지나치게 의존하지 말라

사도행전 27장 11절을 보면, 바울의 경고에도 불구하고 "백부장이 선장과 선주의 말을 바울의 말보다 더 믿더라"라고 했다. 즉, 하나님의 종을 통해서 전달된 하나님의 말씀보다 전문가의 말을 더 믿었다는 얘기다. 물론 우리는 전문가의 의견을 존중해야 한다. 자동차 정비사가 엔진에 문제가 있으니 차를 고쳐야 한다고 하는데 "오직 믿음!"이라고 외치며 그냥 몰고 다니면 큰일 난다.

그러나 인생의 중요한 결정을 내리는데 소위 전문가들의 말만 듣다가 낭패를 보는 경우가 얼마나 많은가? 적어도 하나님의 사람이라면 아무리 전문가가 말한다고 해도, 그 일을 놓고 일단 깊이 기도하면서 하나님의 말씀에 비추어 고민해봐야 한다.

전문가가 필요하지만, 거기에 하나님이 함께 있어야 한다. 우리는 불안하니까 자꾸 전문가들을 찾아간다. 자식 결혼시키겠다고 결혼정보회사를 찾고, 아이들 교육 문제로 교육 전문 컨설턴트를 찾는다. 그러나 전문가도 중요하지만, 믿음의 사람, 하나님의 사람을 알아보는 눈이 있어야 한다.

백부장 율리오는 자기가 믿음이 없으니까 하나님의 사람을 보는 눈이 없었다. 전문가가 아니라고 해서 바울을 무시해버렸다. 목사는 정치, 경제, 사회, 문화에 대해서 성도만큼 잘 모를 수 있다. 그러나 성도가 목사의 말에 귀 기울여야 하는 이유는 전문적 지식 때문이 아니라 하나님의 사람이 하는 충고이기 때문이다. 영적 분별력 때문이다. 주변에 그런 하나님의 사람이 없다면 당장 내일부터라도 날마다 새벽기도 나가서 기도해보라. 1년만 그렇게 하면 하나님께서 하늘의 지혜와 영적 분별력을 주실 것이다.

전문가들의 잘못된 동기를 파악하라

우리가 중요한 결정을 내리기 전에 전문가들의 자문을 구하는 것 자체가 나쁜 것은 아니다. 로마 백부장이 선장과 선주에게 자문을 구했던 것은 항해에 관해서는 그들이 제일 잘 알고 있을 것이라고 생각했기 때문이다. 그러나 그가 몰랐던 게 하나 있다. 그것은 소위 전문가들이라고 하는 선장과 선주의 숨은 동기다. 백부장은 이것을 짚어내지 못했다. 그들은 어떻게 해서든지 배를 이용해서 돈을 벌려고 했던 이들이다. 배를 항구에 매어두면 둘수록 이익이 줄어든다. 그래서 한시라도 빨리 이 항해를 '해치우고' 다음 손님을 받고 싶었을 것이다. 즉, 경건한 하나님의 사람의 조언이 탐욕으로 인해 거부된 것이다.

금속에 작은 구멍을 내는 장인들의 말에 의하면, 100밀리미터 오차까지는 기술로 팔 수 있지만 1,000밀리미터 오차는 마음이 깨끗해야지만 가능하다고 한다. 아무리 재주(skill)가 뛰어난 사람이라도 그 사람을 움직이는 동기(heart motive)가 욕심(greed)이라면 그의 결단과 조언을 무조건 받아들여서는 안 될 일이다. 그래서 항상 누구의 조언을 구할 때는 "과연 이 사람의 마음의 동기는 순전한가? 성령의 감동으로 움직이는 사람인가?"를 물어야 한다. 동기가 의심스러우면 제아무리 뛰어난 재주를 가졌대로 문제가 생긴다.

옛날에 왕을 보좌하는 전문가들은 처음에는 왕에게 필요한 말을 직언하다가 곧 왕이 듣기 좋은 말만 하게 된다. 그래야 출세한다는 것을 알게 되기 때문이다. 그들의 전문성은 출세하기 위한 수단으로 전락하면서 그 힘을 잃어버린다. 동기가 야심이나 욕심, 미움으로 오염되면 아무리 뛰어난 전문가의 의견도 신뢰할 수 없다.

수년 전에 출판된 《천재들의 실패》라는 책에 보면, 롱텀캐피털 매니지먼트(LTCM)라는 전설적인 헤지펀드 회사의 성공과 추락에 관한 이야기가 나온다. 월 스트리트 최고의 트레이더와 노벨 경제학상 공동 수상자들로 구성된 이 회사의 경영진은 '드림팀'이라 불리며 전 세계 자본시장의 큰손들의 주목을 받았다. 이들은 '감'에 의존하던 기존의 투자 방식을 비웃으며, 철저하게 투자 모델에 의거하는 과학적 투자 기법으로 1994~1998년 동안 무려 400퍼센트가 넘는 성장을 이뤄냈다. 아시아를 마비시켰던 IMF 사태 때도 끄떡없었던 이들이었다.

그러나 1998년, 이 LTCM의 천재들은 러시아에서 모든 것을 건 도박을 벌였다가 참담하게 실패하고 만다. 과학적인 투자 기법에 의존한 이 천재들은 사람들의 공황 심리나 탐욕 같은 인간적인 요소를 제대로 보지 못했기 때문이었다. 전문가들도 욕심에 사로잡히면 한없이 어리석은 결정을 할 수 있다.

조급함을 버리라

9절에 보면 "여러 날이 걸려 금식하는 절기가 이미 지났으므로"라고 되어 있다. 모두가 빨리 가고 싶어 했다. 선장과 선주는 한시바삐 이 손님들을 실어다주고 다음 손님들을 싣고 싶어 했고, 로마 백부장은 빨리 바울을 로마에 데려다줌으로써 자신의 책임을 빨리 끝내고 싶었다. 우리 모두 이 '빨리빨리' 근성을 조심해야 한다.

인생에서 중요한 문제를 결정할 때 지나친 시간의 압박을 받으면 많은 경우 두고두고 후회할 일이 생긴다.

나이가 꽤 있는 자매가 있었다. 정말 사랑하던 사람이 있었는데 집안의 반대로 결혼이 무산되어 깊은 상처가 있었다. 그런데 그해에 자매의 남은 미혼 친구들이 다 결혼을 했다. 자기도 올해 안에 아무하고든 반드시 결혼해야 한다는 강박관념에 사로잡힌 그 자매는 진짜 아무하고나 결혼하고 말았다. 그리고 결과는 너무 큰 고통으로 이어졌다.

"시간이 없는데, 빨리 해야 되는데" 하는 이 조바심이 항상 악수를 두게 하고 부실 공사를 낳는다. 정말 중요한 말을 할 때는 숨을 한번 고르고 기도한 뒤에 말하라. 중요한 결정을 할 때는 숨을 한번 고르라. 깊이 생각해보고 기도한 후에 결정하라. 소중한 것일수록, 중대한 일일수록 시간이 걸려 이뤄진다. 사람도 급조하면 사울 왕처럼 반드시 뒤끝이 좋지 않다. 결혼도, 사업도, 목회도, 우정도 다 마찬가지다. "달리는 기차에선 별을 제대로 볼 수 없다"라고 했다. 당신의 무분별한 스피드가 당신이 탄 배를 폭풍 속으로 몰고갈 수 있다. 속도 이상으로 중요한 것은 방향이다.

편하고 싶은 마음이 화를 부른다

그 항구가 겨울을 지내기에 불편하므로 거기서 떠나 아무쪼록 뵈닉스에 가서 겨울을
지내자 행 27:12

다시 말해서 이들은 조금의 불편도 감수하기 싫었다. 그래도 폭풍보다는 나았을 텐데. 현대 사회의 위험은 모두가 너무 편한 것만 찾는다는 데 있다. 귀찮고 힘든 일은 안 하려 하고 잠시도 안 기다리려고 한다. 예를 들어, 찾아가서 말하기 귀찮으니 바로 옆에 있는 동료에게도 간단하게 이메일로, 메신저로 보내고 만다. 좀 기다렸다가 생각해보고 얘기해야 할 것도 바로 휴대폰부터 들고 다 말해버린다.

그러나 그런 편의주의적 사고방식이 나중엔 큰 화를 자초하는 수가 있다. 나 편하려고 라면 같은 인스턴트 음식만 먹고 살다가, 그것도 제때 먹지 않다가 나중에 큰 병에 걸린 청년을 만나본 적이 있다. 지금 좀 불편하고 힘들더라도 정도를 걸어야지, 편법을 쓰고 쉽게쉽게 가려고 하면 나중에 더 큰 어려움을 겪게 된다.

다수가 항상 옳은 것은 아니다

뵈닉스에 가서 겨울을 지내자 하는 자가 더 많으니 행 27:12

다수가 결정했으니 따라간다. 이것이 민주주의 원리다. 우리는 민주

주의 정치 체제에 살아와서 그런지 지나칠 정도로 민주주의를 숭상한다. 그러나 교회는 민주주의가 아니라 신정주의(theocracy)로 움직이는 곳이다. 광야에서 그렇게 모세 속을 썩이며 애굽으로 돌아가자 한 것도, 가나안을 포기하자 한 것도, 예수를 십자가에 못 박은 것도 다수였다. 히틀러를 독일의 지도자로 선택한 것도 독일 국민 다수의 투표였다. 아르헨티나가 국가 부도가 날 정도로 경제 파탄이 난 것도 일보다는 복지만을 요구한 다수 국민들의 비위를 정부가 계속 맞춰줬기 때문이다. 다수가 항상 옳은 것은 아니다.

다수가 말한다고 해서, 내 인생의 중요한 결정을 생각 없이 함부로 하지 말라. 물론 현명한 사람들의 자문을 구하는 일은 필요하다. 그러나 때로는 이 사람 저 사람 물어보고 다니기 전에 홀로 깊이 기도하고, 말씀 앞에 엎드려 고민하며, 성령의 인도하심을 구해야 할 때가 있다. 그 결과, 백만인이 다 그 길로 가도 나는 가지 않아야 할 때가 있다. 다른 사람들이 다 한다고 해서 그릇된 길인 줄 알면서도 가는 경우가 얼마나 많은가? 하나님의 사람은 때론 사람들에게 욕을 먹고 핍박을 받으면서도 외롭게 하나님만 붙잡고 걸어가야 할 때가 있는 법이다.

초기 성공을 경계하라

남풍이 순하게 불매 그들이 뜻을 이룬 줄 알고 닻을 감아 그레데 해변을 끼고 항해하더니 행 27:13

문제는 항해 초창기에 상황이 너무 좋았다는 데 있다. 그레데 섬으로 방향을 돌리는 순간 남풍이 순하게 불었다. 그러자 사람들은 신이 났다.

"역시 전문가는 다르구나."

그래서 사람들은 더욱 자신감에 도취되어 한껏 돛을 올리고 본격적 항해를 시작한 것이다. 그러나 일시적인 승리가 영원한 승리가 아니라는 사실을 알아야 한다. 모든 것이 잘되어 가는 듯 느껴질 때 교만하지 말아야 한다. 아무리 일이 잘되어 가고 있어도 "내가 과연 하나님 안에 잘 서 있나?"를 물어보아야 한다. 일시적인 성공이 아니라 지속적인 성공을 원한다면 겸손해야 하는 것이다.

다 그런 것은 아닐 테지만, 너무 일찍 성공한 사람은 그 삶에 풍파가 많이 따르기 쉽다. 너무 이른 성공으로 인해 사람이 경박하고 오만해지기 쉬우며, 이런 영혼에게 사탄이 너무 잘 달라붙기 때문이다. 처음에 모든 것이 너무 지나치게 잘 풀릴 때 조심해야 하는 이유 중 하나는, 그것이 사탄이 즐겨 쓰는 전략이기 때문이다.

SBS 드라마 〈올인〉의 실제 주인공인 프로 갬블러였던 차민수 씨에 의하면, 일반인이 모르는 도박의 기술은 3천 가지가 넘고, 포커 한 게임만 해도 8백 개가 넘는 트릭이 있다고 한다. 이런 전문가들이 버티고 있는 카지노에서 보통 사람이 돈을 딴다는 것은 하늘의 별을 따오는 것만큼이나 희박한 확률이라는 것이다. 라스베이거스에서 도박할 때, 손님이 돈이 많은 것 같아 보이고 경험 없는 초짜인 것을 알면 딜러들이 처음엔 돈을 많이 따게 해준다고 한다. 그래야 신이 나서 점점 더 큰 배팅을 하게 되기 때문이다. 나중엔 다 잃게 되지만 말이다.

사탄도 처음에는 광명의 천사로 위장하고 아주 달콤한 모습으로 우리를 공략한다. 집을 나간 탕자도 돈이 떨어지기 전까지는 사는 게 너무 신나고 좋았다. 그러나 돈이 떨어지는 그 순간, 이용 가치가 떨어진 그를 세상은 가차없이 버렸다. 그러니 초반의 승리에 너무 도취되어 오버하지 말라. 그 뒤에 폭풍이 몰려오고 있을지 모른다.

예상 못한 폭풍이 예상 못한 타이밍에 몰려온다

폭풍은 예측이 불가능하다. 지중해는 특히 뱃사람도 예측 못할 정도로 예측 불허의 기후로 악명 높다. 아침까지 고요하다가 순식간에 폭풍으로 바뀌어버릴 정도로 변화무쌍하다. 우리 삶에도 도저히 예측 못 했던 폭풍들이 전혀 예측 못 했던 타이밍에 몰려오는 경우가 많다. 세계적 경제 석학들도 솔직히 자신들도 한 시간 뒤의 경제 상황을 제대로 예측하기가 불가능하다고 한다. 전문가들일수록 자신의 한계를 인정한다.

오래전 프랑스 해안의 바다에서 있었던 일인데, 여름방학을 맞아 한 스무 명 정도의 대학생이 대형 요트를 타고 연안 여행을 나섰다. 그런데 지평선 멀리서 검은 먹구름이 일어나니까 경험 많은 늙은 선장의 얼굴에 수심이 가득했다. 젊은이들은 호기만발하게 선장을 놀렸다.

"아이참. 아저씨, 뭐 그렇게 겁을 집어먹고 그러세요? 우린 바람따위는 전혀 두렵지 않아요."

그러자 선장 아저씨가 차갑게 쏘아붙였다.

"그래, 두려움을 알기엔 너희가 너무 무식해서 그럴 수 있을 게다."

경험과 지혜가 없을수록 인생을 함부로 깔보다가 큰 낭패를 당하는 것이다. 그래서 우리는 늘 겸손해야 한다. 건강도, 좋은 직장도, 가정도 다 하나님의 은혜가 없이는 불가능하기 때문에 감사하고 잘 지키며 살아야 한다. 항상 폭풍을 지나고 있는 어려운 사람들을 향해 따뜻한 마음을 가지고 기도하며 도와주어야 하는 것은, 우리 역시 하나님의 방패가 없으면 언제 비슷한 어려움에 처하게 될지 모르기 때문이다.

폭풍 속에선 방향을 가늠할 수 없다

이제 바울이 탄 배가 유라굴로 광풍 속으로 들어가고 말았다. 폭풍 속에선 방향을 가늠할 수가 없다. 20절에 "여러 날 동안 해도 별도 보이지 아니하고 큰 풍랑이 그대로 있으매 구원의 여망마저 없어졌더라"(행 27:20)라고 했다. 폭풍이 극심해서 여러 날 동안 해와 별이 보이지 않았다는 것은 칠흑같이 캄캄한 채로 며칠을 보냈다는 얘기다. 그것도 앞뒤 좌우로 배가 추풍낙엽처럼 파도에 휩쓸려 흔들리는 상태로 말이다.

우리나라 역대 태풍 중에 가장 큰 피해를 입혔다고 손꼽히는 게 태풍 '매미'라고 하는데, 태풍이 한반도를 강타하는 순간 우리가 바다 한가운데 배 안에 있다면 어떻겠는가? 그런데 그 상황이 며칠이나 가는 것이다. 상상만 해도 끔찍한 일이다.

또한 해와 별이 보이지 않았다는 것은 방향 감각을 상실했다는 말이다. 그 당시는 오늘날과 같은 레이더나 전자 항해 장비가 없었기 때문에, 선원들은 해와 달, 별자리를 보고 방향을 잡아 항해했다. 많은 경우, 우리의 삶에서 폭풍 속으로 들어가게 되면 미래에 대한 방향 감각을 상실하고 만다. 현재의 어려움보다 내 마음을 더 어렵게 하는 것이 '앞으로도 상황이 별로 나아지지 않을 것이라는 사실, 아니 더 나쁘게 될 수 있다는 불안감, 그러면서도 도대체 어디로 가야 할지 모르겠는 무력함'일 것이다.

코로나19 사태가 무서운 이유 중 하나는 이로 인하여 앞으로 몰려올 엄청난 경제적 충격 때문이다. 수많은 사람이 직장을 잃게 될 것이고, 어쩌면 IMF 때보다 더한 경제적 위기가 밀려올지 모른다는 두려움과 불안감에 사람들이 어쩔 줄을 몰라 하고 있다. 혹시 지금 폭풍에 휩쓸려서 "여러 날 동안 해도 별도 보이지 않는" 방향 감각을 상실한 상태에 있지는 않은가?

> 얼마 안 되어 섬 가운데로부터 유라굴로라는 광풍이 크게 일어나니 배가 밀려 바람을 맞추어 갈 수 없어 가는 대로 두고 쫓겨가다가 행 27:14,15

여기서 우리는 인생이 무엇인지를 배운다. 인생은 내가 가고 싶은 대로 가는 게 아니라, 가는 대로 가는 것이다. 끌려간다고 하는 것이 정확할 것이다. 돈 있고, 머리 좋고, 배경 좋은 사람들은 자신의 인생을 자신이 끌고 간다고 생각한다. 그러나 그게 생각대로 잘 되지 않는다. 분명히 안 죽어도 되는데 죽고, 안 아파도 되는데 아프고, 떨어지면 안 되는 시험에 떨어지고, 사람들이 다 나를 좋아해주는 줄 알았는데 뒤에서 내 험담하는 사람들이 부지기수다.

왜 나만 이러냐고 생각하지만, 다 그렇다. 인간의 오만은 자신의 인생을 자신이 끌고 간다고 믿는 것이다. 이런 생각은 오래할수록 자신만 괴롭다. 교만을 버리고, 주제 파악 빨리하고 하나님 앞으로 돌아오라. 솔직히 말해보라. 당신의 인생은 유라굴로 광풍을 만난 배처럼 할 수 없이 끌려가고 있지 않은가?

폭풍 속에서 진짜 소중한 것을 깨닫는다

우리가 풍랑으로 심히 애쓰다가 이튿날 사공들이 짐을 바다에 풀어 버리고 사흘째 되는 날에 배의 기구를 그들의 손으로 내버리니라 행 27:18,19

18,19절을 보면 선원들이 배에 실린 각종 짐을 가치고하 상관없이 다 바다에 집어 던지며 배를 가볍게 하려고 애쓰는 것을 볼 수 있다. 이처럼 폭풍은 우리의 삶의 가치관을 극적으로 뒤집어버린다. 우리가 평소에 목숨처럼 아끼고 추구했던 것들이 그 의미를 잃으면서 우리는 비로소 삶에서 무엇이 참으로 소중한 것인지를 배우게 된다.

화려한 옷과 보석 명품들을 좋아하는 유럽의 귀부인이 있었다. 온몸에 화려한 보석 장신구들을 치렁치렁 하고 다닐 정도였다. 그런데 그 귀부인이 아프리카로 여행 갔다가 모래폭풍을 만나 사막에서 낙오가 됐다. 길을 잃고 헤매는데 목이 너무 말랐다. 그 순간 저쪽에서 물병이 햇빛을 받아 반짝했다. 귀부인은 미친 듯이 달려가 물병을 잡았다. 그런데 물병인 줄 알았던 것이 달려가 보니 몇 캐럿은 되어 보이는 다이아몬드였다. 그 순간, 귀부인은 탄식을 토했다.

"아! 겨우 다이아였단 말인가?"

평소 같으면 눈이 뒤집혔을 그 귀한 다이아몬드가 사막에서는 한 모금 물보다도 못했던 것이다.

9.11 테러 사건 때, 내려앉은 뉴욕의 세계무역센터 105층에 있던 조 디트마(Joe Ditmar)라는 사업가는 비행기 충돌 후, 건물이 붕괴되기 전에 믿을 수 없는 힘으로 계단을 달려 내려와 기적적으로 생명을 건졌다. 그는 한 언론사와의 인터뷰에서 이렇게 말했다.

"내가 계단을 달려 내려오고 있었을 때 내 눈앞에는 사랑하는 가족들의 얼굴이 아른거리고 있었고, 나는 있는 힘을 다해 그들을 향해 달렸습니다. 나는 다시는 살아 있다는 것을 당연히 여기지 않을 겁니다."

절체절명의 폭풍 속에서 그는 생명의 존엄성을, 살아 있음에 감사해야 함을 절실히 깨달은 것이다. 테러범들에게 납치되어 폭발되기 일보 직전의 비행기에 타고 있던 사람들이 사랑하는 가족들에게 핸드폰으로 전화해서 남긴 마지막 메시지가 무엇이었는지 아는가?

"당신을 사랑해. 아빠와 엄마에게도, 그리고 아이들에게도 내가 그들을 얼마나 사랑했는지 전해줘."

이것은 우리에게 무엇을 가르쳐주는가? 살아 있을 순간이 몇 초 남지 않은 상황에서는 돈도, 명예도, 학벌도, 외모도, 인기도 다 그 의미를 상실한다. 우리의 삶 속에서 가장 중요한 것은 가족이었고, 사랑이었다. 하나님을 사랑하고 하나님이 주신 사람들을 사랑할 때 우리의 영혼은 풍성해진다. 그러나 폭풍 속에 들어가봐야 우리는 비로소 그 사실을 깨닫는다.

폭풍 속에서는 인간의 노력이 소용없다

숙달된 선원들이 자신의 모든 경험과 지식, 힘을 동원해서 폭풍을 헤쳐나가려 애써보지만 별 효과가 없음을 알 수 있다. 경험 많은 전문가들의 노하우와 기술이 통하지 않는 것이다. 오래전 걸프전 때 보니, 미영 연합군의 그 엄청난 첨단무기와 화력도 모래폭풍 한번에 꼼짝을 못했다. 인간의 지식과 기술, 경험, 의지가 엄청난 폭풍의 위력 앞에서 무력해지는 것이다. 인간은 똑똑한 체하지만, 실은 결정적인 순간에는 정말 무력한 존재다.

이런 폭풍 속에서 내가 할 수 있는 것은 아무것도 없다. 나의 노력, 나의 의지, 나의 성실, 나의 방법이 전혀 통하지 않는 무력함을 느낀다. 내가 믿던 사람들도 진짜 힘들 때는 다 도움이 안 된다. 안 될 때는 이것도 안 되고, 저것도 안 된다. 사방이 다 벽이다. 운동선수들도 슬럼프에 빠지면 아무리 발악을 해도 안 된다. 아무리 변명해도 오해가 풀리질 않고 상황은 더 꼬이기만 한다.

폭풍 한가운데에 들어가면, 공포감에 자꾸 발버둥 치지 말고 그냥 가만히 있어야 한다. 길 잃었다고 불안한 마음에 무조건 액셀을 밟으면 사고 난다. 길이 안 보일 때는 가만 있어야 한다. 비바람을 맞으면서도 버티고 있어야 한다. 오직 하나님만이 내가 갈 길을 아심을 믿고 기다려야 한다. 어느 시간이 되면 안개가 걷히고 명확한 길이 나타난다.

폭풍의 시간을 분노와 체념으로 보내면서 조급하게 빠져나오려고 버둥대는 사람들은 결코 하나님이 폭풍을 통해 예비하신 새로운 축복을 누리지 못한다. 바울이 탄 배는 몇 날 며칠은 꼼짝없이 폭풍을 겪어야 했다. 어차피 어느 정도 고통의 시간은 겪어내야 한다. 그러나 이 고난이 영원히 가지는 않을 것이다. 하나님의 탈출 신호가 올 때까지 인내하며 기다리라.

폭풍 속에서 해야 할 일

만약 당신이 폭풍에 휩쓸린 배에 타고 있는 사람 중 하나였다면 어떤 심정이겠는가? 처음 폭풍에 들어가면 너무 고통스럽고 두려워서 비명을 지르고 난리 치겠지만, 시간이 지나면서 오히려 마음이 홀가분해질 것이다. 모든 것을 잃어버리고 모든 의지와 노력이 수포로 돌아갔을 때, 오히려 마음이 평안해진다. 폭풍의 한가운데, 허리케인의 눈은 고요한 것처럼 말이다.

샘물을 팔 때 처음에 한참 흙탕물이 나오고 나서 맑은 물이 나오듯, 비명과 공포와 두려움과 통곡과 원망을 한참 한 뒤에 당신의 영혼은 오히려 평안해진다. 절망을 인정하기 시작한 것이다. 마음이 가난해진다. 내가 할 수 없다는 것을 깨달을 때, 우리는 비로소 은혜에 눈을 뜬다. 이것이 축복의 시작이다.

그리고 하나님께 고백하기 시작한다.

"주님, 제가 여기 있습니다. 이제 제 힘으론 아무것도 할 수가 없습니다. 상황은 어려운 정도가 아니라 불가능합니다. 오직 하나님이 살려주시지 않으면 소망이 안 보입니다. 저의 교만을 용서해주세요. 저를 구원해주세요."

절망을 인정하는 이 고백이야말로 소망의 시작, 구원의 도화선이 되는 것이다.

"나의 계획이 실패하고 나의 소망이 끊어질 때 삶의 주관자 되신 그분 앞에 나의 무릎을 꿇어 경배하네."

당신의 믿음은 폭풍 속에서 진실해지고 순결해지는 것이다.

살면서 누구나 한두 번쯤은 다 인생의 폭풍 속으로 들어가게 된다. 나 자신의 잘못으로 들어가게 된 폭풍도 있고, 바울처럼 다른 사람의 잘못으로 인해 들어가게 된 폭풍도 있다. 어찌됐든 폭풍에 들어간 것은 들어간 것이다. 돌이킬 수도 없고, 누구를 원망하고 불평해봐야 아무 소용이 없다. 하나님의 사람은 폭풍이 왔다고 해서 너무 당황하며 조급하게 반응하면 안 된다. 늪에 빠졌을 때 허우적거리면 더 빨리 가라앉게 되지 않는가? 마음을 가라앉혀야 한다. 숨을 고르고 기도해야 한다. 어떤 상황 속에서도 하나님이 내 인생을 주관하고 계심을 믿고, 어느 정도의 아픔을 어느 정도의 시간 동안 견뎌내야 한다. 하나님은 잘될 때나 안 될 때나 항상 우리 옆에 계신다. 우리는 상황에 휩쓸려 가지만, 하나님은 상황을 주관하신다.

영화를 보려면 불을 끄듯이, 폭풍은 내가 자랑하던 인간적인 불들을 다 꺼버린다. 그런데 희한하게도 그때부터 하나님의 꿈이 보인다. 아직도 반항하고 따지고 화낼 기력이 남아 있는가? 빨리 포기하고 하나님 앞에 무릎 꿇기 바란다. 그분은 가장 낮은 곳으로 추락한 당신을 찾아와 일으켜주실 것이다.

폭풍 속에서 드러난 거룩한 리더십

바울이 탄 배에는 모두 276명이나 되는 사람들이 타고 있었는데, 14일 동안 칠흑같이 캄캄한 어둠 속에서 무서운 파도와 싸우며 보내야 했다. 다 토하고 지쳐서 기진맥진했을 것이다. 절망 같은 시간이 흘러갔다. 그런데 바울이 일어난다.

> 여러 사람이 오래 먹지 못하였으매 바울이 가운데 서서 말하되 여러분이여 내 말을 듣고 그레데에서 떠나지 아니하여 이 타격과 손상을 면하였더라면 좋을 뻔하였느니라 행 27:21

폭풍 속에서 숨겨진 영웅이 드러난다고 했는데, 그 이유는 삶의 폭풍이 영성의 참된 강도를 드러내 보여주기 때문이다. 위기가 영웅을 만드는 게 아니라 이미 만들어져 있는 영웅을 드러내는 것뿐이다. 병사의 진정한 가치는 총알이 빗발치는 전쟁터에서만 알 수 있듯이 참 하나님 사람의 영성은 고통 속에서, 폭풍 속에서 드러난다.

모든 사람이 두려움과 절망에 사로잡혀 어쩔 줄 모르고 있을 때, 바울이 일어서서 담대하게 그들의 갈 길을 제시해준다. 그 사람이 죄인이든, 백부장이든 선장이든 중요하지 않다. 절망 같은 상황 속에서 실제적으로 그들에게 소망을 주고 나아갈 길을 제시해줄 수 있다면 바로 그 사람이 리더인 것이다. 리더십은 자리가 만들어주는 게 아니다. 하나님이 세워주시는 것이다. 지금 이 절망 같은 상황 속에 있는 사람들의 리더는 죄수 바울이었다.

그런 그가 위기 속에서 어떻게 행동했는지, 어떤 리더십을 발휘하였는지 살펴보고 위기 속에서 하나님의 사람이라면 어떻게 해야 하는지 생각해보자.

문제의 원인을 정확히 파악한다

폭풍 속에 들어가면 우선 상황 파악을 제대로 해야 한다. 그러기 위해서는 무엇보다 먼저 하나님 앞에 조용히 엎드려야 한다. 기도와 말씀 묵상 중에 왜 이 폭풍 속에 들어오게 되었는지를 겸손히 생각해야 한다. 자기가 생각해내는 게 아니라 성령님이 말씀해주시는 것을 기다리는 것이다. 기도하는 사람은 영적 분별력이 있어서 문제의 원인을 빨리 잡아낸다. 문제의 원인을 잘 잡아야지, 드러난 증상만 어떻게 급히 고친다고 되는 게 아니다. 뿌리를 찾아야 하고 본질을 찔러야 한다. 모든 문제에는 영적인 이유가 있는 것이다.

하나님의 사람 바울은 일어서서 먼저 배에 탄 사람들에게 그들이 왜 이 무서운 폭풍으로 들어오게 되었는지를 정확히 밝혀준다. 하나님의 종을 통해 전해진 하나님의 말씀을 무시한 결과라는 것이다.

"여러분이여 내 말을 듣고 그레데에서 떠나지 아니하여 이 타격과 손상을 면하였더라면 좋을 뻔하였느니라."

많은 경우 우리가 폭풍으로 들어가는 이유는 고의적이든 아니든 하나님의 말씀과 하나님의 원리를 무시했기 때문이다. 지금까지 우리가 함께 살핀, 백부장이 폭풍으로 들어가기까지 잘못된 결정을 내리게 된 원인들을 종합해보면 욕심에 눈이 먼 전문가들의 말을 너무 의지한 것, 빨리 해치우려 했던 성급한 마음, 편한 것을 찾는 마음, 다수를 맹목적으로 따르는 것, 처음 겉으로 보이는 성공에 도취된 것 등 이 모든 것이 하나님의 말씀을 무시하거나 불순종한 행동이 하나둘씩 쌓여서 만들어낸 결과이다.

몸이 약해지면 먼저 식욕이 없어지고 그래서 음식을 제대로 안 먹으면 몸이 더 나빠지듯이, 영적 건강이 다운되면 말씀을 향한 갈구가 다운되고 그러면 영적으로 더 다운되어서 이런 잘못된 결정들을 내리게 된다.

당신이 지금 폭풍 속으로 들어가 신음하고 있다면 지금껏 어떤 결정들을 내려왔는가 자문해보라. 당신이 처한 폭풍의 뿌리를 캘 때, 당신 자신에게 물어보라.

"나는 과연 기도하고 그 일을 했는가? 나는 과연 하나님의 말씀에 기초해서 그 결정을 내렸는가?"

하나님의 사람이 하나님의 말씀대로 살지 않으면 하나님이 허락한 폭풍이 온다. 폭풍은 하나님의 러브콜이다.

말씀으로 용기와 희망을 준다

22절의 바울의 따뜻하고도 확신에 찬 위로를 들어보라.

"내가 너희를 권하노니 이제는 안심하라(Keep up your courage)."

폭풍 속에 있을 땐 사람들의 말을 듣기가 싫다. 사람들은 우리의 고통을 놓고 욥의 친구들처럼 분석하고, 판단하고, 가르치려 한다. 우린 그게 싫다. 고통 속에 있는 자에게는 오직 하나님의 말씀만이 그의 마음을 시원하게 하고, 새 힘을 주고, 용기를 줄 수 있다. 그래서 폭풍 속에서는 간절하게 하나님의 말씀만 들어야 한다. 성령의 사람은 폭풍에 시달리고 있는 사람들에게 자기의 말이 아닌 하나님의 말씀을 선포한다. 하나님의 말씀만이 폭풍에 지친 사람들에게 새 힘을 줄 수 있다.

어쨌든 하나님의 사람, 하나님이 기름 부은 지도자는 긍정적이고 용기를 주는 사람이어야 한다. 아무리 절망적인 상황에 처해도 남에게 용기를 줄 수 있는 사람이다. 비관적인 사람, 항상 안 되는 이유들을 늘어놓는 사람은 리더가 될 수 없다.

어떻게 하면 이런 격려자가 될 수 있는가? 상황을 보지 않고 하나님의 목소리에 주파수를 맞춰놓고 있는 사람이다. 만약 당신이 항상 하나님의 말씀에 귀를 열어놓고 있다면, 항상 말씀을 읽고 묵상하고 공부하고 실천하는 일에 전력투구하고 있다면, 항상 당신의 영을 말씀으로 채우고 있다면 당신은 절망의 폭풍을 지나는 사람들에게 하나님의 말씀을 통해 불같은 새 힘을 줄 수 있을 것이다.

바울이 그렇게 확신에 찬 위로를 전할 수 있었던 이유가 무엇인가?

"하나님의 사자가 어제 밤에 내 곁에 서서 말하되"(행 27:23).

그 무서운 폭풍 가운데서도 바울이 담대할 수 있었던 것은 하나님의 사자가 오셔서 전한 말씀을 들었기 때문이다. 하나님의 말씀을 들은 사람은 어둠과 폭풍에도 흔들리지 않는다. 자기도 담대하고, 남에게도 용기를 준다.

하나님이 주셨던 사명과 비전을 기억한다

바울아 두려워하지 말라 네가 가이사 앞에 서야 하겠고 또 하나님께서 너와 함께 항많은 경우 위기는 우리는 편협하게 하고, 옹졸하게 하고, 이기적으로 만든다. 우리는 위기에 처하면 당장 어떻게 이 위기를 모면할까만 생각하지 이 폭풍에 숨겨진 하나님의 섭리를 읽으려 하지 않는다. 그러나 폭풍은 하나님이 괜히 허락하시는 것이 아니다. 그것을 통해서 우리에게 상기해주시려는 하나님의 사명과 비전과 부르심이 있다.

하나님은 당장 눈앞의 폭풍에서 탈출하기 급한 바울에게 로마의 가이사에게 가야 할 사명을 상기시켜주셨다. 오늘의 고난보다 더 힘든 것은 꿈이 죽는 것이다. 하나님께서는 처음 우리에게 주셨던 첫사랑의 목소리와 함께 들려주셨던 사명, 우리가 우리 일에 바빠서 미루고 망각해버렸던 그 처음 품었던 비전에 쌓인 먼지를 털고 말씀해주시는 것이다.

하나님을 처음 만나던 때, 그 첫사랑의 감격을 기억하라. 그가 주신 놀라운 비전을 기억하라. 당신이 했던 헌신의 약속들을 기억하라. 그동안 세상의 것들을 좇느라 한쪽으로 제쳐놓았던 그 약속들, 그 첫사랑, 그 비전을 하나님은 결코 잊지 않으셨다. 그것을 깨닫고 눈물로 뉘우치는 것, 이것이 회개요 부흥이다.

폭풍이 지나고 나면 하늘은 유리같이 청명해진다. 서울처럼 미세먼지로 인해 맑은 하늘을 보는 게 어려운 도시에서도 폭풍이 지나고 나면 한동안 아주 청명하고 맑은 하늘을 볼 수 있다. 폭풍은 우리의 때묻은 영혼을 닦아내고 하나님의 사명을 재확인시켜주시는 방법이기도 하다.

사명을 이루기 전까지는 죽지 않는다

로마 제국의 심장인 로마로 가서 세계 복음화의 씨를 뿌리라는 것은 처음 바울을 다메섹 도상에서 구원하실 때부터 하나님이 그에게 주신 비전이었다. 그것을 이루기까지는 죽고 싶어도 죽을 수 없었다. 하나님의 사람은 하나님이 그에게 주신 사명을 이루기까지 죽지 못하기 때문이다.

사명이 있는 사람은 절대 죽지 않는다. 영화에서 보면 중요한 작전을 위해 적지로 파송되는 부대원들에게 사령관이 하는 말이 있다.

"임무를 완수하기 전에는 절대 살아서 본부로 돌아오지 말라."

하나님께서는 우리를 구원하셔서 우리를 자녀 삼으신 뒤 그리스도의 군사로 세우셨다. 우리 각자에게는 하나님이 주신 사명이 있다. 그 사명을 완수하기 전에는 우리의 본부(천국)로 돌아갈 수 없다. 영양제 그렇게 많이 안 챙겨 먹어도 아직 안 죽으니 걱정 말라. 주님을 위해서 해 놓은 일이 별로 없기 때문에 지금은 아니다. 하나님의 사람은 병들어도, 사업이 망해도 결코 죽지 않는다. 하나님이 주신 사명을 다할 때까지. 폭풍이 우리를 죽일 수 없다.

게다가 보너스 축복이 있다. 로마로 가야 하는 바울 때문에 바울과 함께 있던 사람들도 다 살려주시겠다는 것이다. 바울 한 사람 때문에 276명이 살아난 것이다. 24절을 다시 보자.

"네가 가이사 앞에 서야 하겠고 또 하나님께서 너와 함께 항해하는 자를 다 네게 주셨다 하였으니"(행 27:24).

사실 얼핏 들으면 듣는 사람들 입장에선 상당히 기분 나쁠 수도 있는 말이다.

"너희들 다 나 때문에 사는 거야. 내가 하나님의 사람이기 때문에, 내가 하나님이 맡겨주신 사명을 감당해야 하기 때문에 나 살리는 김에 나와 함께 있는 너희들도 하나님이 다 살려주시는 거야."

그 얘기 아닌가? 하지만 기분 나쁘긴 해도 그게 사실이다. 하나님의 사람이 살아 있는 것은 하나님께서 살려두시기 때문이고, 하나님께서 살려두시는 것은 시키실 사명이 있어서이다. 그리고 그를 살려주기 위해서 그가 몸담은 단체, 사회, 교회, 국가를 축복해주시는 것이다. 역사는 백악관이나 청와대를 중심으로 돌아가는 게 아니라, 하나님의 사람들을 중심으로 돌아가는 것이다.

해결의 열쇠는 하나님의 사람이 쥐고 있다

문제도 한 사람 때문에 시작되고, 해결도 한 사람으로 인해서 끝난다. 본문에서 세상적 리더인 로마 백부장의 잘못된 리더십으로 인해 배가 폭풍 속으로 들어갔지만, 하나님의 지도자 바울의 리더십으로 인해 그 배에 탄 276명이 한 명도 상함 없이 폭풍에서 살아나오는 것을 볼 수 있다.

우리가 바로 해결하는 한 사람이 되어야 한다. 우리는 배를 타고 인생을 항해하고 있다. 그 배는 우리의 가족이며 회사이며 교회일 것이다. 우리가 탄 배는 역사의 폭풍을 완전히 피해갈 수는 없다. 그러나 폭풍을 만났을 때 우리는 어떤 역할을 할 것인가? 특히, 한 가정의 가장인 남편들, 아버지와 어머니들, 회사의 책임자들은 리더로서 책임을 회피할 수 없다.

혹시 당신이 탄 배를 폭풍으로 끌고 들어간 원인 제공을 한 사람이 당신인가? 그렇다면 회개하라. 혹은 당신이 탄 배가 다른 사람의 잘못으로 폭풍 속에 들어가게 됐는가? 너무 억울해하지 말라. 당신도 아무 죄 없는 다른 사람을 폭풍으로 끌고 들어간 적이 종종 있기 때문이다. 중요한 것은 절망하지 않고 하나님이 당신을 그 폭풍 속에서 살려내실 것을 믿는 것이다. 그 폭풍은 괜히 온 것이 아니라 하나님이 잘못 나가고 있는 당신의 인생에 새로운 터닝 포인트를 제시하기 위해 주신 것임을 알아야 한다.

하나님의 목소리에 온 신경을 집중하고 귀를 기울이라. 그리고 크리스천 리더십을 발휘하여 당신과 당신 일행을 폭풍으로부터 끌어낼 생각을 하라. 당신 한 사람이 바로 설 때, 당신이 타고 있는 배의 운명이 변한다.

실제로 27,28절을 보면, 바울이 살아날 것이라고 선포한 이후부터 광풍이 사라지고 배가 점차 육지로 가까워지는 것을 볼 수 있다. 드디어 바울을 태운 배가 죽음의 바다, 절망의 폭풍에서 빠져나오고 있다는 것이다. 당신을 태운 배도 그렇게 되기를 바란다.

아무리 잘못된 인간의 리더십을 만나 배가 폭풍으로 들어왔어도, 하나님의 사람이 제대로 된 리더십을 발휘하니까 다시 폭풍우 밖으로 빠져나올 수 있었다. 결국, 세상이 얼마나 잘못되었느냐가 문제가 아니다. 그 안에 있는 하나님의 사람은 제대로 된 거룩한 영향력을 발휘하고 있느냐가 문제다. 폭풍우 속에서 사람 탓하고 환경 탓하지 말라. 정신을 바짝 차리고 하나님의 음성을 듣고 하나님의 손을 붙잡으라. 그러면 당신을 위해서, 당신을 통해서 하나님은 당신과 주위 사람들을 폭풍 속에서 안전히 구원해내실 것이다.

하나님의 은혜를 구하는 기도에 성실한 노력을 더하라

사실 인간적인 상식으로는 도저히 살아나올 수 없을 만큼 바울이 만난 폭풍은 끔찍한 시련이었다. 격렬한 폭풍이 무려 14일 동안이나 엄청난 힘으로 배를 밀어붙였으니, 그 충격을 상상해보라. 그 폭풍이 간신히 잠잠해진 뒤에도 바울은 두 번의 죽음의 위기를 넘겨야 했다. 27장 30절에 보면, 선원들은 자기들만 살려고 구명보트를 내려 몰래 도망가려고까지 했다. 배가 암초에 걸려 파선하지 않도록 닻을 내리고 날이 새도록 기다리고 있는 상황에서, 그래도 항해에 대해서는 가장 전문가라는 선원들이 자기들만 살려고 도망가려 한 것이다. 얼마나 비겁한지 모른다. 성령께서는 이들의 이기적인 탈출 음모도 미리 바울에게 알려주셨고, 바울의 경고에 로마군이 즉시 비상용 구명보트의 줄을 끊어버려서 그들의 탈출을 막았다(31, 32절 참조).

하나님께서는 분명히 바울 일행이 죽지 않고 살아날 것이라고 말씀해주셨지만, 그렇다고 해서 인간의 노력이 전혀 필요 없는 것은 아니었다. 마지막 순간까지 최대한 배를 육지까지 가까이 가져가기 위해서는 선원들의 경험과 기술이 반드시 필요했다.

간혹 하나님의 은혜를 잘못 이해하여 자신은 아무것도 안 하고 가만히 앉아만 있어도 하나님이 다 알아서 해주실 것이라고 생각하는 사람들이 있다. 그러나 "내가 너를 도와줄 수 있도록 도와다오"(Help me to help you)라는 말이 있다. 하나님이 물론 100퍼센트 은혜로 우리를 지켜주시지만, 그 은혜가 내게 흘러들 수 있도록 우리도 최선을 다해 노력해야 한다. 부지런히 일하고, 공부하고, 긍정적으로 생각하고, 겸손하게 늘 배우려고 해야 한다. 바울은 그 사실을 아주 분명히 알고 있었다. 하나님의 은혜로 바울을 비롯한 배에 탄 사람들을 살리실 것이었지만, 그 선원들의 전문성도 하나님이 사용하실 도구라는 것이다. 그러니까 그들이 떠나지 못하게 끝까지 붙잡아야 했던 것이다.

선원들을 떠나지 못하게 붙잡았다는 것은 바울이 하나님만 의존하는 사람이면서 동시에 인간적인 준비와 노력이 철저한 사람임을 보여준다. 우리는 하나님만 의존하지만, 사람을 귀하게 여겨야 한다. 기도를 최우선으로 하지만, 성실한 노력과 준비는 게을리하지 말아야 한다. 하나님은 기도하면서 동시에 스스로 땀 흘리는 자를 도우신다.

크고 많은 위기보다 하나님의 은혜가 더 크고 강하다

그렇게 폭풍의 위기에 이은 또 다른 위기를 잘 넘겼나 싶었는데 두 번째 위기가 또 바울을 기다리고 있었다. 41절에 보면, 배 고물이 큰 물결에 깨지며 배가 침몰하게 되었다. 그때 로마 군인들은 죄수들이 도망갈까 염려하여 그들을 미리 다 죽이려고 했다. 로마군은 군율이 엄격했기에 어떤 상황이든 죄수들이 도망가면 죄수가 받게 되어 있는 벌을 놓친 군사가 대신 받아야 했다고 한다. 그래서 최선의 자기 방어책으로 죄수들을 죽이려고 한 것이다. 사실 정상적이었다면 그렇게 되는 게 당연했다.

그러나 이때도 하나님의 은혜가 바울을 지켰다. 43절을 보면 로마 백부장은 "바울을 구원하려 하여 그들의 뜻을 막았다"고 했다. 바울과 그렇게 친하지도 않은 로마 백부장이 자기 살기도 바쁜 이 위기 상황에서 왜 그토록 바울을 도우려 했을까? 하나님의 절대적인 간섭이라고밖에 볼 수 없는 은혜였다.

폭풍이 잠잠해졌다고 안심할 일이 아니었다. 크고 작은 위기들이 계속해서 바울에게 몰려왔다. 그 위기들은 모두 바울을 죽일 수 있는 무서운 위협이었다. 그러나 하나님은 약속대로 그 모든 위기로부터 바울을 지켜주셨다. 바울 자신은 알지도 못하고 있던 위기들도 다 막아주셨다. 하나님이 지켜주시면 우리를 공격하는 칼날들이 아무리 많아도 우린 안전하다. 우리가 알지도 못하고 있던 칼날로부터도 지켜주신다. 사람들이 다 죽는다 그래도 하나님이 지켜주시면 당신은 살아날 수 있다. 하나님의 보호막은 그렇게 넓고 탄탄하다. 다윗이 고백한 대로 "여호와는 나의 반석이시요 나의 요새시요 나를 위하여 나를 건지시는 자"(삼하 22:2)이시다.

폭풍 속에서 건진 더 소중한 것

그 남은 사람들은 널조각 혹은 배 물건에 의지하여 나가게 하니 마침내 사람들이 다 상륙하여 구조되니라 행 27:44

하나님이 바울에게 하신 약속대로 배에 탄 276명 중 단 한 명도 죽지 않고 살아났다. 난파되었지만 구원은 받았다. 이것이 중요하다. 배는 잃었지만 생명은 살아났다. 배와 함께 거기에 실린 모든 재산도 다 잃어버렸다. 그러나 천하보다 중요한 생명이 살아났다. 이것만으로 너무나 감사하지 않은가? 잃은 것을 아까워하지 말고, 그 대신 얻은 것을 생각해야 한다.

바울은 이미 성령의 감동으로 이렇게 예언한 바 있었다.

"내가 너희를 권하노니 이제는 안심하라 너희 중 아무도 생명에는 아무런 손상이 없겠고 오직 배뿐이리라"(행 27:22).

최고의 것을 얻기 위해서는 괜찮은 것들을 다 희생해도 된다. 가장 중요한 문제만 해결되면 나머지 것들은 잃어도 괜찮다.

우리 인생이 이토록 힘들고 복잡한 것은 너무 많은 것을 한꺼번에 다 갖고 있으려는 욕심 때문이다. 삶을 보다 심플하게 정리할 필요가 있다. 생명을 보존할 수 있다면 평소에 그토록 애지중지하던 물건들을 다 잃어도 괜찮은 것이다. 육체적 생명도 중요하지만 영원한 생명을 위해서라면 정말 세상에 버리지 못할 것이 없어야 한다.

세상에는 돈으로 살 수 없는 귀중한 것들이 있는 법이다. 가족의 사랑, 좋은 교회, 영원한 생명. 이런 것들을 어떻게 돈으로 살 수 있는가? 때로는 돈을 잃고 인생의 진짜 중요한 것을 깨닫게 되는 경우가 있다. 건강을 잃고 병들어서 장기간 병원에 입원해본 사람, 자유를 잃고 감옥에 갇혀본 사람, 명예를 잃고 좌천되고 해고당해본 경험이 있는 사람, 이런 사람들은 인생을 보는 눈이 달라진다. 우리가 평소에 애지중지하던 것들이 폭풍이 오면 한순간에 다 날아가버릴 수 있다는 것을 알게 된다. 그래서 무서운 폭풍을 겪어본 사람은 인생의 작은 것들에 너무 연연하지 않는다.

그런 절망적인 상황에서도 내 주위에 누가 남아 있는가, 무엇이 남아 있는가를 살펴보면 인생관이 달라진다. 그래서 가족이 가장 소중하고, 생명이 가장 소중한 것이다. 당신은 살아 있음에 감사하고 있는가? 힘들어도 가족이 건강하게 함께 살아 있다는 사실만으로도, 그리고 가족이 서로 사랑하고 있다는 것만으로도 우리는 매일 감사할 수 있는 것이다.

그리고 가족보다, 생명보다 귀중한 것은 하나님이시다. 나를 지으시고 구원하신 하나님은 내가 잘될 때나 안 될 때나 언제든 내 옆에 계신다. 그런데 우리는 꼭 광야에 들어가보고 나서야 '그 하나님을 내가 너무 함부로 대했구나, 내가 너무 그분을 무시했구나' 회개의 눈물을 흘린다.

회개, 영적 폭풍에서 벗어나는 길

내가 탄 인생의 배가 개인의 배만 있는 것은 아니다. 오늘 우리나라의 상황을 생각해보라. 우리나라 대한민국이란 배가 동시에 거대한 폭풍에 맞닥뜨렸다. 이런 상황에서 교회가 하나님이 세우신 리더로 일어서야 한다. 교회가 회개해야 나라가 깨끗해진다.

겉으로 보기에 우리나라는 대단한 나라가 되었다. 전쟁의 폐허를 딛고 일어나 반세기 만에 세계 경제 10위권에 진입하는 엄청난 나라가 되었다. 한국 휴대폰과 자동차가 전 세계를 휩쓸고 있고, 한국 드라마와 K-Pop 등의 한류 열풍을 불러일으킨 문화강국이다.

그러나 한 꺼풀만 속내를 들춰보면 하나님이 보시는 우리나라의 영적 현실은 먹구름과 폭풍 그 자체다. 우리나라 어린 청소년들의 상당수가 학교 폭력의 피해자 아니면 가해자이고, 나머지는 다 방관자들이다. 어린아이들의 말과 행동이 얼마나 폭력적이고 잔인한지 모른다. 음란 사이트에 정기적으로 접속하는 남성이 어린 학생부터 중년까지 얼마나 광범위하고 많은지 모른다. 음란물 제작률도 일본을 웃도는 수준이다. 그래서 입에 담기도 추악한 성범죄가 그렇게 많이 일어나는 것이다.

지나친 음주 문화의 폐해도 얼마나 심각한가? 남녀노소 할 것 없이 술 먹고 길거리에서 주정하고, 음주운전 하고, 다른 사람 때리고, 물건을 파괴해도 "술이 죄지" 하면서 넘어가주는, 한국처럼 관대한 나라가 없다. 가정 폭력과 여러 돌발 범죄의 원인도 상당 부분 술이 차지하고 있다. 그런가 하면 아직도 사주팔자, 궁합, 점을 보는 무속인들이 활개를 치고 있으며, 힘들다 힘들다 하면서도 많은 사람들이 자기 수준보다 더 사치하고 화려한 옷과 차, 집을 사려고 한다. 안 그런척해도 다들 돈 욕심이 얼마나 많은지 모른다.

이 나라가 어떻게 이렇게 도덕적으로, 영적으로 황폐해졌는가? 어떻게 이 나라가 이런 영적인 폭풍 속으로 들어왔는가? 그것은 한국교회가 제 역할을 감당하지 못했기 때문이다. 한국교회가 교만했고, 게을렀고, 너무 세상적이 되었다. 하나님이 주신 부흥을 마치 우리 힘으로 이룬 양 교만하게 누렸다. 세상의 빛과 소금이 되지 못했고, 섬기는 자의 겸손을 잃어버렸다.

바울은 로마 백부장의 잘못으로 들어간 폭풍 속에서 일어나 하나님의 말씀으로, 하나님의 능력으로 배를 다시 폭풍 밖으로 탈출시키는 리더십을 발휘했는데, 오늘날 한국교회는 구원의 리더십은커녕 세상 사람들과 같이 패닉에 빠지고, 같이 헤매고 있지 않은가? 이래서야 한국교회가 과연 이 민족을 책임질 수 있겠는가?

120년 전에 이 민족에게 하나님을 믿게 하시고, 그동안 많은 시련 속에서도 기적같이 이 나라를 이끌어오신 하나님은 단순히 우리만 잘 먹고 잘살라고 하신 것이 아닐 것이다. 이 민족을 세계를 축복하고 살리는 축복의 통로로 쓰시고자 하신다. 그런데 우리 크리스천들의 이기심과 교만과 영적 나태함이 그것을 막은 것이다. 세상이 악하다고 현실이 폭풍이라고 불평만 하고 있는 우리에게 하나님은 말씀하신다.

"세상이 악해서 내가 너를 거기에 둔 거야. 한국이라는 배가 어둠의 폭풍 속에 휩쓸려 있어. 네가 그 배의 바울이 되라고 내가 너를 거기에 둔 거야. 그런데 너는 왜 배 밑층에서 잠자던 요나처럼 그것을 깨닫지 못하고 잠만 자고 있니? 왜 세상 탓만 하고 있니? 해답은 너에게 있어. 네가 회개해야 해. 네가 부르짖어야 해. 네가 엎드려 회개하며 기도하면 내가 너를 통해 이 민족을 살려줄 거야."

우리가 다 폭풍에 빠져들어간 배를 무사히 구해낸 바울처럼, 거대한 폭풍을 만난 이 시대의 배를 하나님의 길로 이끄는 영적 리더가 되기를 바란다. 그러기 위해선 우리가 회개해야 한다. 우리가 기도해야 한다. 우리가 영적 리더십을 발휘하며 폭풍 속에서 잠잠히 하나님을 바라보아야 한다.

chapter 20

폭풍 뒤의 또 다른 위기

사도행전 28장 1-10절

1 우리가 구조된 후에 안즉 그 섬은 멜리데라 하더라 2 비가 오고 날이 차매 원주민들이 우리에게 특별한 동정을 하여 불을 피워 우리를 다 영접하더라 3 바울이 나무 한 묶음을 거두어 불에 넣으니 뜨거움으로 말미암아 독사가 나와 그 손을 물고 있는지라 4 원주민들이 이 짐승이 그 손에 매달려 있음을 보고 서로 말하되 진실로 이 사람은 살인한 자로다 바다에서는 구조를 받았으나 공의가 그를 살지 못하게 함이로다 하더니 5 바울이 그 짐승을 불에 떨어버리매 조금도 상함이 없더라 6 그들은 그가 붓든지 혹은 갑자기 쓰러져 죽을 줄로 기다렸다가 오래 기다려도 그에게 아무 이상이 없음을 보고 돌이켜 생각하여 말하되 그를 신이라 하더라 7 이 섬에서 가장 높은 사람 보블리오라 하는 이가 그 근처에 토지가 있는지라 그가 우리를 영접하여 사흘이나 친절히 머물게 하더니 8 보블리오의 부친이 열병과 이질에 걸려 누워 있거늘 바울이 들어가서 기도하고 그에게 안수하여 낫게 하매 9 이러므로 섬 가운데 다른 병든 사람들이 와서 고침을 받고 10 후한 예로 우리를 대접하고 떠날 때에 우리 쓸 것을 배에 실었더라

미국은 지금까지 코로나19로 인해 16만 명이 넘는 사람들이 목숨을 잃었다(국제 통계사이트 월드오미터, 2020년 8월 4일 기준, 가을이 되면 사망자가 20만 명까지 올라갈 것이라는 암울한 전망도 나오고 있다). 그런데 코로나의 공포로부터 벗어나기도 전에 또 하나의 무서운 폭풍이 미국 전역을 강타했다. 미국 전역의 40개가 넘는 대도시들에서 인종차별에 항의하는 수많은 군중의 폭동이 터진 것이다. 사태의 발단은 미니애폴리스의 백인 경찰이 조지 플로이드라는 흑인을 위조지폐 사용 혐의로 검거하는 과정에서 무릎으로 플로이드의 목을 7분이나 눌러서 그를 죽음에 이르게 한 일이었다.

나도 미국에서 20년이나 살아봐서 잘 알지만, 수백 년 전 아프리카 흑인 노예들을 데려올 때부터 인종차별 문제는 미국이 결코 풀 수 없는 화약고 같은 숙제였다. 1960년대 마틴 루터 킹 목사 같은 걸출한 인권 지도자가 나오고, 버락 오바마 같은 흑인 대통령이 나와도 문제는 전혀 진전이 없었다. 특히 백인 경찰들이 흑인을 체포할 때 항상 지나친 폭력을 사용해서 문제가 되는 경우가 비일비재했는데, 이번에도 그것이 터진 것이다. 코로나로 인해 오래 집에 갇혀 있던 사람들의 울분까지 함께 폭발해 사태는 걷잡을 수 없이 악화되어갔다.

낮에는 데모대였던 군중이 밤에는 폭도로 변하여 곳곳의 상가를 부수고 물건들을 약탈해갔다. 곳곳에서 진압하는 경찰과 유혈 충돌이 일어났고, 트럼프 대통령은 흑인 데모대를 무정부주의자, 테러리스트로 규정하면서 아프간 전투에 투입했던 블랙호크 헬기까지 동원해 군중을 해산시키면서 사람들을 더 격앙시켰다. 28년 전 나는 LA에서 흑인 폭동이 얼마나 무서운지 경험한 적이 있다. 미국에 있는 내 지인들은 계속해서 현지 상황이 얼마나 심각한지를 전화로 알려오고 있고, 지금도 나는 미국을 위해 간절히 중보하고 있다. 코로나19라는 거대한 폭풍에서 아직 헤어나오지도 못했는데 이런 전국구 규모의 유혈 폭동이라는 새로운 폭풍이 또 오다니. 세계 최강대국 미국이 어떻게 이럴 수 있단 말인가.

미국과 경쟁하는 또 하나의 슈퍼 파워 국가 중국의 상황도 만만치 않다. 코로나의 초기 발원지인 우한 지역에서 특유의 폐쇄성과 석연찮은 대책으로 인해 조기에 막을 수 있었던 사태를 글로벌 팬데믹으로 키운 데 대한 책임을 중국은 피해가기 어려울 것 같다. 전 세계가 정보를 투명하게 나누지 않고 정직하지 않은 중국의 폐쇄적인 정치 체제를 보며 과연 중국이 글로벌 리더가 될 수 있을지에 대한 의구심을 품기 시작했다.

간신히 코로나 국내 상황이 진정 국면으로 들어서는가 싶을 때 홍콩의 민주화 시위가 또 다시 폭발했다. 중국 양회에서 홍콩 국가안보법을 통과시키면서 강공으로 나오자 미국은 홍콩에 부여했던 경제 혜택의 근간인 특별지위를 거두겠다고 응수했다. 그러자 홍콩발 자금이 썰물처럼 빠져나가기 시작했다. 세계적 금융도시 홍콩이 황금알을 낳은 거위라는 걸 알면서도 중국식 통치 시스템 밖으로 나가려는 것을 용납할 수 없는 중국 정부의 강공정책이 오히려 역풍을 맞았다. 이 문제를 잘 해결하지 못하면 중국은 안 그래도 어려운 경제 상황을 최악으로 끌고 갈 수 있다. 그러나 중국은 홍콩의 민주화 시위를 지원하는 미국에게 최근 불거진 미국의 인종갈등 시위를 지적하면서 "미국이 과연 우리에게 뭐라고 할 자격이 있느냐"라고 맞서고 있다.

코로나라는 거대한 태풍을 빠져나와도 또 다른 위기가 미국과 중국을 강타하고 있다. 그것은 우리나라를 비롯한 다른 나라들도 마찬가지다. 호랑이를 피하고 나면 늑대가 달려든다더니 하나의 폭풍을 뚫고 나오면 또 다른 폭풍이 우리에게 밀어닥친다.

예상하지 못한 장소와 사람들

폭풍을 지나온 바울과 그 일행이 헤엄쳐 상륙한 곳은 그가 한 번도 들어본 적도 없는 멜리데라는 섬이었다. 이곳은 오늘날 지중해 연안의 기막힌 휴양지로 꼽히는 몰타섬인데, 당시는 아직 문명의 이기가 닿지 않은 미지의 섬이었던 것 같다. 거기서 뜻밖에 원주민들로부터 환대를 받는다. 폭풍우 사건도 그랬지만, 우리는 여기서 다시 한번 우리의 인생은 우리가 주도하는 것이 아님을 깨닫는다. 멜리데섬은 바울 일행이 계획하고 예정한 곳이 아니었다. 완전히 코스가 어긋난 곳, 예기치 못한 곳, 지체하게 된 곳이었다. 그 섬의 원주민들은 정상적인 계획대로라면 바울 일행이 평생 만나지 못할 사람들이었다. 그런데 파도에 휩쓸려오다 보니 전혀 예기치 못했던 곳에 오게 됐고, 전혀 예기치 못했던 사람들과 만나게 됐다.

인생을 오래 살아오신 어른들은 다 여기에 공감하실 것이다. 당신은 하고 싶은 것, 계획했던 것을 다 이루면서 살아왔는가? 그렇지 못한 경우가 더 많았을 것이다. 전혀 생각지 못했던 직장에서 일하게 됐고, 자신의 이상형과는 전혀 다른 사람과 결혼하게 됐고, 전혀 생각도 못 했던 곳에 가서 살게 됐고, 전혀 예기치 못했던 실패를 당하는 경우가 부지기수였을 것이다. 내가 인생을 끌고 가는 것 같지만 실은 인생이 나를 끌고 간다.

전혀 예기치 않았던 일들이 때로는 내게 좋은 일이 될 수도 있고, 나쁜 일이 될 수도 있다. 때론 전혀 생각지 못했던 사람들이 내게 못되게 굴 때가 있다. 이유 없이 그냥 나를 핍박하고 싫어해서 서럽게 한다. 반면에 전혀 기대하지 않았던 사람들이 힘들 때 나타나서 고맙게 도와주는 경우도 있다. 이렇게 인생 항해란 예측 불허의 사건투성이인 것이다.

낯선 곳에서 만난 특별한 동정

폭풍을 만났으나 목숨을 건진 바울 일행에게 찾아온 두 번째 축복은 낯선 땅의 원주민들이 그들을 따뜻이 영접해준 것이었다.

> 비가 오고 날이 차매 원주민들이 우리에게 특별한 동정을 하여 불을 피워 우리를 다 영접하더라 **행 28:2**

원주민들은 바울 일행에게 '특별한 동정'을 보여주었다고 했는데, 이는 문자 그대로 보기 드물 정도의 친절과 정성이 담긴 환대를 받았다는 뜻이다. 낯선 섬에서 사나운 식인종을 만날 수도 있었는데 특별한 동정을 보여준 사람들을 만났다. 이것은 분명 하나님의 축복이다.

우리는 살아가면서 끝없이 새로운 사람들, 낯선 사람들을 만날 것이다. 인생 경험이 조금 오랜 분들은 하나같이 사람을 믿어선 안 된다고 한다. 다 사람에게 당해본 상처가 있기 때문이다. 그러나 구더기 무서워서 장 안 담글 순 없듯이, 그렇다고 우리가 사람 안 보고 안 만나고 살 수는 없지 않은가? 사람이 상처를 주기도 하지만, 그래도 하나님이 우리에게 주시는 가장 큰 축복 또한 사람이다. 우리는 사람을 믿지 않고, 사람 뒤에 역사하시는 하나님을 믿는다. 그래서 항상 사람과 만나고 교제하기 전에, 함께 일하고 사역하기 전에 늘 기도로 준비해야 한다. 그러면 하나님께서 축복으로 역사하신다.

사실 바울을 도와준 로마 백부장이나 멜리데섬 토인들이 천성이 착해서 호의를 베푼 게 아니다. 바울의 하나님이 그들의 마음을 움직이셔서 바울을 도와주라고 하셨기 때문에 그렇게 된 것이다. 하나님이 당신과 함께하면 낯선 사람을 만나도 은총을 입을 것이다. 나는 그와 개인적인 일면식이 없고 서로 이해관계도 없지만, 하나님은 만세 전부터 그를 아셨고 나를 아신다. 하나님께서 우리의 관계를 축복으로 이어달라고 기도하면 된다. 친인척 관계, 학연, 지연 다 소용없다. 하나님이 역사하셔야 한다.

그래서 내가 나 자신을 위해서, 또 아이들을 위해서 늘 하는 기도가 있다.

"하나님, 저는 든든한 배경도 없고 아무것도 없습니다. 그러나 하나님의 은혜로 만나는 사람들에게 은총을 받게 하옵소서. 아니면 제가 하나님의 은혜를 줄 수 있게 하옵소서."

나는 하나님의 은혜로 당신이 낯선 사람들에게 특별한 동정과 친절을 받길 바란다. 동시에 당신도 낯선 사람들에게 하나님의 특별한 동정을 베풀어주길 바란다.

폭풍 뒤의 위기

바다에서 간신히 살아나온 바울은 추위를 견디지 못해 다른 사람들과 함께 모닥불을 피운다. 그런데 불을 계속 살리기 위해 나무를 모아 불에 넣는 과정에서 그만 맹독을 가진 뱀에게 물려버렸다. 산 넘어 산이라더니, 그 무서운 폭풍우를 간신히 이기고 나왔는데 어이없이 독사에게 물리고 만 것이다. 이게 무슨 날벼락 같은 일인가? 게다가 폭풍은 싸워볼 수나 있었지만 독사에게 당한 것은 인간적으로 어떻게 손 쓸 도리가 없는 재난이었다.

우리도 이렇게 엎친 데 덮친 격으로 당하는 수가 있다. 간신히 하나의 산을 넘는가 싶었는데, 바로 그다음에 또 하나의 재난이 엄습한다. 그것도 이전의 경험이 전혀 도움 되지 않는 새로운 재난이다. 또 하나의 폭풍이면 이제 폭풍 견디는 경험이 좀 생겼으니까 적응할 수 있을 것 같은데, 불 쬐는데 독사가 물어버리는 전혀 새로운 재난이다. 이쯤 되면 정신이 없다.

왜 하나님께서는 자신의 사랑하는 종 바울이 무서운 뱀에게 물리도록 허락하셨는가? 그만하면 이제 고생은 할 만큼 했을 텐데, 어찌하여 또 하나의 재난을 허락하셨는가? 사람들은 얼마나 자주 이렇게 묻는가?

"하나님, 이만하면 됐지 왜 제겐 이렇게 많은 고통과 시련을 계속 주시는 것입니까?"

여기에 더 불을 지르는 것은 고난에 대한 주위 사람들의 해석이다.

고난은 인과응보의 결과인가?

미신에 사로잡혀 있던 원주민들은 뱀이 바울을 문 것을 보고, 즉시 정의의 신이 내린 벌이라고 생각했다. 바울이 살인죄를 짓고 도망치는 사람이라고 여겼다. 하긴 로마의 죄수로 호송되고 있는 바울의 겉모습이 그들의 의심을 더욱 확신하게 했다. 바다의 폭풍우가 첫 번째 벌이었는데, 거기선 용케 살아나왔지만 이번에는 뱀이 물었으니 얼마나 신들이 저주하는 못된 죄인이겠냐는 것이다.

이걸 보면 예나 지금이나 동서고금을 막론하고 사람들은 남의 고통을 인과응보의 논리로 해석하길 좋아하는 것 같다. 죄수로 묶여 있는 바울처럼 겉모습이 보잘것없거나 병에 걸리거나 사업이 망하는 등 겉으로 보이는 상황이 안 좋으면 더욱 그렇다. "전생에 무슨 죄를 지었길래 저 고생을 하냐? 다 뿌린 대로 거두는 거지"라며 혀를 찬다. 말하는 사람은 쉬운 줄 몰라도 정작 당하는 사람 입장에선 괴로운 말이다. 뜻하지 않은 재난 당하는 것도 힘든데 옆에서 이웃이랍시고 죗값을 치른다느니 하면 얼마나 화가 나겠는가?

예수님의 제자들도 그런 실수를 한 적이 있다. 요한복음 9장에 보면 날 때부터 맹인이었던 사람을 앞에 두고 그들은 철없이 큰 소리로 "이 사람이 이렇게 된 것이 자기 죄입니까, 자기 부모 죄입니까?" 하고 물었다. 맹인이 된 것도 서러운데 당사자 앞에서 그렇게 물으니 얼마나 가슴 아팠겠는가? 그러나 예수님은 "이 사람이나 그 부모의 죄로 인한 것이 아니라 그에게서 하나님이 하시는 일을 나타내고자 하심이라"(요 9:3)라고 하셨다. 그리고 그의 눈을 낫게 해주셨다.

그렇다. 하나님의 뜻 안에 있는 사람에게 고난은 더 이상 저주가 아니다. 당신의 고난은 당신 죄 때문도, 부모 죄 때문도 아니다. 당신을 통해 하나님의 영광을 드러내시려는 섭리이다. 고난은 그런 의미에서 변장된 축복인 것이다.

하나님의 보호하심

뱀이 물었는데도 바울은 마치 모기에 물린 것처럼 아무렇지도 않았다. 사자 굴의 다니엘을 위해서 사자들의 입을 막으신 것처럼, 뱀의 맹독이 퍼지는 것을 하나님이 막아주신 것이다. 즉시로 치유해주신 것이다. 하나님은 뱀이 바울을 무는 것을 막지는 않으셨다. 그러나 뱀에 물려도 쓰러지지 않도록 지켜주셨다. 고난은 당한다. 그러나 그 고난이 우리를 죽이지는 못한다. 하나님이 막아주시기 때문이다.

하나님의 사람도 고난을 당한다. 그러나 고난은 시간이 지나면 지나간다. 하나님이 치유해주시기 때문이다. 하나님이 함께하시면 최악의 상황이 최고의 축복으로 변한다. 믿고 기다리면 된다.

지난하고 답답할지라도 선하신 하나님의 시간표를 믿고 기다려야 한다. 나는 당신이 절망하지 않기를 바란다. 끝까지 기다려서 회복과 치유와 승리를 체험하길 바란다. 하나님의 치유하심이 당신과 함께하기를 축원한다. 하나님의 보호하심이 당신과 함께 하기를 축원한다. 인생의 고난이 뱀처럼 당신을 물어도 쓰러지지 않기를 축원한다. 나사렛 예수의 능력으로 다시 일어나기를 축원한다.

예수님은 약속하셨다.

> 믿는 자들에게는 이런 표적이 따르리니 곧 그들이 내 이름으로 귀신을 쫓아내며 새 방언을 말하며 뱀을 집어 올리며 무슨 독을 마실지라도 해를 받지 아니하며 병든 사람에게 손을 얹은즉 나으리라 하시더라 **막 16:17,18**

하나님의 사명을 받은 당신, 아직 하나님의 일을 해야 할 당신은 이 정도 고난으로 쓰러지지 않는다. 당신에게 주어진 하나님의 능력을 주장하라. 나사렛 예수의 보호막을 주장하라. 승리를 선포하라.

"사망아 너의 승리가 어디 있느냐 사망아 네가 쏘는 것이 어디 있느냐… 우리 주 예수 그리스도로 말미암아 우리에게 승리를 주시는 하나님께 감사하노니"(고전 15:55,57).

하나님 능력 앞에서 세상의 비난이 잠잠해진다

바울이 뱀에 물렸어도 끄떡없는 것을 보고 원주민들은 이젠 "신이다!"라고 하며 바울 앞에 엎드렸다. 바로 전에는 살인자의 죗값을 받는다고 비아냥거리던 사람들이 이젠 '신'이라며 머리를 조아리고 있다. 인간은 이토록 간사하다. 저주에서 환호성으로 바뀌는 것이 순식간이다. 그러니까 사람들이 욕할 때 너무 기죽을 것 없고, 사람들이 박수칠 때 너무 교만할 것 없다. 사람들의 비난과 박수는 종이 한 장 차이니까, 사람들이 나를 어떻게 생각하느냐에 그리 예민하게 반응하지 말라.

세상의 비난은 하나님의 능력 앞에선 순식간에 잠잠해진다. 능력이 충만하면 세상의 비난에 기죽지 않는다. 비난하는 세상과 일일이 상대할 필요 없다. 그러면 추해진다. 성령 충만하라. 성령의 기름 부으심을 구하라. 하나님의 능력으로 채워주시길 간구하라. 능력이 없으니까 자격지심에 화를 내고 예민하게 반응한다. 하나님의 사람은 하나님의 능력으로 충만하면 된다. 그것이 최대의 자기변호요 변증이다. 영적인 성공이야말로 당신을 공격하는 사람들에 대한 최고의 반격이다.

바울에게 일어난 기적을 통해서 섬사람들은 하나님의 영광을 보았다. 기적은 하나님의 영광을 보여주는 도구이다. 이 기적은 바울이 섬사람들 전체에게 복음을 전하게 하는 도화선이 된다. 특히 이 기적은 보통 기적이 아니었다. 바울 자신이 그 자리에서 죽을 수도 있는 고난을 이겨낸 기적이었다. 폭풍이 수백 명의 사람과 함께 당한 고난이었다면, 이 고난은 바울 한 사람에게 집중된 고난이었다. 폭풍이 그래도 살아날 확률이 몇 퍼센트는 되는 고난이었다면, 이 고난은 100퍼센트 죽어야만 되는 고난이었다. 고난의 장르와 강도가 몇 배 높아진 것이다.

그러나 하나님께서는 하나님의 사랑의 손으로 바울을 지키셨다. 바울이 맹독을 가진 뱀에 물려도 끄떡없는 것을 보고, 사람들은 복음을 더 기꺼이 듣고자 하는 마음을 갖게 됐다. 바울이 뜻하지 않게 당한 재난이 복음 전파의 통로가 된 것이다. 기가 막힌 영적 대역전극이다.

나는 당신이 당신의 고통을 이겨내는 과정이 주위 사람들에게 어떤 영적 메시지가 되길 바란다. 하나님의 영광을 드러내는 통로가 되길 바란다. 인생에서 독사에 물리는 것 같은 갑작스럽고 힘든 시련이 닥칠 때, 숨을 한 번 들이키고 이를 통해 하나님이 하시고자 하는 일을 기대하기 바란다. 나는 병들어 죽어가면서도 항상 얼굴에 미소를 잃지 않고 찬송과 기도를 하다가 하늘나라로 간 성도를 알고 있다. 그 모습을 본 주변의 사람들이 예수님을 많이 믿게 되었다.

우리가 고난을 당하나 이기는 것을 보고 사람들이 감동받길 바란다. 그들이 복음에 마음을 열게 되는 통로가 되길 바란다.

위기가 축복으로 바뀌다

바울의 인생에서 서서히 위기가 축복으로 바뀌기 시작한다. 뱀에 물렸어도 살아나는 바울을 보고 섬사람들이 충격과 감동을 받았다. 그중에서도 제일 높은 추장인 보블리오가 감동을 받았다. 그는 바울 일행을 초청해서 3일 동안 극진한 대접을 한다. 그 덕에 열병과 이질에 걸려 사경을 헤매던 그의 부친이 바울의 기도로 나음을 얻었다.

보석은 어디에 던져놔도 보석이라고 했다. 하나님의 사람은 언제, 어디서, 누구를 만나든 거룩한 능력을 발한다. 그가 기도하면 기적과 능력과 치유가 강같이 흘러나갈 것이다. 당신이 어디를 가든 당신이 기도하면 하나님의 치유와 능력이 샘솟듯 흘러나가게 되길 축원한다. 당신이 기도하면 저주와 우울증과 음란과 폭력의 영이 떠나가길 바란다. 그자리에 사랑과 자유와 평화와 기쁨의 영이 충만히 차기를 바란다.

하나님의 사람은 영적 능력이 충만해야 한다. 바울처럼 영적인 실력이 있어야 하는 것이다. 영적인 실력이 있으면 어디를 가서, 누구를 만나도, 어떤 절망적인 상황 속에 있어도 다시 시작할 수 있다. 거룩한 능력은 어둠의 능력을 무너뜨리며 하늘의 생기가 불어오게 한다.

보블리오 부친이 나았다는 소문이 퍼지면서 섬사람들이 모든 아픈 환자들을 바울에게 데리고 와 치유를 받는다. 육체의 치유만 있었겠는가? 불붙은 전도자 바울은 섬사람들에게 당연히 복음도 전했을 것이다. 볼링에서 10개의 볼링핀 중에 중앙에 위치한 킹핀을 맞히면 다른 모든 핀이 연쇄적으로 넘어진다. 복음도 그와 같다. 보블리오 같은 사람은 멜리데섬의 킹핀이다. 이런 핵심 인물이 하나님 능력으로 거꾸러지면, 순식간에 그 파급효과가 주위 사람들에게 번져나간다. 복음은 얼마나 전염성이 강한 것인지 모른다.

그 후 바울 일행은 멜리데섬에서 3개월이나 거하게 된다. 그동안에 뭘 했을까? 당연히 매일 복음을 전하고 사람들을 말씀으로 양육했을 것이다. 이미 바울을 통해 치유와 회복의 기적을 체험한 멜리데섬 사람들은 이제 최고의 선생님으로부터 고강도 영성 훈련까지 받게 된다. 멜리데섬 전체는 복음화되었고, 보블리오 추장은 훗날 멜리데교회의 감독이 되었다가 순교했다고 한다. 바울 한 사람으로 인해서 그 지역 전체가 거룩한 하나님의 땅이 된 것이다.

바울의 입장에서 보면 폭풍우를 만나 이 멜리데섬에 상륙한 것이 재난이요 사고였겠지만, 멜리데 사람들에겐 구원의 통로였던 것이다. 선교지는 꼭 계획하고 가는 것이 아니다. 어디든 하나님이 흘려보내 주시는 그

장소가 선교지요, 만나게 해주시는 그 사람들이 전도 대상인 것이다. 우리 인생에 우연은 없다. 섭리가 있을 뿐이다. 모든 만남은 축복을 주든지 축복을 받게 하시는 하나님의 섭리인 것이다. 당신이 가게 된 새 직장(잘되어 갔든지 좌천되어 갔든지)은 바로 하나님이 파송하신 선교지다. 거기에 구원할 영혼이 있어서 하나님이 당신을 보내신 것이다. 그러니 흥분하고 기뻐하고 기대하라. 그런 관점에서 보면 크리스천에게 하루하루는 정말 기대되는 것이다.

한때 한국 기독교는 한 도시, 한 지역을 하나님의 거룩한 땅으로 만들자는 '성시화 운동'을 했었다. 나는 이것이 조직을 만들고 행사를 한다고 되는 일이 아니라, 바울처럼 성령 충만한 하나님의 사람이 그 지역에 존재하게 되면 자연스럽게 이뤄질 것이라고 믿는다. 우리 한 사람, 한 사람이 어떤 동네에 이사 가게 되면, 어떤 직장에 들어가게 되면 자연스럽게 하나님의 기적과 메시지가 흘러나가서 그 지역이 거룩한 땅으로 될 것을 믿으라. 음란 문화, 술 문화, 폭력과 도박 같은 어둠의 문화가 사라지고 사랑과 기쁨과 화목이 가득한 하늘나라가 당신을 통해서 그 지역에 임하기를 바란다.

하나님이 넘치게 채워주신다

10절을 보니까 "후한 예로 우리(바울 일행)를 대접하고 떠날 때에 우리 쓸 것을 배에 실었더라"라고 했다. 헌신은 은혜를 받으면 시키지 않아도 흘러나오는 것이다. 섬 사람들은 누가 시키지 않았는데도 자기들이 좋아서 자발적으로 바울 일행을 존귀하게 대접하고 필요한 물건들을 풍성히 실어주었다. 바울을 통해서 받은 하나님의 은혜가 너무 컸던 까닭에 신이 나서 자기들이 가진 최선을 드린 것이다.

하나님의 일이란 이렇게 해야 되는 것이다. 아무리 적은 돈이라도, 아무리 작은 섬김이라도 억지로 하면 짜증이 난다. 그러나 좋아서 하면 하는 사람도, 받는 사람도 기쁘다. 살아 있는 교회는 허리가 휘는 봉사를 다들 기쁘고 즐겁게 하는 곳이다. 헌금을 이렇게 신이 나서 드릴 수 있다면, 섬김을 이렇게 기쁘고 즐겁게 할 수 있다면 얼마나 멋지겠는가?

일이 얼마나 많고 힘드냐의 문제가 아니다. 받은 은혜의 감격이 얼마나 크냐의 문제인 것이다. 헌금이든 봉사든 나는 당신이 은혜받은 감격으로 신나게 하길 바란다. 남의 눈을 의식해서 억지로 쥐어짜는 헌신이 아니라, 내 안에서 풍성하게 흘러나오는 그런 신바람 나는 헌신이 우리 안에 가득 차길 축원한다.

참 하나님은 풍성하신 분이시다. 바울 일행은 유라굴로 폭풍을 만나 자신들이 가졌던 모든 식량과 의복을 바다에 버려야만 했다. 그렇게 해서 간신히 목숨만 살았다. 그러나 이제 멜리데섬에서 하나님의 일을 하니까, 하나님께서 멜리데 사람들을 통해서 풍성한 물자를 다시 채워주셨다. 너무나 놀랍지 않은가? 이 세상의 물질은 있기도 하고 없기도 한 것이다. 우리 하나님 아버지는 세계에서 제일가는 부자이시다. 그 하나님을 섬겼던 바울은 가장 가난한 자 같았으나 가장 부한 자였던 것이다. 바울은 빈손으로 다녔지만 하늘의 창고를 여는 방법을 알고 있었다. 그래서 밥 못 먹은 적도 없었고, 돈 없어서 하나님의 일을 못 한 적도 없었다. 하나님께서 항상 그때그때 가장 신선하고 가장 좋은 것들로 채워주셨다.

먼저 그의 나라와 그의 의를 구하라 그리하면 이 모든 것을 너희에게 더하시리라

마 6:33

우리가 사는 동안 우리의 인생에 폭풍이 오기도 하고, 바로 그다음에 뱀에 물리는 위기도 온다. 그러나 하나님의 사명을 다하기 전까진 결코 죽지 않는다. 난파되었으나 살아날 것이다. 뱀에 물렸으나 죽지 않을 것이다. 하나님의 사명을 다하기까지 하나님의 보호막이 우리를 지켜주시는 까닭이다.

전쟁의 폭풍, 전염병의 폭풍, 불경기의 폭풍들이 수없이 우리 주위로 몰려오고 있다. 그러나 하나님의 사람들이여, 두려워 말고 놀라지 말라. 마음을 강하게 하고 담대히 하라. 이럴 때일수록 우리는 바울처럼 더욱 분명하게 우리에게 주어진 사명을 붙잡아야 한다. 폭풍을 헤치고 우리는 반드시 로마로 가야 한다. 그 어떤 위기 속에서도 우리에겐 복음을 전해야 할 땅끝이 있는 것이다. 우리가 그 목표를 붙잡고 있는 한 하나님은 우리를 지켜주실 것이요, 축복의 사람들을 보내 위로해주실 것이다. 폭풍 속에 있는 우리, 함께 하나님의 약속을 붙잡자. 우리는 반드시 승리할 것이다.

chapter 21

폭풍의 파도 위를 걸어가라

마태복음 14장 22-33절

22 예수께서 즉시 제자들을 재촉하사 자기가 무리를 보내는 동안에 배를 타고 앞서 건너편으로 가게 하시고 23 무리를 보내신 후에 기도하러 따로 산에 올라가시니라 저물매 거기 혼자 계시더니 24 배가 이미 육지에서 수 리나 떠나서 바람이 거스르므로 물결로 말미암아 고난을 당하더라 25 밤 사경에 예수께서 바다 위로 걸어서 제자들에게 오시니 26 제자들이 그가 바다 위로 걸어오심을 보고 놀라 유령이라 하며 무서워하여 소리 지르거늘 27 예수께서 즉시 이르시되 안심하라 나니 두려워하지 말라 28 베드로가 대답하여 이르되 주여 만일 주님이시거든 나를 명하사 물 위로 오라 하소서 하니 29 오라 하시니 베드로가 배에서 내려 물 위로 걸어서 예수께로 가되 30 바람을 보고 무서워 빠져가는지라 소리 질러 이르되 주여 나를 구원하소서 하니 31 예수께서 즉시 손을 내밀어 그를 붙잡으시며 이르시되 믿음이 작은 자여 왜 의심하였느냐 하시고 32 배에 함께 오르매 바람이 그치는지라 33 배에 있는 사람들이 예수께 절하며 이르되 진실로 하나님의 아들이로소이다 하더라

인간의 몸은 자연법칙에 의해 결코 물 위에 뜰 수 없고 가라앉을 수밖에 없다. 잘해봐야 간신히 물속에 몸을 거진 잠그고 수영할 수 있을 뿐이다. 그런데 물 위를 걷다니? 이것은 초자연적인 힘을 의미하고, 상식의 파괴를 의미하고, 기적을 의미한다. 그것도 보통의 잔잔한 물 위를 걷는 것이 아니라 폭풍의 파도 위를 걷는 것이었다. 대개 폭풍이 오면 우리는 공포에 질려서 간신히 살아남는 것을 최고로 생각하지, 감히 그 폭풍 위로 걷겠다는 생각은 꿈도 꾸지 않는다. 그러나 바로 그것이 하나님과 인간의 차이다. 우리의 생각과 계획과 묵상은 항상 한계를 긋는다. 거기엔 기적이 없다. 그러나 하나님은 항상 상식 밖의 초자연적인 축복을 가지고 우리를 놀라게 하신다. 상식적으로 도저히 풀리지 않는 답답한 현실을 우리는 하나님을 믿는 믿음으로 극복해야 하는 것이다. 그래서 우리는 2천 년 전 폭풍의 파도 위를 걸었던 남자 예수님과 베드로의 스토리를 다시금 설레는 마음으로 살펴보고자 한다.

예수님이 우리를 폭풍 속으로 인도하셨다

솔직히 제자들이 폭풍의 바다로 들어가게 된 근본적인 원인 제공은 예수님이 하셨다. 마태복음 14장 22절을 보면, "예수께서 즉시 제자들을 재촉하사 자기가 무리를 보내는 동안에 배를 타고 앞서 건너편으로 가게 하신 것"을 알 수 있다. 밤이 칠흑같이 깊어가던 시각이었음에도 불구하고 말이다. 결국, 제자들은 예수님의 명령에 순종해서 배를 타고 한밤중에 호수를 건너다가 폭풍을 당한 셈이다.

때로는 우리가 하나님께 순종함으로 이해할 수 없는 폭풍을 맞는 때가 있다. 하나님은 우리를 사랑하시고 우리도 하나님을 사랑하는데, 왜 하나님은 우리를 폭풍이 기다리고 있는 바다로 나가게 하실까?

그 이유를 알기 위해서 우리는 이 사건의 바로 전에 어떤 일이 일어났는지 전체 배경을 알아야 한다. 본문의 앞부분인 마태복음 14장 13-21절을 보면, 예수님이 가는 곳마다 병자들을 고쳐주는 기적을 베푸셔서 구름 떼같이 많은 무리가 예수님을 따라다녔음을 알 수 있다. 저녁 시간이 되자 그 수많은 사람을 먹일 식당도, 음식도 없어서 난감한 상황이 발생했다.

그때 예수님께서는 한 소년이 갖고 있던 떡 다섯 개와 물고기 두 마리를 가지고 남자만 오천 명, 여자와 아이까지 합치면 만 명이 훨씬 넘는 대군중을 배불리 먹이는 엄청난 기적을 일으키셨다. 군중은 감격했고 흥분했다. 흥분한 군중은 예수님을 왕으로 세우려고 했다. 철없는 예수님의 제자들은 자신들이 모시던 예수님이 이토록 순식간에 군중의 스타로 부상하니까, 자신들도 우쭐하여 어깨에 힘을 주며 덩달아 흥분하기 시작했을 것이다.

이때 예수님은 제자들의 흥분을 가라앉히고 군중들을 해산시키기 위해서 도저히 다른 방법이 없다고 판단하시고, 다짜고짜 제자들을 배에 태워서 그 밤에 호수를 건너 반대쪽 기슭으로 가게 하셨던 것이다. 천지를 다스리시는 예수님께서는 아마 그 밤에 폭풍이 몰려올 것이라는 사실도 아셨을 것이다. 그러나 예수님이 보시기에는 제자들이 거기 그대로 흥분한 군중과 함께 남아 있는 것보다 폭풍의 바다로 들어가는 것이 훨씬 나았던 것이다. 육지에 남아 있으면 화려함과 인기와 흥분이 있지만, 그곳은 하나님의 뜻 밖에 있는 인생이었다. 호수 위엔 폭풍이 있었지만, 그곳은 그래도 하나님의 뜻 안에 있는 인생이었다. 폭풍 속에 있을지라도 하나님의 뜻 안에 있는 것이 화려한 탄탄대로를 달리면서 하나님 뜻 밖에 있는 것보다 훨씬 낫다.

제자들은 하룻밤 사이에 인생의 극과 극을 체험했다. 만 명이 넘는 군중들의 폭발적인 인기와 환호 속에 금방이라도 예수님과 함께 왕이 될 것 같아서 우쭐했던 그들이었는데, 몇 시간도 못 되어 호수 한복판에서 새벽까지 무서운 폭풍에 덜덜 떨어야 했기 때문이다. 사람의 소리가 너무 시끄러운 곳에서는 하나님의 소리가 잘 들리지 않는다. 하나님이 말씀하시지 않는 것이 아니라 다른 소리가 너무 많아서, 우리가 다른 소리에 너무 귀 기울이고 있어서 그분의 음성이 잘 들리지 않는 것뿐이다.

자그마한 이 땅의 성공에도 쉽게 매료되어서 괜히 어깨가 우쭐해지고 하나님을 도외시해버리는 오만한 우리가 아닌가? 사람들이 조금만 띄워 주면 나는 내가 천하를 잡은 줄 착각한다. 축복에 취해서 그 축복을 주신 분을 까맣게 잊어버리는 것이다. 그래서 하나님은 나의 교만이 나를 망치기 전에 군중의 환호 소리가 있는 육지를 떠나 폭풍의 바다로 나가는 배에 나를 잡아 태우시는 것이다. 폭풍이 몰려오면 나는 즉시 "하나님, 살려 주세요"를 외칠 수밖에 없는 나약한 인간임을 깨닫게 된다. 주제 파악을 확실히 하게 되는 것이다.

예수님은 기도하고 계셨다

폭풍에 빠져 제자들이 당황하고 있을 때 예수님이 제자들에게 오셨다.

밤 사경에 예수께서 바다 위로 걸어서 제자들에게 오시니 마 14:25

여기서 '밤 사경'이라 하면 새벽 3-6시 사이, 보다 정확히 말하면 새벽 4시쯤을 의미한다. 제자들은 저녁 식사 후에 배를 탔으니 적어도 몇 시간은 폭풍 속에서 시달렸을 것이다. 전에도 예수님과 제자들이 탄 배가 호수 위에서 폭풍을 만난 적이 있다. 그래도 그땐 예수님이 배에 함께 타고 계신 상황이었기 때문에, 제자들은 결사적으로 예수님을 붙잡고 매달릴 수 있었다. 그러나 오늘의 폭풍은 예수님이 배 안에 함께 계시지 않은 상황에서 닥친 사건이었다. 제자들은 같은 폭풍이라도 더욱 당황했고 두려울 수밖에 없었다. 밤새 사랑하는 제자들이 폭풍 속에서 죽을 고생을 하고 있는 동안 대체 예수님은 무얼 하고 계셨는가?

23절을 보면 예수님은 혼자 산에 올라가서 기도하셨다고 되어 있다. 그분은 제자들의 고통을 흥겹게 쳐다보면서 수수방관하셨던 것이 아니다. 밤새 자신을 위해서, 또 제자들을 위해서 기도하셨다.

그날 예수님과 제자들은 온종일 수많은 군중의 필요를 채워주는 사역으로 심신이 지쳐 있었다. 그러나 만 명에 가까운 군중을 먹이는 기적의 사건으로 순식간에 스타가 되어버린 예수님은 그것이 자신과 제자들의 영혼에 얼마나 치명적인 독이 될 수 있는지를 잘 아셨다. 당신 주위에 사람들이 많고, 친구들이 많고, 당신에게 환호성을 울려주는 사람들이 많으면 당신은 영원히 그들이 당신 곁에 있으면서 당신을 위해줄 것이라고 착각하기 쉽다.

그러나 인간들 사이에서 영원한 사랑과 위로, 기쁨과 안식을 바란다는 것은 허상이다. 당신은 조용히 물러나서 예수님처럼 기도해야 한다. 하나님의 소리를 들어야 한다. 그래야 당신의 영혼에서 독소가 빠지고, 마음이 깨끗해지고, 평안해지고, 영혼이 풍성해지는 것이다. 예수님은 당신이 폭풍 속에서 하나님의 그 섭리를 깨달을 수 있도록, 그리고 그 과정에서 폭풍에 탈진하지 않도록 당신을 위하여 기도하고 계시는 것이다.

그러므로 예수님이 당신의 고통 속에서 보이지 않는다고 해서 결코 당신을 버렸다고는 생각지 말라. 복음성가 가사처럼 "당신이 지쳐서 기도할 수 없고 눈물이 빗물처럼 흘러내릴 때" 누군가 당신을 위해 기도하고 있다. 그분은 바로 하나님의 아들, 예수님이시다.

예수님은 주님의 시각에 우리에게 오신다

마가복음에 보면 예수님께서는 제자들이 폭풍 속에서 "힘겹게 노 젓는 것을 보시고"(막 6:48) 제자들에게로 오셨다. 폭풍이 너무 거세기 때문에 우리는 폭풍만 보고 주님을 못 본다. 그런데 주님은 폭풍을 뚫고 우리를 보신다. 우리가 폭풍 속에서 살아남으려고 처절하게 노 젓는 것을 보신다. 아무리 애를 써도 우리 힘으로는 결코 폭풍 속에서 못 나오는 것도 아신다. 그래서 주님이 우리를 살려주시려고 우리에게 오신다.

제자들은 밤새 폭풍에 시달렸으니, 심신이 지칠 대로 지쳤다고 볼 수 있다. 고통이 너무나 클 때는 하나님이 나를 버렸다는 생각에 믿음이 흔들리게 된다. 그러나 예수님은 이른 새벽녘에 폭풍의 파도 위를 걸어서 그들에게 오셨다. 그 새벽에, 그 폭풍의 파도 위를 걸어오신 것이다. 전혀 뜻밖의 시각에 뜻밖의 방법으로 오신 것이다. 고통이 극에 달했을 때 말이다. 하나님의 시작은 항상 인간의 끝이다. 인간이 불가능이라고 포기해버리는 그 순간이 바로 하나님이 움직이시는 순간이다.

왜 예수님은 물 위로 걸어오셨을까? 그것은 단순히 그분의 능력을 과시하기 위한 매직쇼가 아니었다. 만약 그것을 의도하셨다면 군중들이 다 운집한 가운데서 대낮에 하셨을 것이다. 그러나 밤중에 제자들 앞에서만 이 기적을 보여주셨다. 폭풍의 파도는 제자들을 두렵게 하는 문제들이었다. 그 문제들을 예수님은 가볍게 밟고 오셨다. 주님은 우리를 두렵게 하는 문제들을 밟고 정복해버리시는 분이시다.

우리가 인생에서 절망적으로 힘들어하는 폭풍 같은 상황들이 오히려 하나님이 우리에게 오시는 통로, 우리가 하나님의 살아 계심을 발견하는 통로가 되지 않는가? 교회는 고통 속에서 성장해왔고, 그런 의미에서 고난의 파도 속에는 기가 막힌 영적인 아름다움이 숨어 있는 것이다.

주목할 것은 처음엔 제자들이 예수님을 알아보지 못했다는 것이다. 매일 같이 다니고 함께 먹고 자던 예수님을 못 알아보고 유령인 줄 알고 달달 떨었다. 정말 코미디 같은 장면이다. 매일 함께 다니며 같이 먹고 자고 하던 예수님을 왜 못 알아봤을까? 그들에게는 설마 예수님이 올 것이라는 믿음이 없었기 때문이다. 믿음은 기다림인데, 믿음을 갖고 기다렸다면 단번에 예수님을 알아봤을 것이다.

너무 무서운 폭풍에 오랜 시간 시달리다 보니 심신은 지친 데다가 공포심만 가득 남아서 예수님이 오셨는데 유령으로 착각한다. 옛날에 한 원시 부족은 그림자를 보고 놀라서 유령이 자신들을 따라다닌다고 생각하여 밝은 날은 밖으로 나다니지를 못하고 밤에만 다녔다고 한다. 믿음이 있으면 예수님이 보이지만, 공포심으로 가득 차면 유령이 보인다. 그러므로 두려움과 믿음은 공존할 수가 없는 것이, 두려움은 우리로 하여금 살아 계신 하나님의 임재를 못 보게 하기 때문이다.

자신을 유령으로 착각하는 제자들의 반응에 예수님은 기가 차셨을 것이다. 그래서 "나다, 나. 그러니까 두려워 말라"라고 하셨다. 폭풍 한가운데에서도 하나님이 함께 계신 것만 확신하면, 하나님만 알아보면 두려워하지 않아도 된다. 폭풍이 문제가 아니라 하나님을 못 보는 것이 문제이다. 당신은 예수님을 유령이라고 착각하여 무서워하는 게 아닌가? 하나님을 알아보라. 그리고 더 이상 두려워 말라.

소리 질러 예수님을 세우라

어쨌든 중요한 것은 제자들이 소리 질러 예수님을 멈춰 세웠다는 사실이다. 두려움에 찬 소리였지만 그래도 하나님의 자녀들의 울부짖음을 주님은 외면하지 않으셨다. 마가복음에 보면 폭풍의 파도 위를 걸어오신 주님이 "그들에게 오사 지나가려고 하시매"(막 6:48)라고 되어 있다. 제자들을 주님이 그냥 지나치실 수도 있었다는 얘기다. 그러나 제자들의 부르짖음이 주님을 멈춰 세웠다.

우리가 위기에 있다고 해서, 뭔가가 간절히 필요하다고 해서 주님이 멈춰 서시는 게 아니다. 수많은 군중이 예수님이 가시는 길에 있었는데, 그중에 아픈 사람이 좀 많았겠는가. 그러나 소경 바디매오는 간절히 부르짖었기에 주님을 멈춰 세웠다. 간절하고 겸손한 기도가, 절박한 믿음만이 예수님을 멈춰 세운다. 그리고 예수님을 멈춰 세우는 순간, 주님이 나를 돌아보시는 순간 기적이 시작된다.

성경에 보면 "예수님이 지나가셨다"(passed by)라는 말이 자주 나온다. 그 말은 어떤 목적을 가지고 오신 것이 아니고 그냥 지나가시고 있었다는 것이다. 그런데 예수님 일행의 그날 스케줄에 없었던 어떤 목마른 영혼이 항상 주님을 멈춰 세웠다. 복음서의 기적들은 대부분 그런 돌발 상황으로 일어났다. 예수님은 기적의 주님이시다. 그 주님이 그냥 지나가시게 해선 안 된다. 주님을 멈춰 세워야 기적이 일어난다.

걷기 위해선 배 밖으로 뛰쳐나가야 한다

어떻게 보면 이 스토리에서 예수님 이상으로 놀라운 것이 베드로이다. 다른 제자들은 처음엔 예수님을 보고 유령이라고 할 정도로 겁에 질려서 덜덜 떨다가 예수님이신 것을 확인하고 간신히 안도의 숨을 쉴 정도였다. 그런데 베드로가 자기도 물 위로 걸어 예수님께 가보겠다고 나선 것이다. 아마 옆에서 듣던 제자들은 기절하는 줄 알았을 것이다.

많은 사람이 물 위로 철없이 걸어가다가 물속으로 빠져 죽을 뻔한 모습을 보고 베드로를 평가절하하는 경향이 있다. 마치 베드로가 큰 실패를 한 것처럼 그를 비난한다. 그러나 더 큰 실패는 배에 남아서 덜덜 떨고 있던 나머지 제자였다. 예수님은 하늘의 아들이시니 물 위를 걸을 수 있다고 해도, 누가 감히 태초 이래로 물 위로 걷겠다고 나설 수 있는가? 한 번도 그런 얘길 들어본 적도 없는데, 베드로는 예수님을 믿으면 그런 기적도 가능하다고 믿고 파도 위로 자신의 목숨을 건 한 발을 내디딘 것이다. 나는 이런 면에서 베드로가 참으로 대단하다.

오래전 내가 좋아하는 미국의 존 오트버그 목사가 이 본문을 가지고 설교하는 것을 들은 적이 있다(사실 이 설교의 많은 핵심 주제는 오트버그의 그 설교에서 배운 것들이다). 오트버그는 이 설교를 가지고 책도 썼는데, 그 책의 제목에 메시지 주제가 그대로 담겼다.

"물 위로 걷기 위해선 배 밖으로 뛰쳐나가야 한다"(If you want to walk on the water, you have to get out of the boat).

우린 대개 뛰어나가는 것보다 집 안에 웅크리고 그냥 앉아 있는 것이 더 안전할 것이라고 생각하는데, 결코 그렇지 않다. 자전거는 계속 페달을 밟고 달리고 있을 때 가장 안정적으로 서 있을 수 있지, 가만 있으면 쓰러진다. 밖에 나다니는 것이 위험하니까 집에만 있으면 안전할 것으로 아는가? 1990년대 중반, 범죄율이 거의 제로에 가까운 미국 로스앤젤레스 외곽의 부유한 소도시 지역 위로 대낮에 대형 여객기가 추락했다. 타고 있던 승객들은 물론 지상에서도 낮에 집에 있던 추락 지역의 사람들이 다 죽었다. 자녀들에게 위험하니까 학교만 갔다가 바로 집으로 오라고 당부하는 부모들이 많다. 그런데 학원 폭력의 대부분은 학교 내에서 일어나는 것을 아는가?

이 세상에 발을 붙이고 살아가는 이상 우리에게 완벽한 안전지대는 없다는 것을 알아야 한다. 당신이 배 안에 웅크리고 덜덜 떨고 있다고 해서 문제가 해결되는 것은 아니다. 솔직히 그 무서운 폭풍 속에서 가냘픈 배가 무슨 큰 피난처가 되겠는가? 그래도 제자들은 그곳이 영원히 자기들을 지켜줄 성(城)인 양 그 안에서 나오지 못하고 덜덜 떨고 있었다.

배 안에 웅크리고 있으면 기적을 체험할 수 없다

배란 우리가 인생에서 우리를 지켜줄 것이라고 믿는 것들이다. 우리의 집, 우리의 현실, 우리의 가족, 우리의 친구들, 우리의 회사, 우리의 나라, 이 시대의 가치관과 문화가 그어버린 생각의 한계. 우리는 역사의 폭풍 앞에서 결코 우리를 확실히 지켜줄 수 없는 그 배를 그래도 철석같이 믿고, 폭풍의 파도 위로 걸어 나가는 것보단 훨씬 낫다고 생각하고 그 안에 웅크리고 앉아 있는 것이다. 인생이 조금만 힘들어지면, 폭풍이 조금만 거세지면 우리는 더 나가길 포기하고 재빨리 돌아와 그 배에 우리를 숨기려 한다. 하나님이 분명히 부르시고 있는데도 감히 나가지 못하고 내가 안주하려 드는 나의 현실의 벽이 바로 배이다.

그러나 실패가 두려워서 배 안에만 웅크리고 앉아 있으면 결코 물 위를 걸을 수 있는 하나님의 기적을 체험할 수가 없다. 현실을 뛰어넘는, 한 단계 높은 차원의 놀라운 도약을 할 수가 없다. 대부분의 사람은 배 밖으로 나와 물 위로 발을 내딛지 못하는 이유를 항상 환경에 둘러댄다. "우리 상사가 좀 더 포용력이 있는 사람이 되면 새로운 아이디어를 시도해보겠다", "경제 사정이 조금만 더 안정되면 제대로 된 헌금을 하겠다", "내가 건강해지기만 하면 하나님의 일을 더 많이 하겠다", "직장 일이 조금만 더 자리 잡히면 가족과 대화하는 시간을 늘리겠다" 등등. 그러나 혹시나 했더니 역시나다. 우리가 사는 세상, 우리 주위의 환경은 끊임없이 폭풍이 밀려드는 바다와 같다. 당신은 결심하고 하나님을 신뢰하며 배 밖으로 나가 발을 내디뎌야 한다.

예수님을 바라보고 물 위로 한 발 내딛으라

이 세상에서 가장 애처로운 비극은 피어보지 못하고 떨어지는 꽃, 채 뻗어보지 못하고 사그라져버리는 가능성, 열매 맺지 못하고 사라지는 꿈, 채 발휘되지 못한 재능일 것이다. 가장 비참한 인생은 실패한 인생이 아니라, 아무것도 시도하지 않은 까닭에 성공도 실패도 경험치 못한 채 그냥 흘러가버린 인생일 것이다. 당신의 인생 여정 끝에서 당신은 얼마나 많은 "아, 그렇게 할 수 있었는데"라는 쓰디쓴 후회를 할 것인가?

줄 수 있었는데 주지 못했던 이웃을 위한 사랑의 선물, 말할 수 있었는데 차마 못 했던 사랑의 말들, 막을 수 있었는데 막지 못했던 잘못된 일들, 시도해볼 수 있었는데 남들 앞에서 실패하는 것이 두려워 아예 해보지도 않은 일들, 분명 하나님이 맡기신 일이었는데 내가 갖고 있는 것들을 잃게 될까 두려워 따르지 않았던 일들…. 이 모든 후회는 당신이 하나님의 부르심에 "예스!" 하고 배 밖으로 나와 폭풍의 파도 위로 한 걸음을 내딛지 않았기 때문이 아닌가?

우리 모두에겐 끊임없이 하나님을 믿고 물 위로 발자국을 내밀어야 하는 순간들이 몰려온다. 20년 전, 한국에 와서 생전 처음으로 기업 최고 경영자들이 모이는 포럼에서 비즈니스 리더십 강의를 하게 됐을 때 정말 두렵고 떨렸다. 그러나 하나님을 믿고 발을 내디뎠더니 그때부터 정말 많은 곳에서 리더십 강의를 하게 됐고, 절대 교회에 안 나올 많은 분에게 하나님을 소개하는 기회가 됐다.

10년 전, 새로운교회 개척 초기에 어떤 분이 내게 말했다.

"한국교회가 이렇게 정체 상태인 요즘, 개척교회의 90퍼센트는 안 된다고 하는 요즘, 그것도 자기희생을 잘 안 하려 하는 사람들이 많은 강남에서 이런 부흥이 일어나다니. 있을 수 없는 일이 일어나고 있어요."

그러나 그때 나는 얼마나 두렵고 떨리고 외로웠는지 모른다. 내가 두려워도 하나님을 믿고 물 위로 발을 내디디면 정말 놀라운 일들이 생긴다. 베드로가 예수님을 보고 담대하게 물 위로 걸어갔듯이 당신도 스스로의 능력을 보지 말고 하나님을 보고 물 위로 걸어가라. 코로나19 사태로 인하여 수많은 사람의 심리가 위축되었고 미래에 대한 불안감으로 가득하다. 특히, 예배로 모이지 못 하면서 목사님들의 마음이 미래 목회에 대한 두려움으로 가득하다.

"과연 교회는 코로나 여파로 인한 언택트 시대에도 살아남을 수 있을까?"

그러나 나는 폭풍 속에서 살아남는 정도가 아니라 폭풍의 파도 위를 걸어갔던 베드로의 파이팅이 우리에게 오히려 필요한 때라고 믿는다. 코로나 사태가 전무후무한 폭풍이긴 하지만, 하나님께서는 반드시 우리가 폭풍의 파도 위를 걸어갈 수 있는 길을 예비해두셨을 것이다. 기도하며 담대히 나아가는 자, 바로 그 길을 발견할 것이다.

예수님은 끝까지 우리를 책임지신다

중요한 것은 베드로가 먼저 물 위로 달려 나가기 전에 예수님의 허락을 구했다는 사실이다. 허락 정도가 아니라, 자신에게 "물 위로 걸어오라!"고 명령해달라고 구했다. 그랬더니 예수님께서 "오라!"고 하신 것이다.

오래전 어떤 성도가 처음 하나님을 믿고 나서 이 본문으로 메시지를 전한 설교를 듣고 큰 도전을 받았다. 그는 즉시 자기 동네에 있는 호수로 배를 타고 나갔다. 그것도 바람이 세게 부는 날에. 그리고 기도했다.

"주님, 믿고 나갑니다. 물 위로 걷게 하소서."

그러고는 무작정 물 위로 걸어 나갔다가 물에 빠져 죽을 뻔했다. 혼비백산한 이 남자는 화가 나서 교회로 달려갔다.

"목사님, 이게 뭡니까? 하나님이 사람 차별하시는 것도 아니고, 왜 베드로는 물 위로 걷는데 저는 못 걷습니까? 저 시험 들었어요. 다시는 교회 안 나올 겁니다."

그러자 목사님은 조용히 그 남자를 바라보다가 이렇게 대답하셨다.

"형제님, 베드로는 예수님의 허락을 받고 물 위를 걸었고, 형제님은 허락도 안 받고 그냥 걸으려 하지 않았습니까?"

그렇다. 물 위로 걷기 위해서는 하나님의 부르심이 있어야 한다. 주님의 초대가 있어야 하고, 주님의 허락이 있어야 한다. 물 위든 평지든 하나님께는 문제가 되지 않는다. 당신이 하고자 하는 일이 아무리 어렵다 해도 그것이 문제가 되지 않는다. 과연 하나님이 부르셨는가, 아닌가가 중요하다.

하나님이 부르신 사람은 하나님이 끝까지 책임을 지신다. 중간에 실수하고 실패해도 결코 하나님은 버리지 않고 다시 일으켜 세워서 끝까지 경기를 완주하게끔 옆에서 도와주시고 이끌어주신다. 베드로는 처음엔 신이 나서 흥분된 마음으로 물 위를 걸었다. 얼마나 신났을까? 평생 뱃사람으로 물에서 살았지만 인류 최초로 물 위로 걷는 사람이 되었으니, 가슴이 두근거리고 신났을 것이다. 뭐든지 새로운 일에 처음 뛰어들면 이렇게 처음엔 흥분되고 신이 난다.

그런데 예수님만 보고 걸어가던 베드로가 불안해져서 얼핏 주위를 보니까, 무서운 바람이 아직도 자기 주위를 스쳐가고 있다. 순간 공포가 온몸을 엄습해 오면서 베드로는 비명을 지르기 시작한다. 이젠 물 위를 걷는 게 아니라 물 속으로 빠져들어 가는 자신을 발견하고, 예수님께 살려달라고 비명을 지른다. 아주 코미디 같은 장면이다.

그러나 중요한 것은 예수님께서 즉시로 손을 내밀어 베드로를 구해주셨다는 사실이다. 왜 의심했느냐고 나무라셨지만, 베드로를 즉시로 살려주셨다는 것이 중요하다. 그리고 베드로의 손을 잡고 함께 물 위를 걸어 배로 돌아오셨다. 예수님과 함께 물 위를 걷는 베드로의 심정은 또 어땠을까? 다른 제자들처럼 겁에 질려서 배 안에 있었으면 결코 체험하지 못했을 황홀한 기적의 체험이었다. 중간에 물에 빠져 죽을 뻔하긴 했지만, 그것은 연약한 인간이기 때문에 어쩔 수 없었을 것이다. 중요한 것은 예수님의 부르심을 받고 용기 있게 물 위로 나갔고, 가다가 자신의 부족함으로 물에 빠져 죽을 뻔했지만 즉시 예수님이 구해주셔서 예수님과 함께 물 위를 걷는 엄청난 경험을 했다는 사실이다.

당신도 하나님의 부르심에 응답해서 물 위로 걸어가면, 중간에 인간적인 실수들을 하고 믿음이 적어져서 오히려 물에 빠져들어 가는 실패도 경험할 것이다. 그러나 예수님이 즉시 건져주실 것이다. 그리고 그다음 부터는 예수님과 함께 그 문제를 극복하는 놀라운 기적의 체험을 하게 될 것이다. 이것이 기독교 믿음의 진수다. 이것이 신앙이요 간증이다.

우리 함께 코로나19 폭풍의 파도 위를 걷자

본문을 통해 우리는 폭풍의 파도 위를 걷는 데 있어서 중요한 몇 가지 사실을 배웠다. 정리해보면 이렇다.

첫째, 거기에는 항상 부르심이 있다는 것이다. 아주 평범하고 능력 없는 사람도 하나님의 부르심에 응답해서 용기 있게 나가면 물 위를 걸을 수 있다. 즉, 우리는 끊임없이 그 부르심에 응답하기로 결단해야 한다는 것이다. '안주할 것이냐, 아니면 순종해서 물 위로 나갈 것이냐'라는 결단 말이다.

둘째, 물 위를 걷는 중간에는 항상 두려움이 몰려온다는 사실이다. 성경의 위대한 하나님의 사람들도 항상 겁에 질렸고 떨었고 회피하고 싶어 했다. 그러나 하나님은 끊임없이 그들을 격려하시고 붙들어주셨고, 끝까지 가게 하셨다.

셋째, 항상 결론은 변화된 인생이다. 하나님의 부르심에 순종해서 물 위로 걷는 사람들은 다 비틀비틀하면서 걷고 가다가 물에 빠지기도 한다. 그러나 그때마다 구원해주시는 하나님의 손길을 체험한다. 그리고 하나님과 함께 물 위를 걷는 경험을 한다. 그들의 신앙은, 인격은, 삶은 완전히 변해버리고, 그 변화된 삶은 세상을 변화시킨다.

코로나19 사태는 분명 우리가 생각지도 못했던 거대한 폭풍이다. 우리가 원하든 원하지 않든 코로나 이후의 시대는 코로나 이전의 시대와는 전혀 다른 세상이 되어 있을 것이다. 마치 노아 홍수 이후에 방주 밖으로 나온 노아의 식구들이 홍수 이전과는 완전히 다르게 바뀐 세상 지형에 충격을 받았듯이 말이다. 컴퓨터와 인터넷이 처음 나왔을 때 우리가 디지털 혁명에 적응해야 했듯이, 코로나 이후의 언택트 시대에 우리는 적응할 준비를 해야 한다. 재택근무와 화상회의, 원격교육, 무관중 콘서트나 스포츠 경기, 온라인 쇼핑과 배달앱의 생활화, 사무 공간의 폐쇄 혹은 축소, 공장 자동화로 인한 수많은 인력의 구조조정 등의 명분을 코로나가 만들어주었다. 이런 급변하는 세상의 물결에 흔들리고 있는 성도들의 교회에 대한 생각도 이전과는 너무나 많이 달라져 있을 것이다.

교회들은 정말 뛰어난 영적 콘텐츠를 축적해야 한다. 온라인 예배를 통해서 국내외 다양한 설교자들의 설교와 예배 시청에 익숙해져버린 성도들이 이제는 더 이상 정든 지역교회 목사님의 얼굴을 봐서 '교회에 나와줄' 확률은 높지 않다. 목회자들은 말씀 주해와 뜨거운 기도 생활을 통해서 최고의 설교자가 되려고 노력해야 한다.

또한 급변하는 디지털 세상과 삭막한 언택트 시대에 지친 사람들의 정신적 공허감이 갈수록 커질 것이므로, 성도들의 아픈 마음을 보듬어주는 상담과 회복, 치유 목회가 더 활성화되어야 할 것 같다. 코로나가 가져온 언택트 시대가 다 부정적인 것만은 아닌 것이, 예를 들어 온라인으로 화상 소그룹 모임을 하다 보니까 평소 오프라인 소그룹 모임에 잘 참석할 수 없었던 지방이나 해외에 있는 멤버들까지 다 참석할 수 있게 되었다. 온라인 시대 문화의 이런 이점들을 잘 이용하면 오히려 새로운 목양의 기회가 열릴 수 있다.

무엇보다도 이 힘든 시대를 살아가는 청년 밀레니엄 Y세대(1981~1996년생)와 1997년 이후 태어난 Z세대를 잘 보듬어야 할 것이다. 그리고 그들이 결혼하여 낳은 어린 자녀들을 위한 새로운 주일학교 시스템 구축에 투자해야 한다. 벌써 상당수의 한국교회에서 주일학교나 청년 대학부가 없어지거나 간신히 명맥만 유지하는 상태다. 그렇게 귀한 청년들에게 또 이단 세력들이 득달같이 달려들어 유혹하고 있다. 신학교들도 기독교 상담학의 수요는 늘어나는 데 반하여 기독교 교육학과는 눈에 띄게 축소되고 있는 안타까운 실정이다. 우리는 총력을 기울여서 다음 세대 신앙교육에 올인해야만 한다.

특히 다음 세대를 위한 온라인 사역에 본격적으로 나서야 한다. 지난 몇 달 동안 새로운교회는 주일학교 온라인 예배 콘텐츠 제작에 최선을 다했고, 이것은 중국이나 해외 선교지로도 퍼져나가 많은 분의 사랑을 받고 있다. 무엇보다도 아이들을 위한 온라인 예배 콘텐츠가 부모들도 함께 예배드리는 가정 예배의 불쏘시개 역할을 해준 것이 너무 소중한 발견이었다.

주님은 한국교회가 이 코로나19 폭풍의 파도 위를 걸어오기를 원하실 것이다. 한 번도 가보지 않은 길이라 다들 불안하고 떨리지만 믿음으로 담대히 나선 베드로처럼 우리 주님을 믿고 시도라도 해봐야 하지 않겠는가.

chapter 22

생각보다 고난이 오래갈 때

민수기 20장 14-29절

¹⁴ 모세가 가데스에서 에돔 왕에게 사신을 보내며 이르되 당신의 형제 이스라엘의 말에 우리가 당한 모든 고난을 당신도 아시거니와 ¹⁵ 우리 조상들이 애굽으로 내려갔으므로 우리가 애굽에 오래 거주하였더니 애굽인이 우리 조상들과 우리를 학대하였으므로 ¹⁶ 우리가 여호와께 부르 짖었더니 우리 소리를 들으시고 천사를 보내사 우리를 애굽에서 인도하여 내셨나이다 이제 우리가 당신의 변방 모퉁이 한 성읍 가데스에 있사오니 ¹⁷ 청하건대 우리에게 당신의 땅을 지나가게 하소서 우리가 밭으로나 포도원으로 지나가지 아니하고 우물물도 마시지 아니하고 왕의 큰길로만 지나가고 당신의 지경에서 나가기까지 왼쪽으로나 오른쪽으로나 치우치지 아니하리이다 한다고 하라 하였더니 ¹⁸ 에돔 왕이 대답하되 너는 우리 가운데로 지나가지 못하리라 내가 칼을 들고 나아가 너를 대적할까 하노라 ¹⁹ 이스라엘 자손이 이르되 우리가 큰길로만 지나가겠고 우리나 우리 짐승이 당신의 물을 마시면 그 값을 낼 것이라 우리가 도보로 지나갈 뿐인즉 아무 일도 없으리이다 하나 ²⁰ 그는 이르되 너는 지나가지 못하리라 하고 에돔 왕이 많은 백성을 거느리고 나와서 강한 손으로 막으니 ²¹ 에돔 왕이 이같이 이스라엘이 그의 영토로 지나감을 용납하지 아니하므로 이스라엘이 그들에게서 돌이키니라 ²² 이스라엘 자손 곧 온 회중이 가데스를 떠나 호르 산에 이르렀더니 ²³ 여호와께서 에돔 땅 변경 호르 산에서 모세와 아론에게 말씀하시니라 이르시되 ²⁴ 아론은 그 조상들에게로 돌아가고 내가 이스라엘 자손에게 준 땅에는 들어가지 못하리니 이는 너희가 므리바 물에서 내 말을 거역한 까닭이니라 ²⁵ 너는 아론과 그의 아들 엘르아살을 데리고 호르 산에 올라 ²⁶ 아론의 옷을 벗겨 그의 아들 엘르아살에게 입히라 아론은 거기서 죽어 그 조상에게로 돌아가리라 ²⁷ 모세가 여호와의 명령을 따라 그들과 함께 회중의 목전에서 호르 산에 오르니라 ²⁸ 모세가 아론의 옷을 벗겨 그의 아들 엘르아살에게 입히매 아론이 그 산 꼭대기에서 죽으니라 모세와 엘르아살이 산에서 내려오니 ²⁹ 온 회중 곧 이스라엘 온 족속이 아론이 죽은 것을 보고 그를 위하여 삼십 일 동안 애곡하였더라

내가 좋아하는 찬송 중에 〈나의 갈 길 다 가도록〉이라는 곡이 있다. 그 찬송의 마지막 후렴 가사는 "무슨 일을 만나든지 만사형통하리라"이다. 크리스천은 삶의 모든 영역에서 예수님의 인도를 받는 사람이며, 예수님만 의지하고 따라가면 무슨 일을 만나든지 만사형통할 것이다. 그런데 이 '만사형통'이라는 말을 잘 이해해야 한다. 모든 일이 내가 원하는 대로 쑥쑥 풀린다는 뜻이 아니기 때문이다. 신실한 크리스천도 사업에 실패하기도 하고, 실직하기도 하고, 좌천되기도 하고, 어려운 병에 걸리기도 한다. 가슴에 품은 죄도 없고 나쁜 일을 한 것도 아닌데 자신의 삶에 어려운 고난이 닥칠 때 의외로 많은 크리스천이 크게 흔들린다. '내가 무슨 잘못을 했길래 하나님이 이런 고난을 주시나?' 싶은 것이다.

그러나 하나님께서 우리의 인생에 역경의 시간을 허락하실 때는 꼭 우리가 뭘 잘못해서만은 아니다. 때로는 본문의 이스라엘 백성들처럼 약속의 땅에 진입하기 직전에 가장 고난의 무게가 극심해지기도 한다. 그리고 거기에는 하나님의 신비한 뜻이 숨어 있다. 길어야 한두 달일 줄 알았던 코로나 사태가 장기화되고 있다. 2020년은 겨울, 봄, 여름, 이렇게 세 계절 계속해서 코로나와 싸우며 보내게 될 것 같다. 요즘처럼 생각보다 고난이 오래 갈 때 우리는 본문의 말씀을 특별히 가슴에 깊이 새기며 묵상할 필요가 있다.

민수기 20장에 이스라엘 백성들이 당한 큰 고난의 사건 두 가지가 나오는데, 하나는 에돔 왕에게 영토 통과를 거절당한 사건이고, 하나는 모세와 함께 이스라엘 민족을 40년 동안 이끌어왔던 큰 지도자 아론의 죽음이다.

첫 번째 고난, 에돔의 장벽

백성들이 현 위치인 가데스 바네아에서 가나안 땅으로 들어가자면, 지형상 사해 남단을 거쳐 요단 동편으로 나가는 것이 가장 빠르고 적합했다. 그러자면 남쪽을 장악하고 있는 에돔 족속의 영토를 통과해야만 했다. 에돔은 사해 남단에서부터 아카바 만까지의 영역을 차지하고 있었다. 14절을 보자.

> 모세가 가데스에서 에돔 왕에게 사신을 보내며 이르되 당신의 형제 이스라엘의 말에 우리가 당한 모든 고난을 당신도 아시거니와 민 20:14

모세는 에돔과 이스라엘이 혈연관계에 있는 형제 민족이라는 점을 강조한다. 에돔은 에서의 후예들이다. 에서는 이스라엘의 조상이 되는 야곱의 쌍둥이 형이다. 당시 야곱이 에서가 받아야 할 장자의 명분을 교묘히 훔치는 바람에 두 형제의 갈등이 깊어졌었다. 그 후 성공한 야곱이 돌아와서 일시적인 화해를 하긴 했으나 두 후손은 결국 하나가 되지 못했고, 에서의 후예들은 세일 산 부근으로 이주해서 오늘날 에돔 족속을 이루었던 것이다. 모세는 이런 갈등의 역사는 은근히 회피하면서 서로 형제관계라는 사실만을 강조한 것이다.

'우리가 당한 모든 고난'은 히브리어로 굉장한 아픔과 진통을 나타낸다. 잘살아보겠다고 이민 갔던 애굽에서 졸지에 노예로 전락해 400년간 겪었던 온갖 고생과 수모를 의미한다. 모세는 에돔을 향해 형 에서를 속인 야곱의 후손인 우리에게 감정이 좋지 않겠지만, 그 이후 우리도 죽을 고생을 했다고 말한다. 힘들었던 고난의 역사를 언급하면서 최대한 자신을 낮추어 에돔 왕의 동정심을 끌어내려 한 것 같다. 계속해서 15, 16절을 보자.

> 우리 조상들이 애굽으로 내려갔으므로 우리가 애굽에 오래 거주하였더니 애굽인이 우리 조상들과 우리를 학대하였으므로 우리가 여호와께 부르짖었더니 우리 소리를 들으시고 천사를 보내사 우리를 애굽에서 인도하여 내셨나이다 이제 우리가 당신의 변방 모퉁이 한 성읍 가데스에 있사오니 민 20:15,16

모세는 전능하신 하나님께서 이스라엘 역사에 직접 개입하셔서 이스라엘 민족을 도와주고 계심을 강조한다. 자신들은 하나님이 함께하시는 민족이니 자신들을 도와주면 에돔에도 득이 되지 해가 되지는 않을 것이라는 은근한 암시를 준 것일까?

이어지는 17절을 보면, 모세는 에돔 왕에게 에돔 영토 내를 관통하는 '왕의 큰길'을 사용하게 해달라고 간청한다. '왕의 길'(The King's Highway)은 어떤 길을 의미하는가? 팔레스타인은 고대로부터 주변 국가 간의 무역과 문화 등의 교류가 자연스럽게 이뤄지는 근동의 중심지였다. 그래서 비교적 일찍부터 고도로 발달된 도로망을 형성할 수 있었다. 모세가 언급한 '왕의 큰길'은 고대 팔레스타인의 남북을 관통하는 네 개의 큰 길 중 하나로, 다메섹과 아카바 만까지 사해와 요단 골짜기 동쪽의 땅을 남북으로 달리는 국제적인 무역로이다. 바산, 길르앗, 암몬, 모압, 에돔을 통과하여 애굽에 이르는 이 길은, 사막의 경계 부근을 주로 통과하는 까닭에 무엇보다도 국제 무역 대상들이 주로 이용하는 길이었다. 에돔인들은 이 왕의 대로를 따라 자신들의 성읍과 주요 주거지를 발달시켰는데, 이 길의 통과세를 받아 막대한 이익을 챙겼다.

하지만 2백만이 넘는 이스라엘 백성들과 수많은 가축이 에돔 영토를 통과하는 일은 보통 일이 아니었다. 그래서 모세는 상대가 무엇을 걱정하는지를 알고 예견되는 문제들에 대한 답을 미리 제시했다. 첫째, 에돔의 밭이나 포도원을 가로질러 가지 않겠다. 즉 농작물에 절대 피해를 주지 않겠다는 것이다. 둘째, 우물물을 마시지 않겠다. 사막 지대 사람들에게는 우물이 생명과도 같았다. 수백만의 사람들과 가축들이 지나가면서 그 우물들을 사용하면 에돔의 우물들은 그대로 말라버릴 수도 있었다. 그것은 곧 국가적 재앙이 될 것이었다. 셋째, 지정된 국도인 '왕의 큰 길'로만 움직일 것이며 이곳저곳 흩어져서 민폐를 끼치지 않겠다.

그러나 에돔은 이스라엘의 요청을 냉정하게 거절했다. 거절하는 정도가 아니라 물러가지 않으면 전쟁도 불사하겠다고 나왔다. 이스라엘은 그들의 군사력이 무서워서라기보다는 하나님께서 일찍이 에돔과 싸우지 말라는 명령을 주셨기 때문에 물러나는 수밖에 도리가 없었다. 결국 이스라엘은 에돔을 우회해서 홍해 길로 나갈 수밖에 없었다. 우회해서 가는 길은 에돔 땅을 통과하는 왕의 길과는 비교할 수 없을 만큼 오래 걸리고 불편하기 짝이 없는 길이었다. 거절당한 모세와 이스라엘 백성들의 마음은 참으로 착잡하고 슬펐을 것이다. 하나님이 야속하기도 했을 것이다.

하나님이 허락하신 우회 도로의 의미

그러나 하나님의 "No!"를 받아들일 수 있어야 진정한 하나님의 백성이다. 진정한 믿음은 어쩔 수 없는 장벽에 부딪쳤을 때 더 성숙히 영글어진다. 노력해도 안 되고, 빌어도 안 되는 에돔 같은 역경 앞에서 하나님은 이스라엘 백성들을 한 번 더 연단시키신다.

"사람이 감당할 시험 밖에는 너희가 당한 것이 없나니 오직 하나님은 미쁘사 너희가 감당하지 못할 시험 당함을 허락하지 아니하시고 시험당할 즈음에 또한 피할 길을 내사 너희로 능히 감당하게 하시느니라"(고전 10:13).

이런 에돔 같은 장벽에 부딪쳐 절망하고 있는 분이 있는가? 사업 때문에, 자식 때문에, 병 때문에 너무 오래 폭풍의 시간 속에 있는가? 노력해도 안 되고, 배경으로도 안 되고, 빌어도 안 되고, 아무리 발버둥쳐도 안 되는 그런 장벽 앞에 서 있는가? 하나님이 허락하신 벽이라면, 하나님이 허락하셔서 우회 길을 가야 한다면 더디 가더라도 분명히 뜻이 있다. 지금은 서럽고 힘들지만, 절망하지 말라.

우리는 "주님을 닮기 원합니다"라는 말을 자주 한다. 그러나 주님을 닮는 것이 쉽게 되는 것이 아니다. 하나님은 우리를 예수님과 같이 만들고 싶어 하시기 때문에 우리가 예수님이 경험하신 것과 같은 경험을 하게 하실 것이다. 외로움, 유혹, 스트레스, 비난, 거절 같은 많은 문제를 겪게 허락하실 것이다. 여기에 예수님처럼 온유와 겸손으로 반응해야 우리가 인격적으로 성숙해지고 영적으로 성장할 수 있다. 제대로 반응하지 않으면 분노와 낙심만 가득해지지, 성장하지 않는다.

갈라디아서 5장 22,23절에 보면 성령의 열매는 "사랑과 희락과 화평과 오래 참음과 자비와 양선과 충성과 온유와 절제"라고 했다. 모두 예수 그리스도의 인격을 설명하는 것이기도 하다. 아직 뭘 모르던 젊은 날에는 "주님, 제게 성령의 열매가 맺히게 하옵소서"라는 기도를 용감하게 많이 했다. 그런데 하나님께서 우리 안에 성령의 열매를 어떻게 맺게 하시는가? 하나님은 우리가 성령의 열매와 정반대의 특성을 드러낼 수 있는 상황을 주심으로써 우리의 삶 속에서 성령의 열매를 맺게 하신다.

예를 들어, 하나님은 사랑할 수 없는 사람들을 우리 주위에 두셔서 우리에게 사랑을 가르치신다. 계획대로 일이 진행되지 않고 혼란스럽고 당황스럽게 하심으로써 우리 안에 진정한 평안을 허락하신다. 정직함은 거짓을 말하게 하는 시험을 이김으로써 만들어지고, 겸손함은 우리가 자만하지 않으려 할 때 자라나며, 인내심은 포기하려는 시험을 이겨낼 때마다 강해진다. 시험을 이길 때마다 우리는 더욱 예수님을 닮아가는 것이다.

모든 문제는 예수님 닮은 인격을 쌓을 수 있는 기회다. 인격이 자라나는 것은 시간이 걸린다. 자꾸 조급하게 어려움에서 빨리 벗어나려고만 하지 말라. 제자도는 주님을 닮아가는 과정이다. 그리고 하나님은 하루아침에 이것을 이루게 하지 않으신다. 초스피드 시대를 살고 있는 우리는 속도에 집착하지만, 우리를 즉시 변화시키실 수 있는 주님은 우리를 천천히 발전시키는 방법을 택하셨다. 왜인가? 우리가 가진 대부분의 문제와 나쁜 습관이 하루아침에 만들어진 것이 아니기 때문이다.

따라서 그것이 순식간에 사라지기를 바라는 것도 비현실적이다. 우리 안에 쌓인 상처와 아픔과 옛사람의 잔재들을 제거하는 데는 시간과 노력이 필요하다. 그리스도의 성품이 우리 안에 만들어지기 위해서는 계속 연습하는 수밖에 없다. 하나님은 모세의 실력을 갖추는 데 40년, 인격을 다듬는 데 40년, 이렇게 80년에 걸쳐서 모세를 만드시고 나서 그를 지도자로 쓰셨다.

하나님이 우리 인생에 에돔 같은 장애물을 허락하시고 우회 도로로 돌아가게 하실 때, 우리는 낙담한다. 특히 이스라엘처럼 지긋지긋한 40년 광야 생활을 끝내고 약속의 땅 진입을 눈앞에 두고 있는 상황에서는 더 마음이 조급하다.

그러나 모든 지체되는 힘든 상황, 모든 장애물에는 하나님이 우리에게 가르쳐주고자 하시는 영적 레슨이 담겨 있다. 고통에서 아무것도 배우지 못하고 고통을 탈출하는 것은 고통을 낭비하는 것이다. "이 문제에서 빨리 벗어나게 해주세요"라고 기도하는 대신 "더욱 주님을 닮게 해주세요"라고 기도하라. "왜 나입니까? 내가 무엇을 잘못했습니까"라고 질문하지 말고 "내가 무엇을 배우기 원하십니까?"를 질문하라.

"너희에게 인내가 필요함은 너희가 하나님의 뜻을 행한 후에 약속하신 것을 받기 위함이라"(히 10:36).

시험은 우리가 계속 하나님께 의지하게 하고 그로써 우리의 영적 근육이 커져간다. 바람이 불면 나무뿌리가 더 튼튼해지는 것과 마찬가지다.

하나님의 공사 중

운전하고 가다가 길이 막히고 "우회"라는 표지판이 나올 때 상황을 보면 대부분 공사 중이다. 도로 수리 공사나 확장 공사, 아니면 지하 배관작업 같은 공사 중이다. 우리 인생에서도 길이 막혀서 돌아가야 할 때는 하나님께서 공사 중이신 것이다. 앞서 말했듯이, 먼저 우리 안에 성령의 열매가 갖춰지도록 우리의 인격 공사를 하시는 것이다.

또 나만 공사하시는 게 아니라 다른 형제자매들을 다 함께 공사하신다. 우회도로는 나만 걸리는 게 아니라 다른 차들도 다 같이 걸려서 돌아가야 한다. 하나님께서는 어떤 시련과 역경을 통해서 교회 전체가 돌아가게 하시면서, 모든 성도를 성숙시켜가시고 변화시켜가실 때가 있다. 또 우리를 둘러싸고 있는 상황을 공사하실 때가 있다. 1980년도 후반에 구소련이 무너지면서 공산권 철의 장막이 활짝 열릴 때, 모두가 충격을 받았다. 쉽게 붕괴될 수 없을 것 같았던 장벽을 이미 하나님께서는 안에서부터 무너뜨릴 공사를 하고 계셨던 것이다. 오히려 너무 갑자기 공산권 문이 확 열리니까 교회들과 선교 단체들이 그 열린 문으로 들어가서 복음 전도할 수 있는 기회를 '어어…' 하다가 놓쳐버리고, 많은 이단과 마약 밀매 같은 범죄 조직들에게 내주고 말았다.

하나님은 천천히 가시는 듯하지만 때가 되면 질풍같이 움직이신다. 우리에게 보이게 일하실 때도 있지만 우리가 보지 못하는 곳에서 일하실 때가 더 많으시다. 하나님은 낭비하는 시간이 없으시다. 하나님이 우리를 돌아가게 하실 때는 반드시 하나님의 공사가 무대 뒤쪽에서 진행되고 있음을 믿어야 한다. 그러므로 그 돌아가는 시간을 낭비하지 말고 기도하며 자신을 준비해야 한다.

약속의 땅 진입을 눈앞에 두고 이스라엘은 힘든 역경의 시간을 지나야 했다. 형제 나라라고 믿었던 에돔이 태산 같은 장벽이 되어 길을 막는 바람에 고달픈 우회 도로를 택해 돌아가야 했다. 그리고 얼마 후에 영적 지도자인 미리암과 아론도 차례로 세상을 떠났고, 모세도 죽음을 눈앞에 두고 있었다. 약속의 땅으로 곧 들어갈 때가 되었다는데 상황은 점점 어려워져갔다. 광야 생활 40년째, 이제 약속의 땅 진입을 눈앞에 둔 그해에 기다렸다는 듯 최악의 상황들이 한꺼번에 터지고 있다. 그러나 이스라엘 백성들은 다시 일어섰다.

새벽이 오기 전에 어둠이 그 절정에 달한다.

"시험을 참는 자는 복이 있나니 이는 시련을 견디어 낸 자가 주께서 자기를 사랑하는 자들에게 약속하신 생명의 면류관을 얻을 것이기 때문이라"(약 1:12).

"이젠 도저히 안 되겠다. 이젠 꼭 죽었다" 싶을 정도로 힘들 때가 오히려 이제 약속의 땅이 찬란하게 열릴 순간인 것이다. 오랜 연단의 시간이 끝나는 마지막 연단의 시간이다. 그러니 역경의 시간을 너무 복잡하게 생각하지 말고 하나님의 뜻을 믿고 잘 견뎌내야 한다. 하나님의 축복이 당신에게 넘치도록 있기를 바란다.

함께여서 다행입니다

요즘은 TV에서 사람이 꽉 들어찬 콘서트장이나 스포츠 경기장, 마스크 안 쓴 사람들이 거리를 가득 메우고 오가는 장면이 나오면 한눈에 '아, 이건 코로나 터지기 이전 영상이구나' 바로 알 수 있습니다. 그리고 동시에 한숨이 나오면서 이구동성으로 하는 말이 있습니다.

"언제쯤 저 시절처럼 모든 게 정상으로 돌아갈 수 있을까?"

비슷한 질문을 교회 성도들이나 목사님들도 끊임없이 하고 있습니다.

"언제쯤 교회가 예배당 문을 다시 활짝 열고 함께 모여서 예배드릴 수 있을까요?"

세계 최고의 개신교 국가라고 할 수 있는 미국에서도 수많은 교회들이 같은 문제로 고민하고 있는 모양입니다. 물론 교회와 예배 모임 역시 바이러스로부터 100퍼센트 안전할 수 없으므로 정부 방역 조치에 철저히 순응하며 교인들의 안전을 지키고, 교회의 사회적 책임을 다해야 한다고 믿습니다. 그러나 한편으로는 이렇게 한도 끝도 없이 집에서 온라인 예배만 드리고 있다가는 70년대에 미국 크리스천들이 TV로 집에서 예배를 시청하던 때처럼 함께 모여 하나님을 예배하는 예배 공동체로서의 감동을 잃어갈까봐 염려되기도 합니다.

그러나 저는 '언제쯤 이 사태가 종식될 것인가?'라는 질문 이상으로 중요한 질문이 '우리가 이 사태를 통해 무엇을 배우고 나아갈 것인가?'라고 생각합니다. 하나님이 우리에게 허락하시는 모든 고난에는 그 고난을 통해서만 배울 수 있는 특별한 영적 레슨이 있습니다. 그 영적 레슨을 제대로 배우지 못한 채로 고난이 끝나버린다면, 그것은 고통을 낭비하는 일이 될 겁니다. 언제쯤 코로나 사태가 끝날 것인지는 하나님만이 아시기 때문에 우리는 괜한 조바심을 버리고, 이 힘든 시간 동안 하나님이 우리에게 배우기 원하시는 것을 배워야 합니다. 고난의 때를 지혜롭게 잘 이겨낸 사람은 다가올 미래의 고난도 어느 정도 극복할 수 있는 능력을 갖게 됩니다.

고난을 낭비하지 않는 것

이번 코로나19의 위기에 우리나라가 비교적 선방할 수 있었던 것도 그런 이유 때문입니다. 오명돈 서울대병원 감염내과 교수에 의하면, 한때 한국에 감염병 예방 수칙을 전수해준 보건 선진국인 미국과 유럽이 이번 코로나19 사태 때 한국과 비교가 안 될 정도로 고전하고 있는 이유가, 사스와 메르스를 경험하지 않았기 때문이라고 합니다.

선진국의 감염병 전문가와 보건당국은 사스와 메르스 등을 보고 '보통 놈이 아니다. 앞으로 뭔가 큰 게 오겠구나' 하고 대비했을지 모릅니다. 그러나 일반 국민은 그렇지 않습니다. 당국뿐 아니라 국민 한 사람 한 사람이 경각심을 가지고 있어야 제대로 대응할 수 있는데, 몸으로 겪어보지 못한 위기에 대한 경각심이 그 국민들에게는 없었던 것입니다.

오 교수는 특히 코로나19 선방의 1등 공신으로 '메르스 경험'을 꼽습니다.

"메르스 경험이 우리에게 준비를 시켰다. 그게 없었으면 이만큼 했을까. 중국 우한처럼 봉쇄하지 않고도 시민들이 스스로 대응했다. 메르스 때 잘못하면 전국으로 퍼지는 것을 학습했기 때문에 사회적 거리두기를 잘 이행했다. 대구, 경북에서도 성숙한 시민의식을 보여줬다. 이런 모습은 다른 나라에서 볼 수 없던 것이다. 동남아는 2003년 사스를 마지막으로 경험했지만 한국은 사스 이후 메르스가 와서 (중동을 제외하고) 거의 유일하게 뼈아픈 경험을 했다."

또한 메르스 사태 때는 첫 환자 발생 이후 약 보름간 정부가 병원명을 공개하지 않다가 엄청난 역풍을 맞았습니다. 이번에는 확진 환자의 동선이 거의 실시간으로 공개됐고, 위치추적, 손목 밴드 등 다소 지나칠 정도의 동선 추적 기법이 동원됐습니다. 메르스를 겪지 않았다면 개인정보 보호냐, 공익이냐를 두고 논란을 겪다가 타이밍을 놓쳤을 수도 있습니다.*

한마디로 한국은 사스와 메르스 때의 고통을 낭비하지 않고 교훈을 배운 까닭에 코로나19라는 글로벌 팬데믹 상황에서 이 정도로 선방하고 있다는 것입니다. 반대로 이런 전염병들은 제3세계 후진국에서나 일어나는 일이라고 자만하던 서구 선진국들은 이번에 된서리를 맞았습니다. 잠언에 "교만은 패망의 선봉"(잠 16:18)이라고 했듯이, 자만과 교만이 그들의 발목을 잡은 것입니다.

오늘의 작은 고통을 우리가 낭비하지 않으면, 미래에 닥쳐올 큰 고통을 극복할 수 있는 힘이 될 것입니다. 그런 의미에서 한국교회가 지금 코로나로 인해 겪는 어려움을 기도로 잘 분별하여 감당해낸다면 미래에 닥쳐올 더 큰 재앙으로부터 교회를 지켜내는 예방백신이 될 것입니다.

《하나님과 팬데믹》의 저자 톰 라이트는 교회가 이 시기를 이스라엘의 바벨론 포로 생활과 비슷하게 보면 될 것이라고 했습니다. 우리는 '바벨론 강가에 앉아' 혼란스럽고 서러운 마음으로 수금을 걸어놓고 한없이 울고 있습니다(시 137:1 참조). 그러나 한편으로는 하나님께서 예레미야 선지자를 통해 말씀하신 것처럼 하나님이 뜻이 있어서 허락하신 이 시간을 너무 조급하게 탈출하려 하지 말고, 이 상황에 순응하면서 우리가 살고

---

* '메르스 안 겪은 미·유럽 코로나 실패, 세계 잃은 한국은 선방'(중앙일보 2020. 4. 22) 참조.

있는 '도시의 평안을 위해 기도'해야 합니다(렘 29:7 참조). 동시에 우리가 이 상황 속에 영원히 머물러 있지는 않을 것임을 기억해야 합니다.

하나님을 시험하지 말고 신뢰하라

모두가 당황하고 혼란스러워하고 있는 시대입니다. 역사학자 유발 하라리의 말처럼 코로나19 사태로 인해 지금 세상은 "오래된 규칙은 산산조각 나고, 새로운 규칙은 아직 쓰이지 않았습니다." 현재의 상황은 그 누구도 가보지 않은, 그렇기 때문에 그 누구도 "이거다!"라고 정답을 제시할 수 없는 힘든 시간인 것만은 확실합니다. 저도 목사로서 교회는 이 혼란스럽고 불안한 시기에 어떻게 대응하는 것이 좋은지 끊임없이 기도하며 고민하고 있습니다.

그렇지만 한 가지 확실한 것은 우리는 기도하며 하나님의 보호하심을 구하면서도 세상의 법 질서와 의학적 상식의 선을 존중해야 한다고 믿습니다. 16세기 중반, 종교개혁자 마틴 루터가 살고 있던 독일 비텐베르크에 흑사병이 덮쳤을 때, 루터는 "하나님을 시험하지 말고 신뢰하라"는 글을 책으로 펴냈습니다.

당시 어떤 크리스천들은 의사들의 치료나 약을 거절하고, 흑사병에 걸린 사람들이나 장소를 피하지도 않으면서, 그렇게 하는 것이 자신들의 믿음을 증명하는 것이라고 생각했습니다. 그러나 루터는 "그것은 하나님을 신뢰하는 것이 아니라 시험하는 것"이라고 했습니다. 하나님께서 약을 만드셨고 그것을 우리에 주셔서 그 지식으로 우리 몸을 지키고 보호하여 건강하게 살도록 하셨습니다. 따라서 이런 지식과 약을 사용하지 않는 자는 마치 자살하려는 것과 마찬가지라는 것입니다.

루터는 강하게 말했습니다.

"약을 먹어라. 집과 마당과 거리를 소독하라. 사람과 장소를 피하라. 하나님의 작정 안에서 악한 자가 독과 치명적인 병을 퍼뜨렸다. 그러므로 나는 하나님께 자비를 베푸셔서 우리를 지켜달라고 간구할 것이다. 그리고 나는 소독하여 공기를 정화할 것이고, 약을 지어 먹을 것이다. 나는 내가 꼭 가야 할 장소나 꼭 만나야 할 사람이 아니라면, 나와 이웃 간의 감염을 예방할 것이다. 혹시라도 나의 무지와 태만으로 이웃이 죽임을 당하게 해서는 안 되기 때문이다. 만일 하나님이 나를 데려가기 원한다면, 나는 당연히 죽게 되겠지만 적어도 내가 내 자신의 죽음이나 이웃의 죽음에 책임을 져야 할 일은 없을 것이다. 그러나 만일 이웃이 나를 필요로 한다면, 나는 누구든 어떤 곳이든 마다하지 않고 달려갈 것이다."*

이것이 루터가 말하는 하나님을 두려워하는 믿음입니다. 루터는 하나님을 시험하지 말고 신뢰하라고 권면했습니다. 진정한 믿음은 무모함이

---

* 장로회신학대학교 박경수 교수의 〈흑사병에 대한 종교개혁자들의 태도〉에서 발췌.

아닙니다. 의사도, 간호사도, 약도, 방역수칙도 다 하나님이 주신 선물입니다. 질병을 이기라고 주신 선물이니, 그것을 잘 사용하고 그들의 전문성과 조언에 따르는 것도 하나님을 따르는 일입니다. 한국교회는 지금까지도 잘해왔지만, 앞으로도 일반 사회의 방역 모범이 될 정도가 되어야 할 것입니다.

하지만 그러면서도 루터는 질병의 위험에 노출된 양들을 최선을 다해 끝까지 돌보았습니다. 당시 작센의 영주였던 선제후 요한은 루터를 비롯한 비텐베르크대학의 교수들에게 즉시 인근 도시인 예나로 피하라고 명했습니다. 그러나 루터와 동료였던 요하네스 부겐하겐은 도시를 떠나지 않고 머물러 있으면서 성도를 돌보았습니다.

방역은 당연히 철저히 해야 하는 것이지만, 힘든 때라고 해서 교회가 방역만 철저히 하고 목양에 손을 놓고 있어선 안 됩니다. 어떤 방법을 써서든 힘들어하는 성도의 곁을 지키면서 소망의 메시지를 전하고, 계속해서 중보기도해주며, 하나님의 은혜를 흘려보내야 할 것입니다.

하지만 루터는 양떼를 돌볼 다른 목회자가 있다면 굳이 불필요한 위험에 노출되지 않도록 위험지역을 떠나는 것도 잘못된 행동이 아니라고 조언했습니다. 순교를 각오하고 전염병에 맞서서 이웃을 돌보고 살피는 것은 매우 훌륭한 일이지만, 그렇다고 해서 모든 사람에게 이것을 강요하거나 그렇게 하지 못하는 연약한 믿음의 소유자를 정죄하는 것은 잘못된 일이라고 루터는 말합니다. 즉, 이럴 때일수록 성도들이나 교회들이 서로를 함부로 판단하고 정죄해서는 안 된다는 것입니다.

이런 사나운 폭풍이 몰아치는 재앙의 때에는 모두의 마음도 사나워져서 분노를 표출할 희생양을 찾기 마련입니다. 그래서 우리는 "이건 누구 때문이다, 어느 조직 때문이다"라는 섣부른 마녀사냥을 하지 말아야 합니다. 어려운 시기이기 때문에 모두가 최선을 다하고 있다고 믿어주어야 합니다.

포스트 코로나, 새로운 믿음의 시험

포스트 코로나 시대의 교회는 새로운 차원의 믿음의 테스트를 받을 것입니다. 한국전쟁 이래로 처음 예배당 문들이 닫히고 온라인 예배로 전환했을 때만 해도 한국교회 성도들은 그동안 예배를 당연시해왔던 것을 회개하며 간절한 마음으로 예배를 사모하고 교회를 사랑하는 마음이 새롭게 불일듯 일어났습니다. 그러나 코로나 시대가 반년 넘게 이어지면서 기류가 조금 이상하게 흐르기 시작했습니다.

2월 말부터 대부분의 교회들이 온라인 예배로 전환했고, 어느 정도 시간이 흐른 뒤의 일입니다. 견디다 못한 서울의 몇몇 중대형교회가 다른 교회들보다 조금 빨리 오프라인 예배를 재개했습니다. 교회 측은 '예배당 문을 다시 열고 오프라인 예배를 재개하면 예배를 그리워하던 성도들이 몰려들 것'이라고 생각했습니다. 그런데 뚜껑을 열고 보니 너무 적은 수의 성도들만 와서 교회측은 너무 당황하고 충격을 받았습니다. 목사들이 느끼는 것과 세상에서 살아가는 성도들이 느끼는 것이 많이 달랐던 것입니다.

직장생활 하는 성도 중에는 "주말에 교회 예배에 다녀온 사람은 꼭 회사에 얘기해달라"는 말을 들으며 마음에 큰 부담을 느꼈을 것입니다. 현실에서 이런 어려움을 겪는 성도에게 "의를 위하여 핍박 받는 것을 두려워하지 마십시오"라고 차마 말할 수는 없지 않겠습니까?

이처럼 성도들이 아직 오프라인 예배 참석에 소극적인 이유는, 사회에서 겪는 코로나 확산에 대한 불안감이 많았던 것이 주된 이유였지만, 부분적으로는 처음에는 어색하던 온라인 예배도 하다 보니 익숙해지고 오히려 편하게 다가온 이유도 있다고 합니다.

한 번 사는 인생, 최대한 여가를 즐기며 살아야 한다는 '욜로' 문화가 만연한 젊은 세대에게 코로나19가 온라인 예배 문화를 정당화시켜주는 편리한(?) 명분이 되어준 것은 아닌가 하는 안타까움도 있습니다. 이런 어려운 시대에 하나님을 섬기는 교회와 성도로서 꼭 기억했으면 좋겠다고 생각한 것들이 있습니다.

첫째, 목회자와 리더들은 이전보다 훨씬 더 섬세하고 따뜻하면서도 적극적인 목양과 양육을 해야 합니다. 비대면 화상전화로 하는 심방도 심방입니다. SNS 채팅도 심방입니다. 우리는 모든 수단을 동원해서 힘든 성도들에게 사랑을 표현해야 하고, 그들의 고통의 호소를 들을 수 있는 채널을 만들어주어야 합니다.

둘째, 설교와 예배에 정말 정성을 쏟아야 합니다.

어차피 온라인으로 집에서 예배를 드리게 되면, 꼭 자기 교회 목사님 설교만 듣는 게 아니라 국내외 여러 교회 목사님들의 설교를 유튜브로 들을 수 있습니다. 특히 젊은 세대 크리스천들은 자신이 출석하는 교회 외에도 적어도 서너명의 다른 교회 목사님들 설교를 유튜브로 듣는다고 합니다.

이전에는 목사님의 설교가 마음에 들지 않아도 이미 맺어진 끈끈한 인간관계나 지리적 편리함 때문에 자기 교회를 떠나지 못하는 경우가 많았습니다. 그러나 코로나로 인해 보편화된 온라인 예배는 성도들에게 새로운 영적 꼴을 찾아 사방으로 흩어질 수 있는 명분을 만들어주었습니다. 어쩌면 온라인으로 다른 지역에 있는 교회 목사님 설교를 듣고, 온라인으로 그 교회에 등록하고, 헌금도 온라인으로 하는 교인들도 생길 것입니다. 코로나19 사태가 끝나고 다시 오프라인 예배가 재개될 때 각 교회마다 상당한 교인들의 이동과 변화가 있을지도 모릅니다. 지금까지 우리가 모이는 교회를 지향했다면 이제는 흩어지는 교회를 받아들여야만 할 것입니다.

그러나 이런 상황은 오히려 모든 목회자와 교회들이 초심으로 돌아가 영적 긴장감을 다시 회복하여 혼신의 힘을 다해 불멸의 복음을 새로운 정열로 전하게 되는 계기가 될 수도 있습니다. 눈물의 기도와 성령의 감동이 흐르는 강단에서 선포되는 살아 있는 복음. 그것은 흩어진 성도들을 다시 끌어들이는 강력한 매력이 될 것입니다.

셋째, 이것이 새로운 선교의 기회가 될 수도 있습니다. 이제는 모든 교회가 이전보다 더 지극한 정성으로 온라인 예배 콘텐츠와 주일학교 콘텐츠 등을 제작해서 공유하는 데 더 노력을 기울일 수밖에 없습니다. 이는 핍박받는 지역의 성도들에게 이전보다 훨씬 다양한, 최고의 영적 콘텐츠가 공급될 수 있음을 뜻합니다. 그 옛날 웨슬리가 말했던 "세계가 나의 교구"인 시대가 급격히 도래해버린 것입니다. 풀타임 선교사 몇 가정을 파송하는 예산이면 온라인 선교 콘텐츠 제작을 충분히 감당할 수 있습니다.

넷째, 동시에 코로나19 사태로 인해 선교지에서 물러나 국내에 들어와 계신 선교사님들이 영적으로 재무장되고 재충전하도록 한국교회가 적극 도와야 한다고 믿습니다. 경남 가덕도에는 각국에서 들어온 90명이 넘는 선교사 가정이 모여 있는데, 저는 그 분들을 만나보고 그 헌신과 실력에 감동을 받았습니다. 이렇게 다양한 나라에 파송되었던 다양한 배경의 선교사님들이 이렇게 장시간 한군데 모여 있을 수 있는 것은 코로나19 때문입니다. 이 기회를 놓치지 말고 이분들이 한국에 계신 동안 잘 섬겨드려야겠다는 생각을 했습니다.

다섯째, 영적 깊이를 다지는 시간으로 삼아야 합니다. 휴가 차 남해에 갔을 때 그곳에 있는 유배문학관이란 곳을 방문한 적이 있습니다. 조선시대 때 치열한 당파싸움으로 수많은 양반들이 남해로 유배를 왔다고 합니다. 권력을 잃고, 가족으로부터 떨어져 외지로 귀양온 그들은 처음 한동안은 슬픔과 낙심에 빠져 아무것도 못하다가, 어느 순간부터는 평소에 못 보던 책들도 더 많이 읽게 되고 자연 속에서 더 많이 생각하고 의식주를 단순하게 하면서 소박한 시골 사람들과 접하다 보니 내면세계가 깊어지게 되었습니다. 그 열매로 쓰인 작품들의 깊이와 감동은 상상을 초월합니다.

김만중의 《사씨남정기》나 정약용의 《목민심서》 같은 명작들이 다 유배생활 중에 집필된 작품들이고, 그 외에도 유배생활 중에 나온 좋은 작품들이 워낙 많아서 '유배 문학'이란 문학 카테고리까지 생겼습니다. 〈삶이 그대를 속일지라도〉를 쓴 러시아의 시인이자 소설가 푸시킨이나 《죄와 벌》의 저자 도스토옙스키도 오랜 유배생활 끝에 인류 문학사에 길이 남을 작품들을 많이 써냈다고 합니다. 우리가 많이 묵상하는 시편의 상당 부분이 다윗이 광야 유배 시절에 쓴 묵상글이며, 신약성경의 상당 부분도 바울이 감옥에서 쓴 옥중서신들 아닙니까?

활발하게 사역하다가 잠시 멈춘 목회자나 선교사들 혹은 성도들이 유배생활을 하고 있는 것은 아니지만 정상적인 목회 활동과 신앙 활동을 대부분 못하게 된 것만은 사실입니다. 이 기간에 낙심만 하고 있을 것이 아니라 평소에 못하던 독서와 기도를 더 많이 하고, 배워야 할 것들을 배우면서, 깊은 자기 성찰과 함께 글도 쓰는 계기로 삼아야 할 것입니다. 그동안 한국교회의 많은 목회자들과 선교사들이 쉬지 못하고 바쁘게 달려왔는데, 어쩌면 하나님이 코로나19 사태로 인해 우리에게 쉼표를 찍어주신 것인지도 모르겠습니다. 이 시간을 낭비하지 말고 다음 시즌을 위한 깊은 영적 준비를 하는 기간으로 만들어보면 좋겠습니다.

여섯째, 우리는 다시 한번 교회와 세상과의 관계에 대해 심각하게 고민하고 더 지혜로워져야 할 것입니다.

한국에는 6만 개가 넘는 크고 작은 교회들이 있습니다. 그중에서 코로나19 확진자가 나온 교회들은 사실 몇 교회 되지 않습니다. 그만큼 한국교회 스스로 치열하게 정부 지침에 따라 방역을 성실히 한 것입니다. 확률적으로 보면 교회의 방역은 칭찬받아 마땅한 수준인데도 불구하고 정부와 언론은 교회에 대해 이해하기 어려울 정도의 혹독한 잣대를 들이댔습니다. 급기야 7월 중순, 국무총리가 교회의 모든 소모임 중지 행정조치를 전국 교회에 내렸을 때 저는 정말 놀랐습니다. 얼마 안 가 철회된 조치이긴 했지만, '이렇게까지 될 수 있구나' 싶었습니다. 거기다가 "교회가 이런 위험을 감수하고 예배를 강행하는 것은 헌금 때문 아닌가"라는 사나운 말까지 나왔을 때는 정말 마음이 아팠습니다. 세상에 헌금 때문에 예배하는 교회가 어디 있습니까? 만약 그런 교회가 있다면 그건 교회가 아닐 것입니다. 이 모든 정황을 보면서 문득 이런 생각이 들었습니다.

'세상은 교회가 힘을 가지고 있다고 생각하는구나. 그리고 그 힘을 견제해야 한다고 생각하는구나.'

옛날, 초대교회 때도 교회는 세상의 온갖 비난과 핍박을 받았습니다. 그리스도인들이 종교 모임에서 비도덕적인 행위들을 한다는 비난을 받았습니다. 사람의 육체를 먹고, 술에 취하고, 음란한 행위를 일삼는데, 특히 근친상간을 한다는 의심을 받았습니다. 실상은 성도들이 핍박을 피해 주로 밤에 모여 예배드리는 것, 성만찬 때 주님이 "이것은 내 몸이고 내 피니 이를 먹고 마실 때마다 나를 기념하라" 하신 말씀을 두고 그렇게 곡해한 것입니다. 그리고 성만찬 때 포도주를 마시고, 서로를 형제와 자매로 부르고, 서로에게 "거룩한 입맞춤으로 문안하는 것"이 다 곡해되어 해석되었습니다.

기독교는 또한 감독과 장로와 집사의 조직, 지역마다 노회와 공회라는 체계적인 조직이 갖춰져 있었기에 로마 정부는 항상 기독교를 의심했습니다. 황제를 신으로 여기고 모든 로마인들이 다 황제에게 제사를 드리는데 기독교인들만 그것을 거부했고, 스스로를 '그리스도의 군사'라고 자부했으니 로마 정부는 더 심사가 뒤틀렸을 것입니다. 그래서 로마대화재나 전염병이 창궐하는 것 같은 국가적 대재앙이 올 때마다 그것을 핑계로 대대적인 기독교 탄압을 일삼았던 것입니다. 뿐만 아니라 교회 안에 많은 배교자들이 나오게 유도해서 교회를 분열시키는 교묘한 공작도 벌였습니다.

물론 그 시대와는 비교할 수 없을 만큼 좋은 상황에서 우리는 살고 있지만, 그래도 세상에 대한 환상을 품지 말아야 한다는 것은 확실해졌습니다. 한국교회는 그간 한국 사회복지 분야의 70퍼센트에 달하는 섬김을 감당할 정도로 약자를 섬기고 돌보는 일을 많이 해왔습니다. 그런데도 세상이 교회를 보는 눈은 이토록 사납습니다. 그렇기 때문에 교회는 세상과의 소통에 대해서 좀 더 적극적일 필요가 있습니다. 초대교회에서는 클레멘트(Clement)나 오리겐(Origen) 같은 뛰어난 변증가들이 나서서 사회 곳곳에서 무서운 오해와 지탄을 받고 있는 교회를 논리적으로 변호했는데, 한국교회에도 C.S. 루이스 같은 뛰어난 변증가들이 많이 배출되었으면 좋겠습니다. 그래서 기독교의 진리를 지혜롭고 겸손한 방법으로 세상에 전하고 나누고 알리는 일들이 많이 일어났으면 좋겠습니다.

일곱째, 사회 현상 뒤에서 역사하는 영적 전쟁을 감지하고 그에 맞서서 싸우는 일에 깨어 있어야 할 것입니다.

특히 지금 한국교회는 국회에 발의된 '포괄적 차별금지법' 반대를 위해 힘을 모으고 있습니다. 이 법안은 사람의 성별, 장애, 나이, 인종, 국적, 종교 등 23개 영역에서 이유없는 차별을 받지 않도록 사회적 약자를 보호한다는, 즉 모두가 평등한 대우를 받는 세상을 만들자는, 표면적으로는 너무나 그럴듯한 명분을 내세우고 있습니다.

그러나 문제는 이 보호받아야 할 '약자'의 범위 안에 성소수자까지 포함되어 있다는 사실입니다. 하나님께서는 분명히 사람을 아담과 하와, 남성과 여성으로 창조하셨습니다. 그러나 이 법이 말하는 성소수자 중에는 남성, 여성 외에도 '분류할 수 없는 성'이 규정되어 있습니다. 동성애자, 양성애자, 트렌스젠더 등이 여기에 다 포함되는 겁니다. 포괄적 차별금지법이 통과되면 우리 자녀들이 학교에서 이런 것들을 아무 여과장치 없이 배우게 되며, 만약 설교자가 동성애를 반대하는 설교를 하면 (온라인상으로든 오프라인상으로든) 설교자와 교회가 처벌을 받을 수도 있습니다.

이미 이 법을 통과시킨 유럽이나 미국, 캐나다 같은 국가들은 사회적으로 엄청난 혼란을 겪고 있습니다. 동성애자들끼리 결혼하여 아이를 입양해서 키우면서 가정 질서가 무너지고 있으며, 군대나 학교 기숙사들이 겪는 혼란도 큽니다. 미국의 많은 주에 가보면 화장실도 '남자, 여자, 양성'

세 개로 나눠져 있는 경우가 많습니다. 미국과 캐나다의 큰 교단들이 동성애자 목회자 안수를 통과시키고 나서 동성애를 반대하는 설교를 한 목사와 교회들이 얼마나 핍박 받고 있는지 모릅니다.

이런 법이 한국에서도 통과되면 성 윤리의 타락과 가정의 붕괴로 심각한 사회적 악영향을 초래할 수 있습니다. 미국에서 청소년기와 청년기를 보낸 저는 그 병폐를 똑똑히 목격한 바 있습니다. 그런데 지금 우리나라도 그 혼란스런 길을 가자는 것입니다.

뿐만 아니라 포괄적 차별금지법이 통과되면 종교차별 금지라는 명목하에, 한국교회를 어지럽혀온 여러 종파의 이단을 이단이라고 비판하는 것도 나라법으로 처벌받게 됩니다. 약자의 평등을 위한다는 이 법은 오히려 대다수의 국민들을 역차별할 차별금지법이 될 것입니다. 저는 이제 한국교회 목회자와 성도들이 더 이상 침묵하지 말고 깨어 일어나 이 법이 국회에 상정되어 통과되는 것을 막아야 한다고 믿습니다. 우리와 우리 후손들이 살아갈 이 땅이 거룩하고 건강한 나라가 되도록 우리는 반드시 그렇게 해야 합니다.

우리는 이 문제를 가볍게 생각해선 안 됩니다. 단순히 이번에 이 법안을 저지하는 것만으로 쉽게 끝날 문제가 아닙니다. 이 뒤에는 동서양을 막론하고 오래전부터 교회를 공격해온 무서운 어둠의 세력의 손길이 있습니다. 어쩌면 코로나19로 인한 충격보다 더한 충격의 파도가 앞으로 한국교회를 서서히 흔들어 댈 것입니다.

한때 기독교의 중심이었던 유럽과 미국의 교회가 어떻게 무너져 내렸는 가를 생각해보십시오. 19세기 중반 독일의 자유신학자들은 성경이 완전한 하나님의 말씀이 아님을 주장하면서 성경의 권위를 흔들었습니다. 동시에 인간이 원숭이로부터 진화했다는 진화론이 유럽의 젊은 인텔리들 사이에서 불같이 번져 나갔습니다. 때맞추어 지그문트 프로이트는 인간이 본능적으로 성적 욕망을 추구하는 존재임을 설파하면서, 서구 사회의 도덕성 타락에 이론적 힘을 실어주었습니다.

마르크스의 공산주의 혁명가들은 "종교(특히 기독교)는 인민의 판단력을 흐리는 아편"이라고 하면서 하나님을 부인했고, 레닌과 스탈린, 마오쩌둥이 붉은 혁명을 일으키는 곳마다 가장 먼저 한 일이 교회를 무너뜨리고 성직자들을 숙청하는 것이었습니다. 히틀러의 나치 정권도 독일 교회 안에서 경건한 복음주의 성직자들을 무자비하게 숙청해버렸습니다. 성경의 권위를 흔들어 놓고 나니까 하나님에 대항하는 독버섯 같은 사상들이 서구를 휩쓴 것입니다. 《두 왕국의 충돌》(Kingdoms in Conflict)의 저자 척 콜슨은 20세기 세계를 피로 물들였던 공산주의와 파시즘, 극좌와 극우의 두 사상은 모두 반기독교적이었음을 지적하면서, 이들의 뒤에는 교회를 공격하는 무서운 악의 세력이 도사리고 있다고 했습니다.

이 모든 혼탁한 유럽의 정신문명이 60년대에는 미국을 휩쓸었습니다.

청교도 조상들이 믿음으로 세웠던 나라 미국이 공립학교에서 기도와 말씀 읽기를 폐지했습니다. 창조론이 아닌 진화론이 학교에서 아이들에게 정설로 가르쳐지기 시작했습니다. 동성애가 들불처럼 번지기 시작했습니다. 이들은 인종차별 받는 흑인들과 소수 민족과 연대하여, 차별에 항거하는 동지들이 되었습니다. 처음에는 보수 기독교인들로 이뤄진 미국 주류 사회에 발도 붙이지 못했지만, 수십년간 이들은 미국의 대학 캠퍼스들과 트렌드에 민감한 해안가 도시들(샌프란시스코, 뉴욕 등)을 중심으로 젊은이들 사이에 지지 세력을 넓혀 갔습니다. 그리고 오늘날 유럽과 북미 대륙에서 보수 기독교를 코너로 몰아 넣을 정도로 큰 세를 과시하고 있는 것입니다. 이들은 오랜 세월 치밀하고 조용하게 동성애자들의 권리를 보장하는 법안들을 로비해서 통과시켰습니다.

성경의 권위를 부인하고 나서는 창조론 대신 진화론, 그리고 나서는 동성애를 정당화시키는 과정과 전략이 놀랍도록 무섭습니다. 겉으로는 세련되고 온화한 화법을 구사하지만, 그들은 자기들을 반대하는 보수 기독교인들에게 한물 간 '꼴통 보수' 프레임을 덮어 씌웁니다. 포용력이 없다고 하고 사랑이 없는 근본주의자들이라고도 비난합니다. 포괄적 차별금지법 통과를 위해 끊임없이 뛰고 있는 우리 나라 진보 진영의 사상도 여기에 맞닿아 있습니다. 차마 어린 자녀들에게 눈뜨고 보여줄 수 없는 음란한 퀴어 축제를 서울시에서 적극 지원하고 허락했다는 사실을 가볍게 보면 안 됩니다. 이들에게는 성경을 있는 그대로 믿고 가르치는 보수 기독교는 눈엣가시 같은 존재일 수밖에 없습니다. 우리는 깨어 기도하며 악의 확산을 막는 그리스도의 선한 군대로 담대히 서 있어야 합니다. 냉정하고 체계적으로, 하나님이 주신 지혜로 세상의 거짓 논리와 맞설 기독교 변증학자들이 많이 배출되어야 하겠습니다.

여덟째, 아무리 사회를 열심히 잘 섬기고, 변증을 잘 한다고 할지라도, 이것은 세상의 힘 뒤에 숨어 있는 악의 권세와의 영적 전쟁이기 때문에 한계가 있음을 인정해야 합니다. 그래서 더욱 기도와 말씀에 힘쓰며, 영적인 담대함을 가져야 하고, 무엇보다 크리스천들끼리 서로 믿어주고 사랑해야 합니다. 교회 공동체 안에서 분열이 일어나면 안 됩니다. 교회가 하나님 앞에서 회개할 죄가 있다면 엎드려 회개하고 고칠 것이지만, 부당하고 불의한 세상 권력이 이유 없이 압박해 올 때는 함께 힘을 합쳐 일어나 교회를 지켜야 할 것입니다.

아홉째, 우리는 더욱 겸손해져야 합니다. 기독교 역사학자 앤드류 월스는 기독교의 중심은 항상 다른 곳으로 이동해왔는데, 그것은 기독교의 핵심에 나를 죽이는 겸손한 십자가 복음이 있기 때문이라고 했습니다. 기독교가 섬김의 자리가 아닌 권력과 부의 자리를 오래 차지하면, 십자가의 메시지가 희석되고, 기독교는 점잖고 안전한 종교로 변질된다고 했습니다. 그러면 진짜 기독교는 그곳을 떠나 다른 곳으로 이동하기 시작한다는 겁니다. 이번 코로나19 사태로 인해 세상으로부터 받는 오해와 핍박에 억울하다고만 할 것이 아니라, 더욱 겸손해지고 십자가 복음의 기본 정신으로 다시 돌아가는 계기로 삼아야 할 것입니다.

열째, 새로운 패러다임을 준비하는 동시에 옛 믿음의 유산에서 지혜를 배워야 합니다. C. S. 루이스는 "옛것이라고 반드시 악한 것이 아니고 새 것이라고 반드시 선한 것도 아니다"라고 했는데, 정말 그렇습니다. 코로나19로 인하여 우리에게 몰려온 뉴노멀 시대에 맞는 새로운 영적 패러다임을 짜는 것은 필요하지만, 그것이 우리가 믿음의 선진들로부터 이어받은 귀중한 영적 유산을 모두 폐기하라는 뜻은 아닙니다. 오히려 그들의 역사에서 우리가 이 난국을 뚫고 나갈 수 있는 미래의 지혜를 배울 수 있습니다. 제가 이 책에서 전염병이 돌았을 때 오히려 더욱 빛을 발했던 초기 한국 선교사님들의 이야기와 종교 개혁자들의 이야기를 다룬 것도 그 때문입니다. 세상은 변해도 하나님은 불변하십니다. 우리는 하나님을 더욱 절실히 바라보면서 하늘의 지혜와 힘을 새롭게 공급받아야 합니다. 그래야 이 힘든 폭풍의 시대를 뚫고 비상할 수 있습니다.

하나님의 사람이 돌파구가 되어야 한다

코로나19 사태가 길어지면서, 우리 모두가 피부로 체감하게 된 것은 제대로 된 리더십의 부재입니다. 세계 최강대국이라고 하는 미국의 트럼프나 중국의 시진핑, 일본의 아베, 러시아의 푸틴, 영국의 존슨 총리 등 세계의 지도자들이 팬데믹에 대처하는 모습이 얼마나 실망스러운지 모릅니다. 지도자는 이런 위기의 때에 전문가들의 의견을 객관적으로 분석하며 냉정하고 침착한 결정들을 내리고, 국민들을 안심시키고 격려하며 서로 하나가 되도록 해야 합니다. 그런데 말 한 마디를 해도 태산 같은 무게감이 있어야 하는 이 시국에 지도자들이 너무 말을 쉽게 함부로 합니다. 이런 경박한 언행들이 SNS를 타고 순식간에 전 세계로 계속 퍼지면서 사람들의 불안과 분노를 더 가중시키고 있습니다.

우리나라도 예외는 아닙니다. 국민들의 마음을 하나로 모으고 힘을 모아야 하는 이 때에 정치인들의 모습은 오히려 국민을 분열시키고 혼란스럽게 하는 모습입니다. 무책임한 말들을 쉽게 내뱉고는 여론 반응에 따라 자기가 한 말들을 다시 손바닥 뒤집듯 뒤집어버리는 모습들을 보면서 저는 문득 이런 생각이 들었습니다.

'아, 지도자들이라고 하는 사람들도 답이 없구나. 답을 모르고 있구나. 그래서 자기도 불안하고 두려운 거구나. 하지만 그걸 인정하기엔 자존심이 상하니까 저런 모습이 나오는 거구나.'

우리나라뿐 아니라 전 세계가 '리더는 있는데 리더가 없는 것 같은', 참 담한 상황에 힘들어하고 있습니다. 어느 때보다 제대로 된 리더십이 발휘 되어야 할 이 전무후무한 글로벌 위기의 때에 제대로 된 리더가 없는 시대 (Leaderless Age)를 맞게 된 것 같습니다.

그렇다면 돌파구는 오직 하나님의 사람만이 낼 수 있습니다. 그 옛날 애굽은 천하를 휩쓴 대기근 속에서도 하나님이 세우신 요셉이라는 뛰어 난 총리의 리더십으로 위기를 돌파했습니다. 리더가 없는 이 시대에 우리 는 하나님의 지혜로 무장한 요셉 같은 리더들을 교회에서 키워내야 합니 다. 리더가 없다고 불평만 하지 말고, 우리와 우리 자녀들부터 리더가 될 공부를 해야 합니다. 그 어떤 배도 폭풍을 만나지 않고 항해할 수 없습니 다. 다만 폭풍을 이겨낼 수 있는 선장의 리더십이 필요할 뿐입니다. 저는 요즘 부쩍 우리나라 곳곳, 모든 분야마다 요셉 같은 하나님의 차세대 지 도자들을 세워달라고 기도하고 있습니다.

이 글을 쓰고 있는 지금도 언제쯤 이 기나긴 터널의 끝이 보일지 장담 할 수가 없습니다. 솔직히 저도 많이 불안하고 두렵습니다. 그러나 우리 의 하늘 아버지께서 모든 상황을 주관하고 계시기 때문에 소망을 가지고 이 하루를 또 힘차게 살아갈 것입니다. 처음에는 우리 성도들을 직접 대면 하여 심방하고 돌보지 못하는 것이 많이 속이 상했습니다. 그러나 요즘은 우리 주님이 성도들의 선한 목자이시기 때문에, 인간인 저는 그들에게 가지 못해도 주님이 직접 심방하셔서 친히 돌보아주실 것을 믿고 기도합니다. 목회는 제가 하는 것이 아니라 주님이 하시는 것임을 요즘처럼 실감하는 때가 없습니다. 지금이 전쟁을 방불케 하는 위기임은 분명하지만, 한국교회는 반드시 주님의 손을 잡고 이 위기를 이겨낼 것입니다. 우리는 코로나를 묵상하는 것이 아니라 예수 그리스도를 묵상해야 합니다.

사랑하는 독자 여러분, 지금 우리는 코로나19로 인한 엄청난 폭풍 속을 지나고 있습니다. 그러나 어떤 폭풍 속에서도 하나님이 우리와 함께하시며 주시는 은혜, 폭풍 속에서 더 빛나는 은혜가 있습니다. 그 은혜는 우리로 하여금 폭풍을 견디게 할 뿐 아니라, 폭풍을 통해 더 강하고 아름다운 믿음을 갖게 만들어줄 것입니다.

주님의 사랑으로 여러분을 격려하고 싶습니다. 함께여서 좋습니다.

폭풍 속의 은혜

초판 1쇄 발행　　　2020년 8월 17일
초판 7쇄 발행　　　2024년 6월 19일

지은이　　　한홍

펴낸이　　　여진구
책임편집　　　이영주
편집　　　박소영 최현수 안수경 김도연 김아진 정아혜
책임디자인　　　조은혜 노지현 | 마영애 이하은
홍보 · 외서　　　진효지
마케팅　　　김상순 강성민　　　　마케팅지원　　최영배 정나영
제작　　　조영석 허병용　　　　경영지원　　김혜경 김경희

303비전성경암송학교 유니게 과정
이슬비전도학교 / 303비전성경암송학교 / 303비전꿈나무장학회

펴낸곳　　　규장

주소　06770 서울시 서초구 매헌로 16길 20(양재2동) 규장선교센터
전화　02)578-0003　　팩스　02)578-7332
이메일　kyujang0691@gmail.com　　　홈페이지　www.kyujang.com
페이스북　facebook.com/kyujangbook　　　인스타그램　instagram.com/kyujang_com
카카오스토리　story.kakao.com/kyujangbook
등록일　1978.8.14. 제1-22

ⓒ 저자와의 협약 아래 인지는 생략되었습니다.
이 출판물은 저작권법에 의해 보호를 받는 저작물이므로 무단 전재와 무단 복제를 할 수 없습니다.

책값　뒤표지에 있습니다.
ISBN　979-11-6504-113-7　03230

규 | 장 | 수 | 칙

1. 기도로 기획하고 기도로 제작한다.
2. 오직 그리스도의 성품을 사모하는 독자가 원하고 필요로 하는 책만을 출판한다.
3. 한 활자 한 문장에 온 정성을 쏟는다.
4. 성실과 정확을 생명으로 삼고 일한다.
5. 긍정적이며 적극적인 신앙과 신행일치에의 안내자의 사명을 다한다.
6. 충고와 조언을 항상 감사로 경청한다.
7. 지상목표는 문서선교에 있다.

하나님을 사랑하는 자 곧 그의 뜻대로 부르심을 입은 자들에게는 모든 것이 合力하여 善을 이루느니라(롬 8:28)

Member of the
Evangelical Christian
Publishers Association

규장은 문서를 통해 복음전파와 신앙교육에 주력하는 국제적 출판사들의 협의체인 복음주의출판협회(E.C.P.A:Evangelical Christian Publishers Association)의 출판정신에 동참하는 회원(Associate Member)입니다.